# PISA後の教育をどうとらえるか

## ドイツをとおしてみる

久田 敏彦 監修　ドイツ教授学研究会 編

八千代出版

**執筆者紹介（掲載順）**

| | | | |
|---|---|---|---|
| 久田　敏彦 | 大阪教育大学 | | 序　章 |
| 髙橋　英児 | 山梨大学、ドイツ教授学研究会代表 | | まえがき、第1章 |
| 樋口　裕介 | 福岡教育大学 | | 第2章 |
| 渡邉眞依子 | 鈴峯女子短期大学 | | 第3章 |
| 吉田　成章 | 広島大学、ドイツ教授学研究会事務局 | | 第4章、あとがき |
| 清永　修全 | 東亜大学 | | 第5章 |
| 吉田　茂孝 | 福岡教育大学 | | 第6章 |
| 中山あおい | 大阪教育大学 | | 第7章 |

## まえがき

　本書は、PISA調査を契機に変化したドイツや日本の教育の現在とこれからを考えるための議論の手がかりとして上梓したものであり、われわれ「ドイツ教授学研究会」の最初の成果として公表するものである。各章とも、執筆者それぞれの問題意識からとらえたPISAショック後のドイツの教育および日本の教育の姿や課題が示されている。

　「教授学」という言葉は、ドイツ語のDidaktikの訳語である。わが国では最近ではあまり耳にする機会も少ない言葉である。教授学とは、授業という場面での教授－学習過程を対象にした学問であるというのが一般的な理解であり、そのため、教授－学習のための具体的な「方法」を中心に研究をする学問というイメージを抱く人も多いであろう。

　しかし、教授学はその成立期から、子ども（学習者）と大人（教師）とが共に主体として人間的自立を果たすための「教え」と「学び」のあり方を一貫して追究してきており、その過程で、教育のあり方そのものを常に問い続けてきた。教授学の歴史を振り返ると、教授学は、教授－学習のための具体的な方法にとどまらず、教授－学習を成り立たせる具体的な諸要因（社会的現実、教育の現実、子どもの現実など）や教育の理念、教授－学習の内容（教育内容や教材など）、教授－学習の主体関係（教師－子ども、子ども－子ども）などの多岐にわたる問題を視野に入れてきたことがわかる。いわば、教授学は、教育の現実を見つめながら、その現実のなかから理想の教育の姿を模索し、具体化させようとしてきた学問であったともいえる。

　われわれが研究会の名称に「ドイツ」および「教授学」という言葉を入れたのは、教授学がこれまで持ち続けてきた問題意識を引き継ぎながら、教育実践の問題を広く、そして深く考えたいという意図とともに、教授学に関する研究の蓄積が多くあるドイツの教育の議論と実践に学びながら、わが国の教育実践を考えていきたいという意図があるからである。

　本研究会の成立する契機は、2010年春に遡る。同時期に偶然何名かがドイツに調査に訪れており、現地で合流して、PISA調査以降のドイツの教育

実践の印象について議論したことが発端であった。その議論のなかで、PISA ショック後のドイツの教育改革と教育実践の変容をどのように評価するのか、そしてこのドイツの取り組みから、同様に PISA 調査の影響を受けて改革が進行している日本の教育とその実践の課題をどう考えていくのか、という久田氏の問いが出され、各自がその問いを胸に帰国することとなった。

帰国後、この議論はメール等で細々と行われていたが、やがて、この問いを追究する研究会を立ち上げようという動きが生まれ、2011 年 10 月に、PISA ショック後のドイツの教育についてそれぞれの問題関心と研究成果を持ち寄る最初の研究会が行われた。以降、数ヶ月に一度というゆっくりとしたペースではあったが、参加者を増やしながら 7 回の研究会を行ってきた。

研究会では、参加者の専門分野に根ざした多様な問題関心と研究成果を各自が持ち寄り、ドイツの教育実践の現状認識を共有し合うところから始めた。そして、PISA ショック後のドイツの教育改革をどう評価するか、またどのような課題があり、わが国にどのような示唆があるのかなどを中心に議論を行ってきた。われわれは、ドイツや日本の教育の現実の見方や問題のとらえ方の多様さを活かしながら、ドイツから日本へ、日本からドイツへと視点を往還させながら、日本とドイツという枠組みを超えた教育の本質的な問題、ドイツと日本に通底する課題に光を当てようと試みてきた。

PISA 調査の実施以降、各国の教育改革の動向や現状について多くの書籍が出版されるようになった。とくに、調査で上位であったフィンランドの教育については、わが国に与える示唆に関しても多く紹介されてきた。また、ドイツに関しても、教育改革の動向や現状を中心に報告がなされてきている。

本書は、これらの知見にも学びながら、ドイツが直面している課題を手がかりにこれからの日本の教育実践の課題を考えようと試みる点に特色がある。それは同時に、日本の PISA 後の教育実践の課題を考えることと同時に、ドイツへの問題提起を行うことも試みるものでもある。その試みが成功しているかは読者の判断に委ねたいが、本書を契機に、ドイツと日本の教育実践を議論する輪が広がっていくことを願っている。

高 橋 英 児

# 目　　次

まえがき　*i*

## 序　章　ポスト「PISAショック」の教育 …………………………… *1*
1　PISAショックとは何か　*2*
2　ドイツにおけるPISAショック後の教育　*5*
3　日本におけるPISAショック後の教育　*14*
4　PISAショック後の教育の再定位に向けて　*21*

## 第1章　現在・未来を生きる子どもに必要な教育とは？ ………… *31*
　　　　　―PISA後のカリキュラム開発・授業づくりの課題―
1　カリキュラム開発・授業づくりの議論の変遷　*31*
2　「鍵的問題」を中核にした普通教育構想と授業構想　*33*
3　PISAショック後のドイツのカリキュラム開発・授業づくりの状況　*41*
4　「鍵的問題」構想の可能性―2000年代の再評価を中心に―　*50*
5　PISA後のドイツの議論から何を学ぶか　*55*

## 第2章　「スタンダード化」する教育におけるテストの役割と課題 ……… *63*
1　日本における全国学力・学習状況調査の役割と課題　*63*
2　ドイツの「スタンダード化」する教育におけるテスト開発の役割　*65*
3　ドイツ国内で実施されるテストの役割　*68*
4　教育学からの課題の指摘　*77*
5　教育の「スタンダード化」におけるテストの意義と実践的課題　*80*

## 第3章　子どもとともに創る授業 ……………………………………… *83*
　　　　　―ドイツにおけるプロジェクト授業の展開―
1　ドイツにおけるプロジェクト授業の歴史と特質　*84*
2　PISA後の教育改革におけるプロジェクト授業の展開　*94*
3　プロジェクト授業からみた「探究的な学習」　*102*

## 第4章　学校の終日制化で変わる子どもの学習と生活 ……………… *111*
1　学校の終日制化の背景と展開　*112*

2　終日制学校における学習と生活——ベルリン州を中心に——　　*120*
　3　「学力」保証のための教育政策の行方　　*127*

## 第5章　「PISAショック」後の芸術教育の行方　　*135*
　1　PISAに対する当初の反応　　*136*
　2　スタンダード化をめぐって　　*136*
　3　パラダイムの転換に向けて——「美的教育」か「芸術的陶冶」か——　　*145*

## 第6章　インクルーシブ教育からみたスタンダード化の課題　　*161*
　1　日本の特別支援教育における授業づくりの特徴　　*163*
　2　PISA後のドイツにおける特別教育の動向　　*165*
　3　「PISAショック」後のドイツにおけるインクルーシブ教育　　*170*
　4　ドイツから示唆される課題　　*173*

## 第7章　PISA以降のドイツの移民と学力向上政策　　*181*
　1　PISAがもたらしたもの　　*181*
　2　ドイツの移民と学力　　*182*
　3　PISA 2000以降の教育政策と移民の子ども　　*184*
　4　2009年のPISA調査における移民　　*189*
　5　近年の動向　　*193*
　6　今後の課題　　*196*

あ と が き　　*201*

# 序　章

## ポスト「PISAショック」の教育

　「日本版PISAショック」という言葉が一部で使用されるほど、PISAは日本の教育界に大きな影響を与えてきた。とくにそのショックの主たる起因は、日本の場合、読解力低下の結果あたりにある。だが、教育界といえどもその範囲は広い。そのため、PISAショックとはいったい誰にとってのショックであったのかはまずもって指摘されてよい。この点からみれば、それは、子どもにとってではまったくなかった。保護者にとってでもほとんどなかったし、また、学校や教師にとってでもおそらくなかった。やはり何よりも教育政策の為政者にとってショックだったのである。経緯と内容は後述するが、PISAの結果に基づいた学習指導要領の改訂という教育課程政策は、その何よりの証左である。

　ところで、「日本版」という形容は、PISAショックが他国にも該当することを意味する。管見では、PISAショックという言葉自体は、ドイツが発生源である。それほどにドイツにとって衝撃的な結果であった。しかも、教育界ばかりではなく、政治、経済、社会などの多くの分野で広範にドイツを震撼させたのである。それ以降、ドイツでは、かなり大がかりな教育の改革が進められてきている。しかし、これもまた日本と同様に政策主導によってである。

　PISAショック後の日本とドイツにおけるこうしたトップダウンの教育改革によって、両国の教育はどのように変えられようとしているのだろうか。本章の目的は、次章以降で展開される各テーマに深入りするのではなく、む

しろ各章に共通する前提として、学校を中心にしてその方向性や特徴などを概観することにある。

　本書の副題にある「ドイツをとおしてみる」とは、一方では、できるだけドイツに即してみることをひとまずはさす。とはいえ、ドイツの教育改革をあまねく細部にわたって客観的に紹介すること自体を目的にするというわけではない。それは、そもそも不可能である。「ドイツをとおしてみる」とは、「理解」とか「解釈」がそうであるように、軽重の違いはあるにせよ、「みる」側の主体を媒介させざるをえない。しかし他方で、「ドイツをとおしてみる」とは、ドイツを「他山の石」と見立てて日本の教育改革を逆に自明視してこの研磨に終始することでもむろんない。日本の教育改革それ自体の問い直しをもまた内包するものでなければならないのである。

　したがって、PISAショック後の日・独における教育の方向性と特徴を検討対象とすることは、教育事情等の異なる両国の単純な並列視ではないのはもちろんであるが、いずれかを固定視するのでもなく、日本をとおしてドイツをみることとドイツをとおして日本をみることとの「みる」主体を媒介させた往還のなかで、通底するものは何であり、何が教育の課題として再定位される必要があるのかを明らかにするという検討視角を要請するのである。

　このような検討対象と検討視角の設定による研究はたやすくはないが、この章ではさきに示した目的の範囲内で祖述してみることにしよう[1]。

## 1　PISAショックとは何か

　PISA（Programme for International Student Assesment）は、OECD（経済協力開発機構）教育部門が2000年から3年ごとに15歳を対象にして「読解リテラシー」「数学リテラシー」「科学リテラシー」の各分野を中心に実施している国際「学力」調査である。すでに周知のことに属するが、日本とドイツにとってショックであったPISAの結果について、ここで念のためにまずは整理しておこう。

　ドイツの場合、2000年の第1回調査（PISA 2000）の結果からすでに「読解

リテラシー」では平均484点で参加31か国中21位、「数学リテラシー」では490点で20位、「科学リテラシー」では487点で20位と低迷し[2]、その結果が惨憺たるものとして受けとめられた。それがPISAショックである。たとえば、教育関係者からは「ドイツはもはや教育国ではない」[3]と嘆かれ、経済関係者からも「文化国家としてのわれわれの自己理解に深い衝撃を与えた」[4]と指摘され、ヨーロッパで最有力といわれるニュース週刊誌では「ドイツの生徒は馬鹿か」という特集が組まれた[5]ほどである。

　もっともドイツでは、それ以前にはTIMSSショックがあった。実生活の多様な場面で知識・技能をいかに活用できるかを評価するPISAとは異なって、主として教科的な知識と能力を問うIEA（国際教育到達度評価学会）によるTIMSS（The Third〈Trends in〉International Mathematics and Science Study）において、たとえば第8学年の数学では参加国中23位、理科では18位という1995年実施の結果が、ドイツに一定の衝撃をすでに与えていたのである。しかしながら、このTIMSSショックは、たしかにそれまでの長年にわたる学校制度論議ではなく、授業の質保障という課題を明確にしたが、決定的な転換をもたらしたのはやはりPISAであるといわれている[6]。

　一方、日本の場合のPISAショックは、ドイツより遅れて2003年の第2回調査（PISA 2003）の結果を受けてのものである。

　PISA 2000では、「読解リテラシー」で1位グループと大きな有意差はない8位（522点）、「数学リテラシー」で1位（557点）、「科学リテラシー」で2位（550点）という好結果であった[7]。また、さきのTIMSSでも、中学2年で数学3位、理科3位という好成績を示していた。ただし、この時期（2000年前後）に「学力」問題が皆無だったのではない。むしろ逆に「学力」問題は再び三たび浮上し、「学力低下」をめぐる論議が活発に展開され、鼎立状況にあった。1つは、グローバル市場競争時代における創造的人材養成の立場から、大学生を中心にした「学力低下」を憂う議論である。2つは、教育達成の不平等を階層再生産の視点からとらえ、階層差の反映としての学力格差を実証した「学力低下」論である。これらはともに、基礎・基本の習得を多様化・弾力化しながら「指導から支援へ」を強調し「関心・意欲・態度」

を重視する、1991年の指導要録改訂通知以降に提唱された「新しい学力」観等を批判するものであった。3つは、これらとは対照的な、指導の個別化・学習の個性化を擁護し標榜する立場からの「学力非低下」論である。しかし、このようにそれぞれ異なった立場と主張による「学力低下」論議の鼎立状況にもかかわらず、その根底には、①「基礎学力」の「基礎」とか「学力」の内実を問わない、②子どもに保障されるべき学びの質の検討には無頓着である、③「学力低下」であろうと「学力非低下」であろうと習熟度別学習はこぞって提唱する、という奇妙な共通性が胚胎していた[8]。なかでも「学力非低下」論は、さきのTIMSSの経年比較による好成績を論拠の1つとしていたのである。文部科学省も、「21世紀教育新生プラン」で「わかる授業で基礎学力の向上を図ります」（習熟度別学習が中心）を掲げ、学習指導要領を「最低基準」と規定し直し、教科選択の幅と種類の拡大にもかかわらず高卒レベルの教育内容はこれまでどおりとし、「確かな学力の向上のための2002年アピール～『学びのすすめ』」で基礎・基本の確実な定着を提言したりすることで、「学力低下」批判に対応したが、「学力非低下」の論拠としてはTIMSSとPISA 2000の結果を示していたのである。

　このような状況に楔をうったのが、PISA 2003の結果である。この第2回の調査では「問題解決能力」の分野も加えられたが、「読解リテラシー」において平均498点で40か国中14位（「数学リテラシー」では534点の6位、「科学リテラシー」では548点の1位）と平均点も順位も下げ、しかも1位グループとも有意差があることが明らかとなった[9]。この結果よりいくぶん早く文部科学省は教育課程実施状況調査から「やや低下」としていたのであるが、PISA 2003によって「学力低下」を認めざるをえなくなった。これが、日本におけるPISAショックである。その結果、「学力非低下」論は、その後影を薄めることとなったのである。

　さて、こうしたPISAショック後の日・独の教育は、いったいどのような方向を歩むことになるのであろうか。

## 2 ドイツにおけるPISAショック後の教育

### (1)「学力」の学校種間格差と移民背景を含んだ社会階層差

　国際ルールにしたがった調査であるとはいえ、PISAには各国の事情も反映されている。ドイツの場合は、複線型学校制度を考慮して学校種別に標本が抽出され、ドイツ語知識のほとんどない生徒以外は除外されず、数は多くはないが特別な支援を要する生徒も調査対象に加えられ、しかも同一学年の15歳ではなく、留年や就学猶予あるいは早期入学などのシステムがあるために調査対象は異学年の15歳から構成されているという点に特徴がある。また、国内の拡大標本に基づいた補足調査であるPISA-Eも実施され、各州比較も行われている（ただしPISA 2006までであり、その後は2004年に設立された教育の質開発研究所〈Institut zur Qualitätsentwicklung im Bildungswesen：IQB〉が、各州文部大臣会議〈Ständige Konferenz der Kultusminister der Länder in der Bundesrepublik Deutschland：KMK〉の設定した教育スタンダード〔後述〕の達成状況の検証と各州比較を行っている）。

　PISA 2000の惨憺たる結果については、先述のとおりであるが、その原因究明については、当初から多様な議論の展開が認められる。たとえばテアハルトは、次の3つの主要因を挙げている。要約すれば、1つは、文化的・社会的要因であり、非効果的・非効率的な予算とその使用、家庭におけるメディア・テレビの影響、ポストモダンの世界のなかでの価値の変化、努力の有用さがますますみえなくなっている状況などがこれに入る。2つは、遊びの過多と学習の過少がみられる就学前教育、基礎学校入学の遅さ、初等教育における子ども中心主義の教授学、各学校種への子どもの早期振り分け、非生産的な留年、終日学校の不足、硬直したカリキュラム等の、教育・学校組織上の要因である。3つは、間違った教師養成、優秀な教師への励ましの不足、時代遅れの授業方法、自主的学習ではないインストラクション志向の教授学、大規模学級や授業時間の過少等といった、教師・授業にかかわる要因である[10]。全体的にみれば、これらの要因の輻輳からなる原因理解は首肯される

ところかもしれない。ただし、PISAそれ自体の結果に即してみれば、格差問題が何よりも看過しえない原因であるとみることができる。とくに移民背景を含んだ社会階層差と、テアハルトが挙げている早期振り分けにみられる学校種間格差が、それである。PISA-Eが示すように、16州からなる文化連邦主義のドイツにあって各州間の格差が存在し、相対的に高い水準の南と低い北との差、あるいは東に対する西の水準の高さといった全般的な傾向（ごく部分的には異なる場合もある）も確かに格差問題とされてはいるが、PISAの枠内でみれば、この2つが不可避の際立った原因とみてよいのである。「読解リテラシー」を例にして、PISA 2000とPISA 2009との比較も踏まえていくぶん詳しくみておこう。

　まず、学校種間の格差である。

　ドイツの学校制度は、各州によって違いはあるが、これまでの基本形としては、初等教育は4年制（ベルリンとブランデンブルクは6年制）の基礎学校（Grundschule）で統一され、その後の中等教育は、ギムナジウム（Gymnasium：通常9年制で最後の3年は後期中等教育にあたるギムナジウム上級段階となり、大学入学資格であるアビトゥアを取得でき、卒業後は主に大学進学）、実科学校（Realschule：通常6年制で卒業後は主として職業教育学校への進学）、基幹学校（Hauptschule：通常5年制で卒業後は職業訓練）、総合制学校（Gesamtschule：通常6年制で一部の生徒はギムナジウム上級段階に進学できる総合制中等学校）、複数の課程をもつ学校（実科学校と基幹学校を統合し、課程別にいずれかの修了証を取得できる5ないし6年制中等学校）、から成り立つ複線型である。そこでは、初等教育から中等教育への移行のさいには教師の助言と親の希望によって学校選択が行われるとともに、前期中等教育のオリエンテーション段階（第5・6学年）でさらに進路選択がなされることとなっている（ただし、他校種からギムナジウムへの転校はきわめて少ない）。PISA 2000の「読解リテラシー」の学校種別結果は、ギムナジウムが平均582点と最上位、次いで494点の実科学校、394点の基幹学校と続き、総合制学校は平均459点（ただし、得点分布は175点から725点と最も広い）である[11]。したがって、明らかに分岐型中等教育制度における学校種間による「学力」格差が認められるのである。むしろ、分岐型中等教育

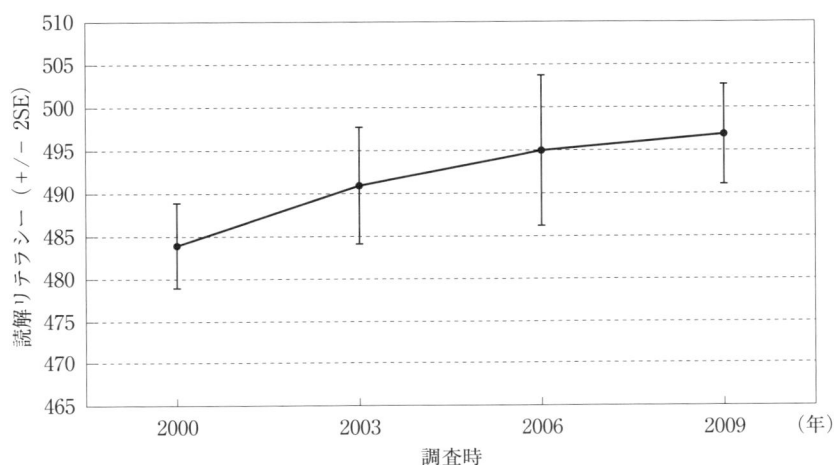

図序-1　ドイツにおける PISA 2000 から 2009 までの「読解リテラシー」の向上
出典：Klieme, E./Artelt, C./Hartig, J./Jude, N./Köller, O./Penzel, M./Schneider, W./Stanat, P.（Hrsg.）: *PISA 2009 Bilanz nach einem Jahrzehnt*, Waxmann Verlag, 2010, S. 59.

制度がもともと内在させていた「学力」格差があらためて実証されているといった方が正確かもしれない（「数学」「科学」も同様の傾向にある）。

　ところが、PISA 2000 の平均が 484 点（OECD 平均 500 点）であったのに対して、PISA 2009 では平均が OECD 平均 493 点を超えて 497 点に達している。図序-1 はその得点増の傾向を示すものである。

　このような「読解リテラシー」の漸次的得点増加傾向の内実は、上位層の成績においてはほとんど変化はないが、PISA 2009 では読解力の低い生徒の割合が PISA 2000 に比べておよそ半分に減少した点にあると分析されている[12]。にもかかわらず、学校種間格差に着目すると、基幹学校と総合制学校の平均点が PISA 2000 に比べて向上し、総合制学校と実科学校の間の格差は縮小しているとはいえ、ギムナジウム 575 点、実科学校 498 点、総合制学校 479 点、基幹学校 411 点といった具合に[13]、依然として格差は現存している。とくに問題は、ギムナジウムと基幹学校の格差にあると指摘されているのである[14]。

表序-1　PISA 2000-2009 間の社会階層別読解リテラシー平均点

| 社会階層 | PISA 2000 平均点 | PISA 2009 平均点 |
|---|---|---|
| 上級職 | 538 | 534 |
| 中級職 | 531 | 519 |
| ルーティンワーク職 | 470 | 508 |
| 自営業 | 480 | 490 |
| 資格労働者 | 459 | 475 |
| 未熟練労働者 | 432 | 459 |

出典：Klieme, E./Artelt, C./Hartig, J./Jude, N./Köller, O./Penzel, M./Schneider, W./Stanat, P.（Hrsg.）: *PISA 2009 Bilanz nach einem Jahrzehnt*, Waxmann Verlag, 2010, S. 246. より作成。

　次に、移民背景を含んだ社会階層差についてみてみよう。
　国際ルールよりも細分化した指標による社会階層別の読解力について、PISA 2000 と PISA 2009 とを比較したのが表序-1 である。
　表から、社会階層高位の生徒は高いままであるが、階層低位の生徒は9年間で向上していることがわかる。その結果、社会階層差による「読解リテラシー」の差異は、PISA 2000 の 106 点に対して PISA 2009 では 75 点であり、縮小傾向にある。それにもかかわらず、なお明らかな差があることもまた事実である。とくに学校種間とクロスさせると、ギムナジウムへの進学に大きな社会階層差の反映があると分析されている[15]。
　ところで、この社会階層差にかなりの程度相関するのは、移民背景である。詳しくは第7章に譲るが、すでに PISA 2000 の結果分析は、移民歴の有無による大きな得点差、ドイツでの生徒の生活期間（ドイツで誕生、就学前に移民、基礎学校時代に移民、前期中等教育で移民）に比例した得点差、移民歴のある家族におけるドイツ語使用の有無による得点差、学校種と移民背景をもつ生徒の割合との相関（移民背景をもつ生徒のうちで基幹学校などが40％を超え、実科学校で20％後半、ギムナジウムで20％、総合制学校で10％弱）を示している[16]。対して

PISA 2009 では、移民背景をもつ生徒は、第一世代（両親・生徒とも外国生まれ）の減少と第二世代（両親は外国生まれ、生徒はドイツ生まれ）の増加によって、PISA 2000 に比して 4％増の 26％となっているものの、全体的に向上した「読解リテラシー」でみると、移民背景をもたない生徒の得点にほとんど変化はないが、移民背景をもつ生徒の読解力が改善され、両者の差が縮小している。さきの社会階層差と同様の傾向なのである。ただし、第一・第二世代とも、とくにトルコからの移民を中心に読解力不足はなお引き続いて大きな課題としてあるようである[17]。

## (2) 教育課題の政策的提起とナショナル教育スタンダードの導入

　細部にいたればなおドイツの抱える教育課題は多岐にわたるが、以上のように、学校種間格差と移民背景を含んだ社会階層差への対応は不可避の教育課題であるとみて間違いない。これに対して、この間どのような政策対応がなされてきているのであろうか。各州文部大臣会議は、すでに PISA 2000 の調査結果から、次の 7 つの行動領域を合意して素早く対応した。つまり、①就学前教育における言語能力の改善、②早期入学を目標とした就学前領域と基礎学校とのよりよい接続、③基礎学校での教育改善ならびに読解力と数学・自然科学関連の全般的改善、④教育的にハンディキャップをもつ子ども、とくに移民背景をもつ青少年の効果的促進、⑤拘束力のあるスタンダードと成果志向の評価に基づく授業と学校の質の徹底的な開発と確保、⑥教師の活動の専門性、とくに組織的な学校経営の構成要素としての診断的・方法的能力に関する教師の専門性の改善、⑦教育・促進機会の拡充を目標とした、とくに教育不足の生徒と特別な才能をもつ生徒のための学校と学校外の終日プログラムの強化、である[18]。これらの対応は、PISA 型学力の向上ならびにそのための教育スタンダードの設定とこれに基づく成果検証、成果検証にかかわる教師の専門性の改善、移民背景をもつ生徒の言語能力を中心にした向上、午前中の授業だけの半日学校から終日学校への転換、と概括できよう。したがって、裏返してみれば、学校種間格差の克服は直接の課題とはされていないのである。ここには、「ドイツの教育制度には平等性の保障がない」

とし、分岐型学校制度における「早期選抜の不平等、機会の不均等は、改革されなければならない」とする国連人権理事会の指摘に対して、「ドイツの教育制度を正しく理解していない」と応答する[19] 各州文部大臣会議と連邦教育研究省（Bundesministerium für Bildung und Forschung：BMBF）の認識が内在しているといえる。「改革努力の中心にあるのは、……いまや包括的な学校形態の問題ではなく、個々の学校である」[20]と指摘されるように、長年議論されてきた中等教育制度それ自体の改革はもはや棚上げして、各学校・授業の成果の数値向上が主要な眼目となっているのである。インプットではなくアウトプット重視の教育への改革としてドイツにおいてたびたび特徴づけられるゆえんである。

　そのアウトプット重視への転換の最も顕著な政策対応は、教育スタンダードの設定に求めることができる。各州文部大臣会議は、さきの7つの行動領域⑤にかかわって、基礎学校修了学年（ドイツ語と算数）、基幹学校修了学年（ドイツ語、数学、第一外国語）、前期中等教育修了学年（ドイツ語、数学、外国語、理科）のナショナル教育スタンダードを決定し、各州独自作成の学習指導要領が準拠すべき共通のスタンダードを導入した。その中心は、「コンピテンシー（Kompetenz）」の形成にある。たとえば、基礎学校のドイツ語を一例に挙げれば、「話す・聴く」（他者に向けて話す・理解しながら聴く・話し合う・舞台風に演じる・学習について話す）、「書く」（書き方に習熟する・正しく書く・テクストを構想する・テクストを書く・テクストを推敲する）、「読む」（読みの能力を駆使する・読みの経験を駆使する・テクストを解明する・テクストを発表する）、「言語と言語使用を研究する」（基本的な言語構造と概念がわかる・言語による協調を考える・語や文やテクストを研究する・諸言語の共通点と相違点を発見する）という4つの「コンピテンシー」から構成され、これらの「コンピテンシー」すべてにかかわって「方法・活動技術の獲得」が中心に位置づけられている[21]。「コンピテンシー」概念の使用ばかりではなく、内容的にも教科的知識ではなくPISA型を重視したスタンダードである。その核心は、「活動としての言語とその技術の獲得」であると概括してよい。ちなみに前期中等教育修了時のドイツ語も「言語・言語使用を研究する」が構造図としては上位に位置づけられている

ものの、基本的に同様の「コンピテンシー」カテゴリーから構成されている[22]（なお、算数・数学でも「できあがった数学」よりも「活動としての数学」が、理科でも専門的内容ではなく「コンピテンシー」が重視されていると指摘されている[23]）。

　こうしたナショナル教育スタンダードの導入は、たしかに、生徒が到達すべき水準を示し、これによって成果を検証可能にして学校と授業の質改善をはかり、同時に各州間の差異を解消するとともに下位層の学力の底上げをはかるという意図によるものといえよう[24]。さきにみた読解リテラシーの全般的向上、とくに移民背景をもつ生徒のそれの向上は、ナショナル教育スタンダード導入の奏功の結果にほかならないのである。そればかりか、学校の終日化もまた大きな役割を果たしているのである[25]。しかし、そのことは、他面では、スタンダードの設定によってその達成管理を行えば得点向上が見込まれることを実証しているにすぎないともいえる。つまり、質保障の名目によってPISA型学力の達成管理に精を出せば出すほど点数が上がるという当然のことの実証なのである。しかも、詳細な実態は第4章にゆだねるが、政策対応レベルでの学校の終日化は、福祉的側面を後退させた放課後の学校化によって、読解リテラシーの向上に拍車をかけたと評価することもできるのである。そうであれば、この点では、保護者の生活権と労働権ならびに子どもの生存権と発達権という社会権の重層的な能動的構成を求めてきた日本の学童保育とは異質の方向にあるといえよう。

## （3）進行する学校制度改革

　PISAショック後のある意味で奏功している各州文部大臣会議の政策対応は、学校制度問題に関しては回避した。ところが、州レベルでみれば、むしろその回避された学校制度問題が取り上げられて、皮肉にも制度改革が進み始めている。たとえば、その制度改革は4つのタイプに分類されるといわれる。すなわち、①従来型の維持の下での改革兆候がうかがえる、②基幹学校に実科学校の修了資格を与える、③基幹学校と実科学校の統合によって新たな中等学校を設置する、④さらに二分岐型にした上でギムナジウムと同等資格を与える、という4タイプである[26]。

ここでは最も学校制度改革が進行している典型としてハンブルクの場合を例に取り上げてみよう。

　人口178万人程度の1州1都市の都市州であるハンブルクでも、学校種間格差と移民背景を含めた社会階層差は教育に深刻な影を落としている。ハンブルクの場合、TIMSSやPISAならびにIGLU（Internationale Grundschule-Lese- Untersuchung：2001年第1回実施後5年ごとに行われる基礎学校の子どもの読解力調査）などの国際的な調査ばかりではなく、LAU（1996年に第5学年を対象に初めて実施され、その後2年ごとに2005年までには第13学年まで対象を拡大してきたドイツ語・数学・英語の標準テスト）やKESS（基礎学校の教授・学習条件調査）といった独自調査も実施されてきた。これらの調査から、①学校種間の格差、②同一学校種内の学校間格差、③同一学校内の学級間格差、④そこに埋め込まれている移民背景を含めた社会的階層差の問題、が明らかとなっている。ハンブルクの場合、PISA 2003では移民歴のある生徒は35％（ブレーメンに次いで2位）であるが、2009年国勢調査によれば、5～15歳でみると親のどちらかが外国生まれの子どもは48.94％と半数近くを占めている。同時に、各州文部大臣会議が設定した初等・前期中等教育修了時のスタンダードの達成度を検証するIQB 2009の各州比較結果においてもハンブルクは低い位置にあり、その内実は高い移民割合（第一世代と第二世代を含めた）によるところが大である。また、親の教育水準ならびに年収と子どもの成績との相関も明瞭であり、ギムナジウム進学希望者は明らかに社会的階層高位の子どもであるが、そこには移民背景問題が内在しているのである。

　このような状況のなかで、ハンブルクは各州文部大臣会議の提起した7つの行動領域に即して改革努力を続けているが、なかでも顕著なのは、就学前領域における言語促進、終日学校化の整備、授業・学校の質改善と教師の専門性の向上である。その中心には移民背景をもつ子どもへの対応が位置しているとみてよい。だが、さらに際だっているのは、各州文部大臣会議の影響を超えた学校制度改革である。PISA 2000の結果にもかかわらず、ハンブルクも当初は分岐型学校制度に固執し、そればかりか基幹学校の強化策さえとっていた。ところが、2005年にその基幹学校の廃止を審議会が要求し、翌

年には PISA の影響から多分岐型学校制度の解消、PISA のリスクグループの減少、学校と授業の質改善が議論され始め、2007 年にはとくに「地域学校（Stadtteilschule）」とギムナジウムの「2 つの柱モデル」の創造、終日学校の構築、学習の個別化とその評価による授業の質向上が提案されるにいたっている。ここでの「地域学校」とは、従来の基幹学校と実科学校を総合制学校を母体にして統合し、第 13 学年でアビトゥアを取得できる職業志向の学校である。一方、この「2 つの柱モデル」に接続させるかたちで 6 年制の初等学校も提起され、2010 年にはこれらの提案が満場一致で議決された。だが、この 6 年制初等学校については議会に対する市民による大反対運動[27]と住民投票が行われ、政権を交代させるまでとなった。その結果、2010 年秋から実施される、4 年制の基礎学校とその上の地域学校・ギムナジウムという二分岐型学校制度に落ち着くにいたったのである。また、すべての学校の終日化は 2013/2014 年度までに完了させるとされたのである[28]。

　学校制度改革の典型とはいえ、ハンブルクはなおその進行例のひとつにすぎない。だが、各州文部大臣会議の行動提起は受けとめながらもなお、同大臣会議が回避した学校制度改革を、移民背景をもつ生徒の「学力」向上をも内包させて州独自に達成しようとする一端はみてとることができる。今後の検証を待たなければならないが、その試みは、「学力」格差の反映としての学校種間格差の是正によって「学力」格差をより縮小する可能性をもつ挑戦的な措置といえよう。だが、制度改革による出口管理としての「学力」の平等保障に赴こうとする措置は、かえってもともと胚胎していた移民背景を含んだ社会的階層差を視野の外に置くというやっかいな問題をも同時に内包する。社会問題である階層差の克服という課題を学校に背負わせるのは筋違いではあるが、それにしても学校はこの問題にどのように教育的にアプローチしうるのか、なお問われなければならない課題が浮上するのである。

## 3 日本における PISA ショック後の教育

### (1) PISA の日本的特質

　日本とドイツは教育事情等が異なるので単純な比較は早計の誹りを免れえないが、上記のドイツでの PISA の概要や分析に対応させてみると、日本の特徴は次にある。まず調査対象者に関しては、ドイツとは異なり、特別支援を要する生徒などは除外された同一学年の 15 歳が 100％という特徴である。さらに、その内実に目を向けると、移民背景問題は日本の場合皆無とはいえないが、ドイツほどではないためか、視野に入れられていない。一方、学校間格差と社会階層差に関してはある程度のデータの公表と分析がなされている。学校間格差についてみれば、標本抽出は学校種ごとではないが、設置者と学科によって、「公立/普通科等」「公立/専門学科等」「国立・私立/普通科等」「国立・私立/専門学科等」の 4 層から層化され、その結果、学校間格差は比較的大きいことが判明している。ただし、これについては母集団が「高校受験後の選別された集団」であり「入学者の得点分布が異なることも強く影響」している[29]とか、「入学試験の結果によって選別された後」のため[30]という説明がなされているのみである。つまり、単線型学校制度のなかでの「学力」選別による高校の事実上の複線化において、どのような学校間格差が具体的にあるのかは分析されていない点が特徴となっている。また、社会階層差に関しては、「数学リテラシー」を中心分野とした PISA 2003 の結果分析から、きわめて大きな格差があることが指摘されるとともに、学校間格差（145 点差）への反映が実証されている[31]。衝撃を受けた PISA 2003 の結果の根底にはドイツ同様に社会階層差がやはり胚胎しているのである。それは、この時点ですでに階層差と「学力」差の相関を明らかにしていた研究と基本的に通底する結果である。ただし、PISA 2009 の得点「回復」を示した「読解リテラシー」（平均 520 点）でみれば、階層最上位層と最下位層の間は 59 点差と縮小している[32]。OECD 平均からみて得点と社会階層差の関連において差は小さいと指摘されることもあるが、社会階層差自

体の縮小として誤解されてはならないだろう。実証されているわけではないが、PISA 2009 の結果は、2007 年から実施されたいわゆる全国一斉学力テスト（とくに PISA を念頭に置いた B 問題）の競争的得点向上努力の反映といえなくもないのである。

### （2）学習指導要領の改訂にみられる PISA の影響とそれへの対応

さて、日本の場合、PISA 2003 の読解力低下の結果に端を発した政策対応は、やはり 2008 年の学習指導要領の改訂という教育課程政策に顕著に認められる。だからといって、今回の学習指導要領改訂が PISA 対応にのみ収斂されているというわけではない。それは、2000 年以降の「競争と強制」の教育を志向する「教育改革」の延長であり、2006 年の教育基本法「改正」を受けての改訂だからである。小・中ともに「総則」（第 1 の 2）に「道徳の時間を要として」、「道徳教育は、……伝統と文化を尊重し、それらをはぐくんできた我が国と郷土を愛し……公共の精神を尊び」といった文言が新たに加えられたことにみられるように、各教科の道徳主義化をも含めて道徳的・文化的同一性への統制的な回収の傾向が顕著なのは、そのひとつの証左である。とはいえ、子どもの「学力」と学びにかかわって道徳主義化を差し引いてみれば、PISA の影響を受けた改訂であるとみて誤りではない。その主立った局面を、中央教育審議会答申「幼稚園、小学校、中学校、高等学校及び特別支援学校の学習指導要領等の改善について」（2008 年 1 月、以下『答申』）もかかわらせて以下で整理しておこう[33]。

第 1 は、「生きる力」の拡大という局面である。

「生きる力」は、もともと 1996 年の中教審第一次答申「21 世紀を展望した我が国の教育の在り方について」で提起された言葉である。その最も中心的な内容としては「いかに社会が変化しようと、自分で課題を見つけ、自ら学び、自ら考え、主体的に判断し、行動し、よりよく問題を解決する資質や能力であり、また、自らを律しつつ、他人とともに協調し、他人を思いやる心や感動する心など、豊かな人間性」であるといわれた。ここには、既存の社会を他者とともにつくりかえていく権利主体としての基礎的な力というよ

りはむしろ、社会の変化を前提にしてこれに適応的に生き抜ける「強い」個人の力の形成を視野に入れると同時に、適応的に生き抜けない「弱い」個人も含めてともども「協調」と「自律」と「思いやり」をもって社会を支えるという構図が認められる。今回の改訂にさいしてもこの「生きる力」という理念は同一といわれた。しかし他方で、内容的には、「生きる力」は、その後OECDのDeSeCoプロジェクト（「コンピテンシーの定義と選択：その理論的・概念的基礎」プロジェクト）が提示したキー・コンピテンシーを「先取り」したものであるともされた。このキー・コンピテンシーはPISAリテラシーを含んだ包括的なコンピテンシーのなかで中心に位置するものであり、その内容は、「相互作用的に道具を用いる」（言語・シンボル・テクストや、知識・情報や技術を相互作用的に用いる）、「異質な集団で交流する」（他人とよい関係をつくる、協力する・チームで働く、争いを処理し解決する）、「自律的に活動する」（大きな展望の中で活動する、人生計画や個人的プロジェクトを設計し実行する、自らの権利・利害・限界・ニーズを表明する）というカテゴリーから構成されている[34]。『答申』は、これを「生きる力」に一見「後出し」のように包含させて1996年答申の広範な意味をさらに拡大させたのである。ここに、改訂理念レベルでのPISAの影響とそれへの対応がうかがえる。だが、そのさいの「後出し」とは単純な後づけではない。「後出し」が可能であるためには、それなりの基盤がある。その基盤とは、グローバル化のなかで社会適応的に経済を成長させる人材開発という展望である。OECDのコンピテンシーも「生きる力」も、この点で一脈相通じているのである。

　第2は、「学力」の種別化と測定化という局面である。

　「学力」は幾度も論争されてきた概念であるが、学校教育法の「改正」による「学力」の事実上の規定[35]に関連づけて、『答申』は「①基礎的・基本的な知識・技能の獲得、②知識・技能を活用して課題を解決するために必要な思考力・判断力・表現力等、③学習意欲」を学力の重要要素として規定した。②のいわゆる「活用力」にPISAの影響がみられることはいうまでもない。だが、そればかりか、その「活用力」が基礎・基本の徹底の上に位置づけられていることから、「学力」はおのずから二種別化されることになる。

加えて、「発展的な内容を教えてはならないという趣旨ではなく、すべての子どもに共通に指導するべき事項ではないという趣旨」を徹底させるために、学習指導要領では各教科における「(……の)事項は扱わないものとする」という「はどめ規定」が削除された。したがって、「学力」は基礎学力、PISA型学力、発展学力と三種別化されることになる。つまり、PISAへの対応として「活用力」を位置づけつつ、さらにそれを通路にして「学力」の種別化を図るという構図である。この構図は、社会階層差と「学力」の関連問題を克服するというよりはむしろ、階層別教育への分岐を醸成しかねない[36]。一方、『答申』で、測定が困難な「見えない学力」といわれてきた思考力・判断力・表現力の測定方法が開発されてきたと認識されているのであるから、当のPISA型学力は、ますます開発されてきた測定方法に回収されることで、その訓練化の傾向を自らのうちに呼び込む可能性をもつことになるのである。

　第3は、学力の種別化ともかかわった「教えて考えさせる指導」の強調という局面である。「子どもの自主性を尊重するあまり、教師が指導を躊躇する状況があったのではないか」という指摘をうけて、「ゆとり」と「詰め込み」の二項対立を超えて「基礎的・基本的な知識・技能の習得とこれらを活用する思考力・判断力・表現力等をいわば車の両輪として相互に関連させながら伸ばしていく」ために、「教えて考えさせる指導を徹底」することが『答申』で提起された。これは、これまでの「指導から支援へ」や「教え込む教育から学び取る教育への基調の転換」の反省である。「ゆとり」と「詰め込み」の対立を超えるのは教育的見識である。だが、実際には学力の種別化と掛け合わせると、基礎・基本は「教える」、「活用力」はそれを駆使して「考えさせる」といった二元論ないしは段階論の傾向は否めない。これでは「教える」と「考えさせる」の二極化と両者の並存である。ここにPISAの影響とそれへの対応に関する教育方法レベルの特徴がある。しかも、「考えさせる」という方法の強調は、考えさせる内容の質や形成される知のあり方を不問に付すことで、反省されたはずの「指導から支援へ」や「教えから学びへの基調の転換」に再び接近しかねない懸念が生まれる。この懸念はまた、じつはPISAに対しても通底するものである。

第4は、「言語活動の充実」という局面である。読解力低下にPISAショックの起因があることからみれば、これはある意味で必然の対応といえる。改訂に際して「教育内容に関する主な改善事項」のいの一番として掲げられ、かつ国語科のみならず各教科を横断して重視されたのである。それほどに重視されただけに、またPISA対応の典型であるだけに、これに関しては項を改めていささか詳しくその経緯をみておくことにしよう。

## （3）PISA対応の典型としての「言語活動の充実」

　「言語活動の充実」の先鞭をつけたのは、文化審議会答申「これからの時代に求められる国語力について」（2004年2月）あたりである。同答申は、国語（言葉）の果たす役割を3つの局面とその下位内容からとらえた。つまり、第1の局面である「個人にとっての国語」からみれば、「知的活動の基盤」「感性・情緒等の基盤」「コミュニケーション能力の基盤」として、そして第2の局面である「社会全体にとっての国語」においては、文化の継承・創造・発展ならびに社会の維持・発展の基盤として、さらに第3の局面である「社会変化への対応としての国語」からみれば、価値観の多様化・都市化・少子高齢化・国際化・情報化への対応基盤として、重要であるとした。これらは、言語行為の共同的性格を別にすれば、言語のもつ役割と機能に関する現状を踏まえたそれなりの見識をもつ包括的な理解であるといえる。ただし、そのなかで「感性・情緒等の基盤」の内容に「祖国愛」とか「郷土愛」を組み込んでいることは、同時に看過できない特徴ではある。

　同答申は、以上の役割理解の上で、さらに国語力を「考える力、感じる力、想像する力、表す力から成る、言語を中心とした情報を処理・操作する領域」と「考える力や、表す力などを支え、その基盤となる『国語の知識』や『教養・価値観・感性等』の領域」との相互関係において構造化し、さらに「聞く力・話す力・読む力・書く力」の具体的な目標と発達段階に応じた国語教育、学校での国語科教育と教科横断的な国語教育、家庭・社会での国語教育の方策、家庭・学校での読書活動の推進、を提言した。学校教育に限定してみれば、答申のいうところのさきの言語をとらえる3つの局面、とりわ

けその下位内容、子どもの発達段階を踏まえた教科横断的な言語教育、言語活動の具体的な目標、読書活動の推進などは、その後の内容上の詳細化はあっても、「言語活動の充実」の基本枠組みを提示するものとなったのである。

この答申を受けてさらに具体化をはかったのが、言語力育成協力者会議報告書（2007年8月）である。同報告書は、「言語力は、知識と経験、論理的思考、感性・情緒等を基盤として、自らの考えを深め、他者とコミュニケーションを行うために言語を運用するのに必要な能力」ととらえながら、言語力育成の必要性を、①言語に関する感性や知識・技能の育ちにくさ、② PISA調査の読解力低下、③いじめ・ニートなどの人間関係の問題、④社会の高度化・情報化・国際化の進展による言語情報の量的拡大と質的変化、⑤活用型の教育、に求めた。これらは、おおよそさきの文化審議会答申を踏襲しているが、異なるのは、みられるように PISA の読解力低下結果の影響と活用型の教育の必要という点である。両者はひとつながりのものであるので、報告書が PISA に大きく影響されている点は明らかである。加えて、同報告書が、「知的活動」「感性・情緒等」「他者とのコミュニケーション」にかかわる具体的な内容と指導方法を例示するとともに、「教科・領域ごとの特質を踏まえた指導の充実」として国語科をはじめとした各教科、総合、道徳、特別活動での言語力育成の指導内容を詳しく盛り込んだ点も、文化審議会答申に比べて特徴的である。ただし、「祖国愛」「郷土愛」については後景に退き、「近現代文学や古典をはじめとする言語文化に親しむ態度」という表現が散見される程度となっている。

これらを受けて、すでにふれた中央教育審議会答申（2008年）は、学習指導要領改訂に向けて「教育内容に関する主な改善事項」として、「理数教育の充実」「伝統や文化に関する教育の充実」「道徳教育の充実」「体験活動の充実」「小学校における外国語活動」「社会の変化への対応の観点から教科等を横断して改善すべき事項」を挙げるなかで、真っ先に「言語活動の充実」を掲げたのである。ただし、これに関しては、中教審ならびに教育課程部会でとりたてて議論したのではなく、上述の言語力育成協力者会議報告書が基礎になっているといわれる[37]。同答申は、「子どもたちの思考力・判断力・

表現力等をはぐくむためには、レポートの作成や論述といった知識・技能を活用する学習活動を各教科で行い、言語の能力を高める必要がある。言語の能力は、……子どもたちが他者や社会とかかわる上でも必要な力である」とし、PISA型学力を追求するなかで「言語活動の充実」を教科横断的に位置づけ、内容的には、次のように言語活動をいっそう具体的に提示した。国語科では「的確に理解し、論理的に思考し表現する能力、互いの立場や考えを尊重して伝え合う能力を育成することや我が国の言語文化に触れて感性や情緒をはぐくむことを重視する。具体的には、特に小学校の低・中学年において、漢字の読み書き、音読や暗唱、対話、発表などにより基本的な国語の力を定着させる。また、古典の暗唱などにより言葉の美しさやリズムなどを体感させるとともに、発達の段階に応じて、記録、要約、説明、論述といった言語活動を行う」とした。さらに各教科等では、観察・実験などの「記録」・「まとめ」・「報告」・「評価」、比較・分類・関連づけの技法や帰納的・演繹的な考え方を用いた「説明」、言葉による体験の「表現」と体験活動の「記述」と「発表」、集団的活動や身体表現を通した他者との「伝え合い」・「共感」、異なった意見への「説得」や「集団としての意見の『まとめ』」といった言語活動をより詳細に提示した。言語活動のいっそうの技能化を強化する傾向が明らかにうかがえる。他方、一度は後景に退いた「祖国愛」「郷土愛」は「道徳教育の充実」や「伝統や文化に関する教育の充実」とも関係して、低学年からの古典の暗唱による言葉の美しさの体感として国語科でかたちを変えて再度位置づけ直されたのである。

　言語のもつ「感性・情緒等の基盤」という役割に当初から「祖国愛」とか「郷土愛」が埋め込まれ、さらに広くナショナリスティックな共同体主義の浸透の一環として位置づけ直されてきたという点を別にすれば、以上の「言語活動の充実」策の経緯には、少なくとも次の特徴を認めることができるであろう。ひとつは、言語のもつ役割と機能に関するそれなりの包括的な理解から、それを内包しはするが、PISA調査の読解力低下結果と活用型の教育の必要を理由としたPISA型学力への積極的な対応という文脈で言語活動が重視されてきたという経緯である。いまひとつは、言語に関する包括的な理

解から、「記録」「要約」「報告」「発表」「説明」「論述」「説得」「対話」「伝え合い」などの言語活動の技能へとより重点の置きどころを変えてきたという経緯である。そして、これらの言語活動の技能が各教科横断的に追求されてきているのである[38]。ここに、日本における PISA 対応の典型がある。それは、ドイツのナショナル教育スタンダードにかかわって指摘した「活動としての言語とその技術の獲得」と通底する特徴であるといえよう。このことは、PISA にそもそもスキル化を呼び込みうる素地があることをも含意しているのである。

## 4　PISA ショック後の教育の再定位に向けて

　以上、ドイツと日本における PISA ショックとその後の主立った政策対応について整理してみた。ここから、今後の教育あるいは教育課題はどのように再定位される必要があるのだろうか。引き続きドイツと日本の議論も参考にしながら、最後にこの点について若干の言及を試みておこう。
　第1は、OECD ならびに PISA の位置づけに関してである。日・独の受容の仕方に相違はあるとはいえ、両者とも PISA を前提とした「学力」形成に主眼目をおいた政策対応であることは共通している。したがって、その前提自体を一度は問い直してみる課題が当然浮上する。ドイツでは、たとえば、グローバル化という新しい経済思惟が規制緩和・自己責任ならびに質保証・評価という2つの補完し合う原理に支配され、それが学校経営に影響を与え、一方では学校の自律性と脱中央的な学校プログラムを要請し、他方ではナショナル教育スタンダードと中央による比較作業を導き、それが重なった結果として、グローバルなコンピテンシーの保障としての学校の質が問われることになっているという指摘がある[39]。学校は自由でありながら教育スタンダードとその達成比較によって不自由であるというアイロニーのなかに、その背景としての OECD と PISA への疑義が挿まれているのである。日本でも「PISA は、先進国クラブとも呼ばれる OECD（経済協力開発機構）が、グローバル化、高度情報化、そして流動化する二一世紀の経済・社会に適応する人

的資源をどう確保するのかという問題意識から行っているプロジェクトの一環である」[40]と見定められている。教育は、たしかに現実にはグローバル化のなかで社会適応的に経済を成長させる人材開発という側面をやみがたくもたされているが、それだけに拘泥する必要はないという指摘と受けとめることができる。この意味では、OECDならびにPISAをすでに自明の前提にするのではなく、相対視しておくことがやはり必要であろう。

　第2は、PISA型学力に対する評価に関してである。PISAは、グローバル経済における人材開発という太い文脈のなかに位置するが、直接的にはそのための教育の枠組みの指標とその評価方法の開発をねらいとしている。ねらいは奏功しているようにみえるが、さらに問われるべきは、その内容である。ドイツでは、ナショナル教育スタンダードを方向づけた『鑑定書』における「コンピテンシーが描くのは、Bildung（教養）概念でも意味され位置づけられたような主体の能力以外のなにものでもない」[41]とする理解に対して、「人間科学上（心理学上〔引用者注〕）の作為である『コンピテンシー』と古典的な哲学的省察形態である『教養』との間の重大な意味論上の相違が事柄の本質からみてまったく規定されえていない」[42]という指摘がある。あるいはさらに、人間の教養は、能力や技能の熟達だけに尽きるのではなく、無批判的ではなく批判的に振る舞い、状況にふさわしく行為決定しうる主体的なかまえがあってはじめて、得られるものであって、「そのような意味における教養は、いつでもどこでも観覧に供しうるスタンダード化された行動コンピテンシーではなく、予測しえない生活状況のなかで理性的に行為し、その行為に責任を取りうる能力である」とする批判もある[43]。Bildung（教養）とは何かについては第1章で、そしてPISAが射程に入れていない芸術教育については第5章で検討されるが、PISAの調査問題に目を向けてみると、これらはかなり正鵠を射た傾聴に値する疑義であるといえる。なぜならば、PISAの問題は、たしかに各分野で習得する必要のある「知識領域」、応用する必要のある「関係する能力」、知識・技能の応用やそれが必要とされる「状況・文脈」から構成された良問であるとはいえるが、しかし「状況・文脈」はすでに問題のなかに与えられているからである。つまり、逆にいえば、

学ぶ者の状況・文脈はほとんど捨象されているのである。PISAにスキル化の素地があるとさきに述べたのは、このためである。「Bildung」概念の奥深さはあるにせよ、自らの状況・文脈と往還させずに、与えられた状況・文脈を読み解く能力は「教養」とは異質であることは確かである。ここにPISA型学力の問題がある。ちなみに、PISAリテラシーが機能的リテラシーと批判的リテラシーを含みながらも前者が肥大化しているという特徴づけも[44]、この文脈でとらえなおされてよい。したがって、教育の課題は、世界と自らの生活の読み拓きを媒介させた批判的な知性の形成に求められるといってよいであろう。

　第3は、PISA型学力の結果評価の数値化に関してである。日本では、2005年の中教審答申「新しい時代の義務教育を創造する」によって、過度な競争は避けると枕詞のように共通に強調されながらも「学校力」「教師力」「人間力」の名の下に競争主義が謳われ、国による目標設定（インプット）→市町村や学校の自主的な計画・運営（プロセス）→国による教育の結果の検証（アウトカム）という教育システムへの転換が提唱された。それ以降、学校では目標設定と結果評価の数値化がなかば常態化しつつある。こうした成果主義的手法は、所与の目標を前提にした結果評価なので、いきおい数値の方だけに関心を向けさせ、そのぶん目標や結果の質の吟味を等閑に付す。PISA型のB問題も含めた全国一斉学力テストはその一環である。しかも、PISAが、自らの状況・文脈と往還させずに、与えられた状況・文脈を読み解く能力の調査であるぶん、いっそうスキル化と結果評価の数値化に利用されている。こうした措置は、ドイツでも、「説明責任」や「結果によるマネージメント」のためにエビデンスベースのアウトプット志向の制御とその基礎データの収集という面をもたらすといわれる[45]。実際には自由ならざる境遇をあたかも自由であるかのように学校と教師に選択させる措置といい換えてよい。ドイツで当初から展開されている批判、すなわち、測定可能な「学力」への方法上の還元は学校像を変化させ、教育は「学力」のアウトプットと同一視され、数と比較の圧力が支配するところでは教育的に決定される学校の自主的活動はかんばしくならないし[46]、教師は「標準化された活動」の

ために準備しなければならなくなる[47]といった批判は、ひとりドイツにのみ当てはまるのではないのである。とはいえ、「学力」測定の数値化をすべて排除するのは現実的ではないし、数値によって測定される「学力」もある。PISAはその1つの資料ではある。それだけに、学校と教育の自由の下での「学力」測定がどのようになされるべきか、第2章で言及されることになるが、あらためて検討課題として浮上してくるのである。

　第4は、「学力」の社会階層差に関してである。日・独ともに「学力」の社会階層差への対応はのっぴきならない課題となっている。だが、すでに述べたように、その責任をすべて学校に負わせることはできない。社会階層差は学校の問題である前に、何よりも社会問題だからである。とはいえ、学校での対応を等閑視することもできない。もし等閑視すれば、学校は階層的秩序の再生産機能を果たすという議論に陥るほかはない。生産の社会的関係が学校制度と学校内の教育的関係に反映される場合（ボウルズとギンタス）であれ、文化的恣意の押しつけの成否を「教育的エートス」と「文化資本」との距離にみる場合（ブルデュー）であれ、あるいは反学校文化が工場労働文化への自主的順応につながる場合（ウィリス）であれ、いずれも再生産論の指摘するリアリティは受けとめつつも、なおそれらが共通に欠落させている教育実践からの可能な限りの接近が問われるのである。教育をインクルーシブの視点からとらえなおす課題がここから引き出されるのである。

　第5は、以上の課題にもかかわる学びの質保障に関してである。この点については、これまで活動としての言語への着目とそのスキル化という政策対応を中心にしてみてきたので、言語行為論を視野に入れながら考えておこう[48]。

　「話すとは、話者が何かについて、何事かを、誰かに向かって言うという志向の中で、記号の領域の垣根を乗り越える行為」という定式化（リクール）に言語行為の根本構造を求めることができる[49]といわれる。やや敷衍すれば、これは、言語活動の充実にとって以下の点を示唆しているといえる。

　一方では、何かを遂行する言語は、そもそもそれが社会的文脈や状況のなかでの他者とのコミュニケーション的な関係のなかで行われることを基本に

しているという点である。このことは、「言語活動の充実」が「記録」「要約」「報告」「発表」「説明」「論述」「説得」「対話」「伝え合い」などの言語活動の技能へとより重点の置きどころを変えてきた経緯に警鐘を鳴らす。なぜならば、そこでは、アトム化された個人の陳述・記述・発言と対他者関係における遂行としての言語という二分法が認められ、かつ前者への傾斜が見受けられるからである。言語を「活動」として理解するのは、どのような活動であれ（つまり陳述・記述であろうと発言であろうと）、それが「誰かに向かって」語ることであり、自他のコミュニケーション関係をつねに通奏低音のように視野に入れているということなのである。しかし他方では、言語活動は、関係次元に尽きるものではなく、「何事かを」語る活動であり、内容次元を当然視野に入れているという点である。しかもそれは「何かについて」語る場合の「何事か」なのである。したがって、言語活動の充実は、当然、子どもの語る内容と教科内容との関係性を問うものでなければならない。だが、この内容次元は、関係次元と別個にとらえられるものではない。関係次元と内容次元の重層が言語活動だからである。ここに、言語活動を技能レベルに解消することを克服する重要な論点がある。

　ところで、関係次元と内容次元の重層は、ハーバーマス的にいえば、何が真理であるかの相互主体的承認、そのために自らの思念、感情、希望などを誠実に表明することの、ならびに慣習や規則に服することなく状況に照らして規範自体が正当であるかの相互主体的承認によって成し遂げられる[50]。ここから、言語活動は、子どもが語る内容の相互交流と教科内容の意味との関係、そのための自他の共同的関係の調整と構築、そのさいのありのままの自己の表明と自己への省察、という層的重なりから追求される必要があるという点が示唆される。一方、言語活動の参加者は、各人の生活世界の文脈をやみがたく身にまとって登場する。そこから今度は「何事かを語る主体」のそれぞれ異なった当事者性という視点が浮上する。したがって、その当事者性がどのように交流され、いかに教科内容の問い直しを含めた意味の共同構築と一人ひとりの個性的構築が成し遂げられるのか、そしてそのために自他の共同的関係の調整と構築が互いの差異を認めることをうちに含めてどのよう

になされるのか、そしてそのことのなかでありのままの自己の表明から自己と自らの生活への省察がどう深められるのかが、さらに問われることとなる。ここに「言語活動の充実」の再定位の方向があるといえよう。

「活動としての言語」への着目から、少なくとも以上が導かれる。しかし、それは、ひとり言語活動にとどまらない。学びの質それ自体をも意味していることは、明らかであろう。PISAショック後の教育は、そうした学びの質保障にこそ向かうべきなのである。

(久田敏彦)

■注

1) ドイツにおけるPISAショックないしその後の教育改革を紹介・検討した論文としては、たとえば次がある(『週間教育資料』、『内外教育』、『教育委員会月報』はここでは省略している)。長島啓記「ドイツにおける『PISAショック』と改革への取組」『比較教育学研究』第29号、2003年、坂野慎二「ドイツにおけるPISAショックと教育政策」『ドイツ研究』第37/38号、2004年、坂野慎二「学力と教育政策―ドイツにおけるPISAの影響から―」論文集編集委員会編『学力の総合的研究』黎明書房、2005年、原田信之「教育スタンダードによるカリキュラム政策の展開―ドイツにおけるPISAショックと教育改革―」『九州情報大学研究論集』第8巻第1号、2006年、坂野慎二「ドイツにおける学力保証政策」大桃敏行／上杉孝實／井ノ口淳三／植田健男編『教育改革の国際比較』ミネルヴァ書房、2007年、大木文雄「21世紀ドイツの学校教育改革　第二部―ヘレン・ランゲ学校ヴィースバーデンの場合―」『北海道教育大学紀要（教育科学編）』第59巻第2号、2009年、黒田多美子「ドイツの教育制度をめぐる議論と改革の方向性」『歴史地理教育』誌2008年7月増刊号、大木文雄「21世紀ドイツの学校教育改革―ヘレン・ランゲ学校と緑の党の関係―」『北海道教育大学釧路校研究紀要』第40号、2008年、黒田多美子「ドイツにおける教育改革をめぐる論議と現状―ハンブルクの事例から―」『獨協大学ドイツ研究』第62号、2009年、高橋英児「教育課程の国家基準の開発に関する一考察―ドイツにおける教育スタンダーズの開発から―」『山梨大学教育人間科学部紀要』第10巻、2009年、木戸裕「現代ドイツ教育の課題―教育格差の現状を中心に―」『レファレンス』2009年8月、伊藤実歩子「オーストリアの場合―

PISA 以後の学力向上政策」松下佳代編著『〈新しい能力〉は教育を変えるか』ミネルヴァ書房、2010年、田中達也「ドイツにおける教育改革の現状―ハンブルク市を中心に―」『佛教大学教育学部会紀要』第9号、2010年、卜部匡司「ドイツにおけるハウプトシューレの廃止過程に関する一考察」『徳山大学総合研究所紀要』第33号、2011年、卜部匡司「ドイツにおける中等教育制度改革動向に関する一考察」『徳山大学論叢』第74号、2012年、吉田成章「ドイツにおける教科書研究の動向に関する一考察―『学習課題』への着目と授業との関連を中心に―」『広島大学大学院教育学研究科紀要 第三部（教育人間科学関連領域）』第61号、2012年、吉田成章「ドイツにおけるコンピテンシー志向の授業論に関する一考察」広島大学大学院教育学研究科教育学教室『教育科学』29、2013年など。なお、本章は、これらにも目は通しているが、久田敏彦「ドイツにおける学力問題と教育改革」大桃敏行／上杉孝實／井ノ口淳三／植田健男編『教育改革の国際比較』（前掲書）を部分的に参照している。
2）国立教育政策研究所編『生きるための知識と技能　OECD生徒の学習到達度調査（PISA）2000年調査国際結果報告書』ぎょうせい、2002年。
3）Terhart, E.: *Nach PISA Bildungsqualität entwickeln,* Europäishe Verlagsanstalt Verlag, 2002, S. 7.
4）Kluge, J.: *Schluss mit der Bildungsmisere Ein Sanierungskonzept,* Campas Verlag, 2003, S. 74.
5）*Der Spiegel,* Nr. 50/10.12.2001, S. 60.
6）Cortina, K. S./Baumert, J./Leschinsky, A/Mayer, K. U./Trommer, L. (Hrsg.): *Das Bildungswesen in der Bundesrepublik Deutschland Strukturen und Entwicklungen im Überblick,* Rowohlt Verlag, 2003, S. 45, S. 201.
7）国立教育政策研究所編、前掲書。
8）詳しくは、久田敏彦「学級編成のポリティックスと学級の再定義（Ⅰ）」大阪教育大学教育学教室『教育学論集』第30号、2002年を参照。
9）国立教育政策研究所編『生きるための知識と技能2　OECD生徒の学習到達度調査（PISA）2003年調査国際結果報告書』ぎょうせい、2004年。
10）Terhart, E., a.a.O., S. 31-32.
11）Deutsches PISA-Konsoritium（Hrsg.）: *PISA 2000, Basiskompetenzen von Schülerinnen und Schülern im Internationalen Vergleich,* Leske + Budrich, 2001, S. 120-121.

12) Klieme, E./Artelt, C./Hartig, J./Jude, N./Köller, O./Penzel, M./Schneider, W./Stanat, P. (Hrsg.): *PISA 2009 Bilanz nach einem Jahrzehnt,* Waxmann Verlag, 2010, S. 63.
13) Ebenda, S. 57.
14) Ebenda, S. 63.
15) Ebenda, S. 249.
16) Deutsches PISA-Konsoritium (Hrsg.), a.a.O., S. 373-378.
17) Klieme, E./Artelt, C./Hartig, J./Jude, N./Köller, O./Penzel, M./Schneider, W./Stanat, P. (Hrsg.), a.a.O., S. 224-228.
18) Avenarius, H./Ditton, H./Döbert, H./Klemm, K./Klieme, E./Rürup, M./Tenorth, H. E./Weishaupt, H./Weiß, M.: *Bildungsbericht für Deutschland Erste Befunde,* Leske + Budrich, 2003, S. 258-259.
19) 木戸裕、前掲論文、26頁。
20) Massing, P.: Konjunkturen und Institutionen der Bildungspolitik, In: *Bildungspolitik in der Bundesrepublik Deutschland,* hrsg. von Massing. P., Wochenshau Verlag, 2003, S. 28.
21) Beschlüsse der Kultusministerkonferenz: Bildungsstandards im Fach Deutsch für den Primarbereich (Jahrgangsstufe 4), Luchterhand, S. 7. (http://www.kmk.org/fileadmin/veroeffentlichungen_beschluesse/2004/2004_10_15-Bildungsstandards-Deutsch-Primar.pdf)
22) Beschlüsse der Kultusministerkonferenz: Bildungsstandards im Fach Deutsch für den Mittleren Schulabschluss (Jahrgangsstufe 10), Luchterhand, S. 8. (http://www.kmk.org/fileadmin/veroeffentlichungen_beschluesse/2003/ 2003_12_04-Bs-Deutsch-Ms.pdf ただし現在閲覧不可)
23) 国立教育政策研究所『諸外国の教育課程（2）—教育課程の基準及び各教科の目標・内容構成等—』(「教科等の構成と開発に関する調査研究」研究成果報告書)、2007年、157-158頁。同報告書は、ドイツ語（基礎学校）、外国語のスタンダードについても要約的に紹介している。
24) 原田信之、前掲論文、62-65頁参照。
25) Klieme, E./Artelt, C./Hartig, J./Jude, N./Köller, O./Penzel, M./Schneider, W./Stanat, P. (Hrsg.), a.a.O., S. 226-227.
26) 卜部匡司、前掲論文、2012年、77頁。
27) 6年制初等教育に対するそれ以前の意見表明としては、たとえば、次があ

る。Think Tank Gute Schule/Brödermann, von Bodenhausen, von Dietze (Hrsg.): *Primarschule—Der Weg für Ihre Kinder?*, Schulreformchaos in Hamburg, 2009.
28) ハンブルクの学校改革に関しては、黒田多美子（前掲論文、2009年）や田中達也（前掲論文）も言及している。ただし、以上は、最近著『ハンブルクの学校』に依拠した要約である。Vgl. Reiner Lehberger & Hans-Peter de Lorent: *Schulen in Hamburg Ein Führer durch Aufbau und Geschichte des Hamburger Schulwesens,* Brunswiker + Reuter Universitätbuchhandlung, 2012, S. 12, S. 16-17, S. 29-33, S. 39-40, S. 44-45.
29) 国立教育政策研究所編、前掲書、2002年、192頁。
30) 国立教育政策研究所編『生きるための知識と技能4　OECD生徒の学習到達度調査（PISA）2009年調査国際結果報告書』明石書店、2010年、229頁。
31) 国立教育政策研究所編、前掲書、2004年、292頁。
32) 国立教育政策研究所編、前掲書、2010年、228頁。
33) 久田敏彦「どう変わったか―改訂学習指導要領の特徴と問題―」杉山隆一・長瀬美子編著『保育指針改定と保育実践―子どもの最善の利益を考える―』明石書店、2009年参照。
34) ドミニク・S・ライチェン、ローラ・H・サルガニク編著、立田慶裕監訳『キー・コンピテンシー』明石書店、2006年参照。
35) 学校教育法第30条②では、「基礎的な知識及び技能を習得させるとともに、これらを活用して課題を解決するために必要な思考力、判断力、表現力その他の能力をはぐくみ、主体的に学習に取り組む態度を養うことに、特に意を用いなければならない」と規定されている。
36)「日本の教育は、……一部のエリート教育（リベラル・アーツの学力）と標準タイプの教育（PISA型学力）、そして下層向けの教育（伝統的な『読み書き算』の基礎学力）という3つの階層別の教育に分岐する危険性がある」（佐藤学「リテラシー教育の現代的意義」日本教育方法学会編『リテラシーと授業改善』図書文化社、2007年、19頁）とすでに予見されていた。
37) 安彦忠彦「『人間性』の劣化防止のために」『現代教育科学』誌No. 642、2010年3月号、明治図書出版、5頁。
38) 久田敏彦「言語行為論と学びの共同化の課題―『言語活動の充実』の再定位を中心として―」大阪教育大学大学院学校教育専攻教育学コース『教

育学研究論集』第 10 巻、2013 年参照。
39）Rekus, J.: Qualitätssicherung durch nationale Bildungsstandards Schulaufsicht vor neuen Aufgaben?, In: *Bildung oder outcom*?, hrsg. von Beichel, J. J./Fees, K., Centaurus Verlag, 2007, S. 55-58.
40）田中昌弥「PISA 型リテラシー、コンピテンシーと日本の学力概念」『教育』誌 No. 739、2007 年 8 月号、国土社、34 頁。
41）BMBF（Hrsg）: *Zur Entwicklung nationaler Bildungsstandards, Expertise*, Bonn/Berlin, 2003, S. 65.
42）Gruschka, A.: *Verstehen lehren Ein Plädoyer für guten Unterricht*, Philipp Reclam jun., 2011, S. 43.
43）Rekus, J., a.a.O., S. 64-65.
44）松下佳代「PISA の能力観・評価観と日本的受容の過程」『教育』誌 No. 785、2011 年 6 月号、国土社、12 頁。
45）Bellmann, J./Waldow, F.: Standards in historischer Perspektive-Zur vergessenen Vorgeschichte outputorientierter Steuerug im Bildungssystem, In: *Zeitschrift für Pädagogik*, Heft 2 März/April 2012, Beltz Verlag, S. 139.
46）Muszynski, B.: Empirische Wende oder heiße Luft? Was die PISA-Debatte bewegen Könnte, In: *Bildungspolitik in der Bundesrepublik Deutschland*, hrsg. von Massing, P., S. 117-119.
47）GEW: *Erziehung und Wissenschaft*, 9/2003, S. 25.
48）詳しくは、久田敏彦、前掲論文、2013 年を参照されたい。
49）野家啓一『言語行為の現象学』勁草書房、2002 年、12 頁。
50）Habermas, J.: *Theorie des Kommunikatives Handelns*, Bd. 1, Vierte Auflage, Suhrkamp Verlag, 1987, S. 439.

# 第1章

## 現在・未来を生きる子どもに必要な教育とは？
―PISA後のカリキュラム開発・授業づくりの課題―

### 1 カリキュラム開発・授業づくりの議論の変遷

　1990年代の国内外のカリキュラム開発・授業づくりの議論の焦点は、総合的学習であった。総合的学習を入り口にしながら、これまでの教育を見直し、新たな教育を模索しようという動きがみられた。この総合的学習の提唱の背景の一つには、グローバル化の進展の中で国内外で生じつつある世界・社会の諸問題（いわゆる「人類的課題」や「現代的課題」など）への対応という問題意識があったことは明らかであろう。これらの諸問題は既存の教科の枠内にとらわれない学習が必要であるという認識から、これらの諸問題を新たな教育内容・テーマとして位置づけたカリキュラムとそのカリキュラムに対応する授業形態として総合的学習に注目が集まったのである。

　この当時、ドイツでは、「諸教科にわたる授業」（Fächerübergreifender Unterricht）などという名称で、教科横断的な内容・テーマを扱う総合的学習の実践が展開された[1]。そのさい、現代的課題を扱う総合的学習の理論的な枠組みとして、クラフキの「鍵的問題」（Schlüsselprobleme）を中核とした普通教育構想にも注目が集まった。このクラフキの構想は、当時の総合的学習の議論に影響を与えただけでなく、ノルトライン-ヴェストファーレン州（以下、NRW州）などの教育改革構想にも影響を与えていた。

　しかし、2000年から始まったOECDのPISA調査以降、1990年代の議論

は大きく転換する。OECDの学力調査が示した学力・能力モデル（DeCeCoのキー・コンピテンシー／リテラシー）は、必要な資質・能力を国際標準の学力指標として新たに示した。多くの国々では、こうした国際標準化された学力モデルに影響を受け、カリキュラム開発・授業づくりが進められている。

　ドイツでも、教育の質保障という観点から、各教科で求められる学力（コンピテンシー）を教育課程の国家基準（「教育スタンダード」）として策定し、各州ではこの基準に基づいたカリキュラム開発が求められるようになる。その結果、総合的学習ではなく、各教科のスタンダードの策定とスタンダードに基づくカリキュラム構成、そして、それらの獲得を目指す授業づくり（コンピテンシー志向の授業）に力が注がれる傾向にある[2]。

　このように1990年代から2000年代にかけて展開されたカリキュラム開発・授業づくりの議論を概観すると、1990年代の総合的学習の議論が、グローバル化に対応する教育の試みを教育内容・テーマから追求していったのに対し、2000年代のリテラシー・コンピテンシーの議論は、能力・資質のモデル化から追求していく試みであった点に大きな違いがある。しかし、PISAショック前後のドイツおよびわが国の教育実践の課題を振り返れば、グローバル化による産業構造・社会構造の転換のなかで、子どもたちがその社会をどのように生きていくのか、そしてどのような未来を切り開いていくのか、そのために学校は何を教え、どのような力をもつ子どもに育てるのか、ということが常に課題であり続けていることは明らかであろう。

　問題は、こうした課題に対応する教育をどのように構想するかという点である。今日のコンピテンシー志向のカリキュラム開発・授業づくりは、その課題に対する一つの回答でもあるが、後述するように、ドイツではさまざまな問題や懸念が示されてきている。こうした問題や懸念に対して、近年、伝統的な教授学理論の側から、コンピテンシー志向の教育がはらむ問題を克服しようとする動きもみられる。「鍵的問題」構想を含めたクラフキの理論を再評価し、新しい可能性を見出そうという動きである。国際標準の「学力」として提起されているリテラシー・コンピテンシーの議論をみれば、子どもたちの現在および未来の生活と彼らの成長の可能性を追求する教育構想であ

った「鍵的問題」構想は、今日でも再検討すべき内容を含んでいるのは事実であろう。

そこで本章では、1990年代以降のドイツにおけるカリキュラム開発・授業づくりの議論を概観し、PISA後のカリキュラム開発・授業づくりの課題を明らかにしながら、現在・未来を生きる子どもたちに必要な教育の構想として、クラフキの「鍵的問題」構想の可能性、またわが国への示唆を考えてみたい。

## 2 「鍵的問題」を中核にした普通教育構想と授業構想

### (1) クラフキの普通教育構想―「鍵的問題」構想―

#### 1) 構想を支える根本思想―教育の使命と3つの能力の連関としての Bildung―

クラフキの「鍵的問題」構想は、グローバル化時代の新しい普通教育構想の追求から生まれている。この普通教育構想では、子ども・若者の現実に反映しているグローバル化がもたらす矛盾や諸問題と彼らが対決し、自身の成長・発達の可能性を保障するような世界・社会を共同で形成していける資質を育むことに主眼がある。そのため、社会と教育との関係においては、教育はただ社会に従属するのではなく、教育の側から社会の現状を問い、望ましい社会の実現を求めていくことも強調されている[3]。

このような教育から社会を問うという方向性は、クラフキが、古典的な陶冶論の批判的継承もその土台においていることともかかわる。彼は、Bildung を「自己決定能力」「共同決定能力」「連帯能力」という3つの基本的能力の連関としてとらえる。彼のいう自己決定能力とは、それぞれの個人が、自分の個人的な生活関係・人間関係・職業・倫理・宗教にかかわる意味解釈について自己決定する能力である。共同決定能力は、共通の文化的・社会的・政治的な関係を形成する能力である。これは、こうした関係を形成することへの要求と可能性、共同責任をそれぞれがもっているがゆえに必要とされる。そして、連帯能力とは、自己決定の可能性、共同決定の可能性が社会的な状況や抑圧、政治的制限や弾圧のために不当に与えられていなかった

- グローバルな展望：現在志向・未来志向の教育の必要性
- 古典的陶冶論の批判的継承

〈普通教育の3つの基本原理〉　　　〈カリキュラム編成の視点〉

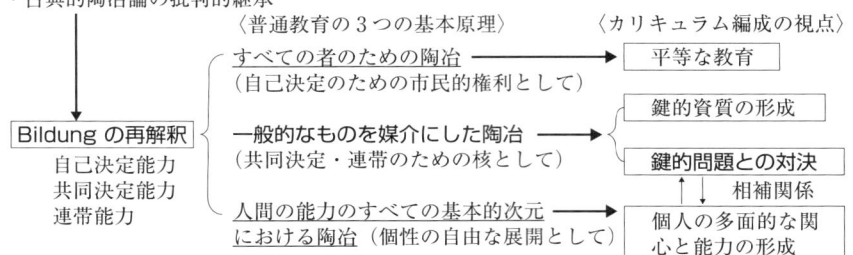

```
Bildungの再解釈    ┌ すべての者のための陶冶         →  平等な教育
自己決定能力       │  （自己決定のための市民的権利として）
共同決定能力       ├ 一般的なものを媒介にした陶冶    →  鍵的資質の形成
連帯能力          │  （共同決定・連帯のための核として）   鍵的問題との対決
                │                                  ↕ 相補関係
                └ 人間の能力のすべての基本的次元   →  個人の多面的な関
                    における陶冶（個性の自由な展開として） 心と能力の形成
```

図1-1　Bildungの再解釈と普通教育の3つの基本原理／カリキュラム編成の視点
注）執筆者作成。

り、制限されている人々のために自己を投入し人々と団結するという能力である[4]。

このようなBildungの新たな解釈に基づき、図1-1に示すような新しい普通教育（Allgemeinbildung）の構想の基本原理が示される[5]。また、これらを構造化すると、図1-2のように示される。

彼の普通教育構想では、Bildung概念は、獲得すべき能力（教養）とそのための教育（陶冶）のあり方の2つの意味で用いられている。また、3つの能力の連関としてのBildung理解に特徴的なのは、これらの能力の形成・獲得と発揮を他者との共同的な営みにおいてとらえている点である。これは、社会のすべての人間の（潜在的な）可能性および要求、人間の諸能力の発達を保障するという観点から連帯能力が重視されており、すべての人間の自己決定・共同決定の実現を阻む社会的条件や社会状況（たとえば、支配、差別、抑圧など）を絶えず批判し、これらを共同して組み替えていくことを求めていることからも明らかである。その意味では、Bildungは、主体を形成することと社会を形成することの2つの意味も含まれているといえる。

### 2）教育内容・テーマとしての「鍵的問題」

クラフキは、「Bildungは、人間が共同で立ち向かうべき、人間が社会的に生成している現在と浮かび上がる未来の問題状況の習得として、そしてこうした共同の課題・問題・危険・可能性との対決として理解されなければな

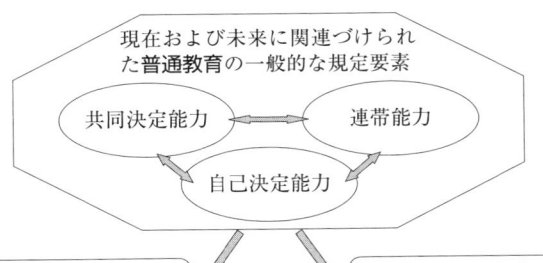

```
┌─────────────────────────────────┐
│   現在および未来に関連づけられ      │
│   た普通教育の一般的な規定要素      │
│   ┌─────┐        ┌─────┐        │
│   │共同決定能力│⇔│連帯能力│       │
│   └─────┘        └─────┘        │
│          ⇘    ⇙                │
│        ┌─────┐                 │
│        │自己決定能力│             │
│        └─────┘                 │
└─────────────────────────────────┘
```

┌──────────────────────┐         ┌──────────────────────┐
│"一般的なものを媒介にした"陶冶│  補足  │人間の関心と能力のあらゆる**基**│
│時代に典型的な**鍵的諸問題**   │⇔      │**礎的次元**における陶冶の多面性│
│("問題学習の授業")を手がかり │相互に対極│                      │
│にして                │         │                      │
└──────────────────────┘         └──────────────────────┘

┌──────────────────────┐         ┌──────────────────────┐
│・平和問題             │         │・自己の身体との意欲あふれ責任│
│・国籍と国際性          │         │ ある交わり             │
│・環境問題             │         │・認識能力              │
│・増加する世界人口        │         │・手工業－技術的、家政的な生産│
│・社会的に生み出される不平等 │         │ 性                  │
│・産業社会といわゆる発展途上国│         │・相互の関係能力の形成－連帯 │
│・新しいメディア、労働場所と余│         │・美的な知覚能力・形成能力・判│
│ 暇                  │         │ 断能力               │
│・私－あなたの関係、両性の関係│         │・倫理的、政治的な決定能力と行│
│ とセクシャリティを含む     │         │ 為能力               │
└──────────────────────┘         └──────────────────────┘

          ┌─ 個々の鍵的問題と、関心および能力の次元
          │  を超え出る**考え方とかまえ**(コンピテン
          │  シー)
クラフキは「鍵│  ・批判のかまえと能力
的**資質**」と名│  ・論証のかまえと能力
づけている(注│  ・感情移入能力
─執筆者)。  │  ・ネットワーク的思考
          │  ・新しい経験に対する開放性
          │  ・基本的カテゴリーの構築
          └─ ・方法と手段を学び取る

図1-2　マイヤーによるモデル図[6]

らない」とし、共同決定と連帯を具体的に可能にするような共通の内容・問題状況を媒介するという「一般的なものを媒介にした陶冶」を普通教育の基本原理の一つに挙げている[7]。「一般的なもの」とは、国家的なものやヨーロッパ的なものに限定されるのではなく、全世界的なもの・世界規模のもの

であり、「鍵的問題」は、この「一般的なものを媒介にした陶冶」の内容と位置づけられている[8]。クラフキが挙げる「鍵的問題」は、論文によりその数や内容が変化することもあるが、たとえば、1998年の論文では、①環境問題、②戦争と平和の問題、③世界人口と食糧問題、④不平等の問題（男女、雇用、障害者、外国人・移民など）、⑤グローバル化の下で進むネットワーク化と依存関係の問題、⑥情報メディアの問題、⑦文化・民族・宗教の問題、⑧私－あなたの関係、という8つの「鍵的問題」群を挙げている[9]。

　クラフキによれば、これらの「鍵的問題」は、基本的には世界的かつ個人にもかかわる未解決な問題であり、解決に関する方法は統一されていない問題とされている。むしろ、経済的・社会的・政治的な関心や立場の違いや、階級や階層や世代のもつ価値志向の違い、個人の世界観の違いなどによって、鋭い対立・矛盾を示す問題として現れるものとしてとらえられている。

　だが、クラフキは、こうした「鍵的問題」に存在する対立や矛盾を固定的で、変革が不可能なものとはしない。むしろ、現代社会やその社会のなかでの実際の発展傾向には、それ自身のうちに多くの矛盾が秘められているとして、この矛盾性に着目する。クラフキによれば、矛盾性があるところでは、社会は、さまざまな相互にせめぎ合う利益や解釈の関連とテーマとして現れ、それゆえ変革可能なものとして認識される。そして、このことが新しい時代の発展の基本的なメルクマールの一つとなる。こうした社会の変革可能性に注目したとき、現実と未来に対する解釈と行為の自由な余地が新たに生じてくる。その結果、それぞれが潜在的に思考能力と共同決定能力と行為能力のある人物として見出され、それぞれが要求を表現していくことが広く認められる。そして、こうした要求が、一人ひとりのもつ可能性を発揮させ、同じまたは類似の関心や目標設定をもったり、発展させることができる他者との共同のなかで実践的に実現されると構想されている[10]。

### 3）現在志向・未来志向的な学校構想への転換

　クラフキの構想は、「鍵的問題」へ集中する授業を新しい学校教育構想の中核に位置づけるものであり、そのことによって学校そのものを変えていこうとするものである。なぜなら、「鍵的問題」へ集中する授業は、「危険なも

の、論争、政治的・社会的・経済的・文化的・倫理的・宗教的未解決問題における争いの対岸で、学校はその教育的仕事を果たさなくてはならない」というこれまでの見解を見直し、学校のあり方を問うことにもつながるからである[11]。むしろ積極的にこれらの未解決な問題を扱い、子ども・若者の間にすでに存在していたり、将来起こりうるであろう経験や対立のために学校を開いていき、彼らが置かれている現在と未来を考える場へと学校を転換することが意味されているのである[12]。学校は、「鍵的問題」を教育の不可欠な内容に位置づけ、これらの学習を通して、彼らが自分たちの現在と未来の問題を考え、新しい社会や文化の実現に向けて共同して行動できるようにしていくことを重要な役割にすることになる。

### (2)「鍵的問題」の授業構想 − 問題学習の授業と授業原理

「鍵的問題」へ取り組む授業の方法としてクラフキは、問題学習の授業を挙げている。この問題学習の授業では、子ども・若者にある問題についての解決策を伝達することや、問題についての単なる知的な理解を求めるのではなく、彼らがこうした「鍵的問題」について考える過程を重視することが強調されている。なぜなら、問題について学習する過程のなかで、問題の当事者として、さまざまな角度から「鍵的問題」を吟味し、討論することによって、問題の歴史的原因を明らかにし、問題解決の提案の奥にある利害の側面を解明し、感情および行為能力を発達させることが目指されているからである。また、この授業では、「鍵的問題」をすべて扱おうとするのではなく、そのうちのいくつかにテーマの数を限定して、集中的に扱う（少なくとも2時間をブロックとして扱う、一定の期間集中的に扱うなど）ことが重要であるとされる[13]。

そのさいの授業形態として、教科の授業だけでなく、「諸教科にわたる授業（総合的学習）」で展開されることが望ましいとされている。この「諸教科にわたる授業」は、一教科での取り組み、複数教科での取り組み、教師チームによる弾力的運営、の3つの段階が示されている[14]。

そして、この「鍵的問題」に取り組む授業では、「鍵的問題」との対決を

通して発達させられるべき「かまえと能力」(「鍵的資質」)が挙げられる。これらは、論文によってその数や内容に違いがあるが、たとえば、1991年の論文では、①批判のかまえと能力、②論証のかまえと能力、③感情移入能力(ある状況や問題ないし行為をそのときどきの他者の立場から、もしくは当該者の事態からみることができる能力)、④ネットワーク的な思考と関連的思考、の4つが挙げられている[15]。これらは、先のマイヤーがまとめた図ではコンピテンシーとまとめられているが、Bildungとして示された3つの能力をさらに具体化した能力であると考えられる。

この授業の構成原理として挙げられるのが、a) 範例的な教授と学習、b) 方法志向的な学習、c) 行為志向的な学習("実践的な学習")、d) 創造力を促進する教授と学習、e) 事実に即した学習と社会的な学習の結合、の5つの原理である[16]。これらの5つの原理は、単元の設定や教材の選択にかかわる原理(a)と学習の展開にかかわる原理(b~e)に構造化して理解することができると考えられる。なお、クラフキは、行為志向的な学習を、学びの展開に応じて3つの形態に分類している(図1-3)[17]。

この行為志向的な3つの学習形態では、「鍵的問題」の学習をとおして自らの見解を発展させ、表現していくプロセスとして構想されている。しかも、学校を越え、社会的な次元にまで広がっていくという、いわば学びをとおした社会参加へと発展していくことが構想されている点に特徴がある。

〈授業の5つの構成原理〉

(教材選択の原理)
a) 範例的な教授と学習
　(学習の展開の原理)
b) 方法志向的な学習
c) 行為志向的な学習("実践的な学習") →
d) 創造力を促進する教授と学習
e) 事実に即した学習と社会的な学習の結合

〈行為志向的な3つの学習形態〉

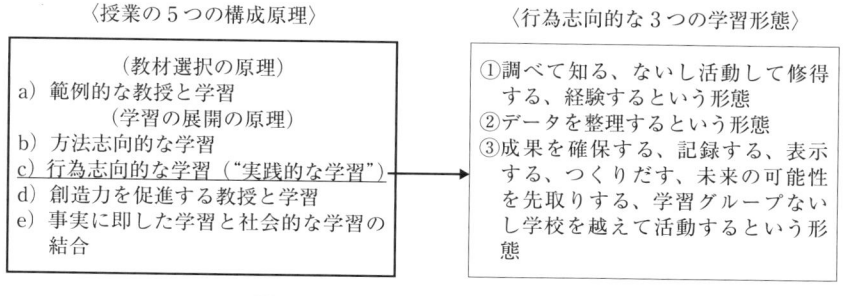

① 調べて知る、ないし活動して修得する、経験するという形態
② データを整理するという形態
③ 成果を確保する、記録する、表示する、つくりだす、未来の可能性を先取りする、学習グループないし学校を越えて活動するという形態

図1-3　授業の構成原理と学習形態

## (3) 子どもにとっての学ぶ意味を重視したカリキュラム開発・授業づくり

上記のような「鍵的問題」に取り組む授業を実際にどのように計画していくかという点については、クラフキの学問的立場（批判的－構成的教授学）の視点から説明している授業計画の手順が参考になる。

この批判的－構成的教授学の「批判的」という言葉には、自己決定能力・共同決定能力・連帯能力の発達を阻害する社会的現実と教育の制度的現実の双方を問題にしていくという意味が込められており、「構成的」という言葉には、自己決定・共同決定・連帯の機会が保障され、それらの能力を自己形成し、発揮していける環境づくりの探究という意味が込められている[18]。

したがって、批判的－構成的教授学では、学習者の自己決定・共同決定・連帯の機会を奪っているような社会的現実と学校の教育現実の双方への働きかけが求められている。彼は、前者を上述の「鍵的問題」を中核とした普通

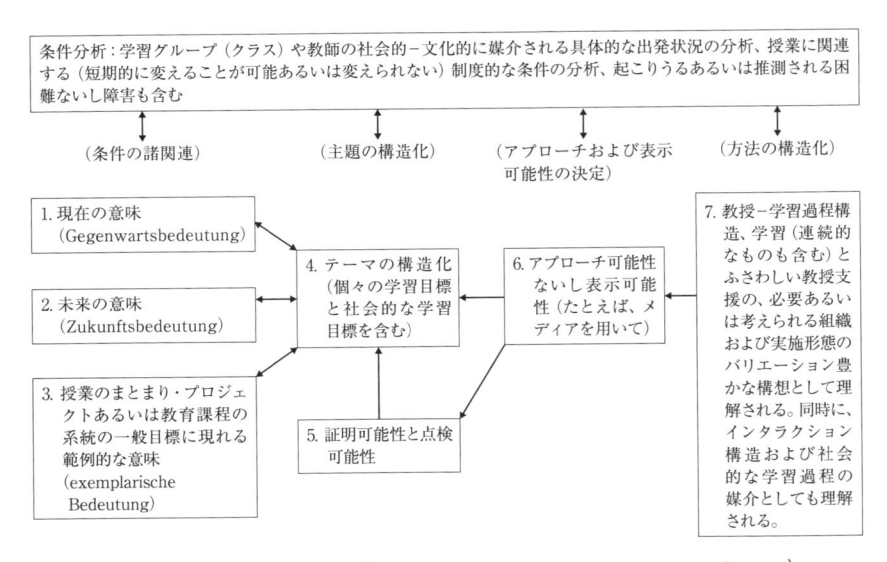

図1-4　授業計画の概観図（Perspektivenschema zur Unterrichtsplanung）

出典：Klafki, W.: Zur Unterrichtsplanung im Sinne kritisch-konstruktiver Didaktik, In: ders.: *Neue Studien zur Bildungstheorie und Didaktik. Zeitgemäße Allgemeinbildung und kritisch-konstruktive Didaktik*, 2., erweiterte Auflage, BELTZ, 1991, S. 272.

教育構想への転換として位置づけ、後者を批判的-構成的教授学における授業構想の課題として位置づけているといえる。図1-4は、批判的-構成的教授学的な視点からの授業計画の概観図である[19]。

この図では、授業計画の領域として、条件の諸関連、主題の構造化、アプローチおよび表示可能性の決定、方法の構造化、の4つが示され、計画するさいの7つの問いが対応している。この1〜3の問いは、意図されているテーマとそれを構成する一般的な目標が教授学的に根拠があるものかを問うものであるとされる。また、4、5は、必要な構造化と個々の学習目標を問うものと学習過程で獲得された認識や能力の実証の仕方を問うもの、6、7は、目標とされるテーマへのアプローチのしやすさや示しやすさを問うものと、この問いをとおして確認される要素を連続する教授-学習過程に反映させていくことを問うものである[20]。

この授業計画で重要な位置を占めると考えられるのは、授業構想の出発点ともなる1〜3の問いである。なぜなら、これらは、授業計画のさいに、学習者にとっての意味を問うことを出発点に位置づけており、学ぶことと生きることを関連づけようとする意図が読み取れるからである。

問い1の「現在の意味」では「子どもと若者が、彼らの日常生活のなかで経験し実践している意味的関係と意味づけについての問い」をとおして子ども・若者の現在の日常生活に影響を与える社会の問題を位置づけることが、問い2の「未来の意味」では多様な社会的出自の子ども・若者の視点と、彼らの未来を考慮した教師による評価とをつなげながら、彼らに共に生きている現実の問題について省察させ、新しい可能性の探究が生まれるようにしていくことが、それぞれ重要だとされている。そして、議論されているテーマが、自分たちの今にどのような意味があるのか、そして未来にどのような意味があるのかを学習者だけでなく、教師自身も問うことの重要性も指摘されている[21]。

また、問い3では、授業において追求すべき目標が構造化されており、①最も普遍的な学習目標（Bildungとしての3つの能力）、②個々の具体的分野にまだ直接的に関係づけられて定式化されていない能力（クラフキが「鍵的資質」

と名づけたかまえと能力)、③包括的な問題領域や問題領域間の関係から②の目標を具体化したもの、④個々の教科ないし教科横断的な関係領域における学習目標、という4つに構造化されている[22]。つまり、Bildungの3つの能力の発達に向けて、具体的な能力や獲得すべきことが構造化されているのである。

クラフキは、近年、授業における相互行為の過程を重視し、教師と生徒による共同の授業づくりの可能性にも言及している。特に、授業計画段階や実際の授業展開において、授業者と学習者の相互のかかわり合いをとおして、授業が共同形成されていくことを強調している[23]。

このように、クラフキの「鍵的問題」構想は、学びをとおして、社会的現実だけでなく教育的現実を教師と学習者が共同で再構成していく(認識し、変革していく)ことを重視している点に特徴があるといえる。いわば、子どもにとっての学ぶ意味を重視し、生きることと学ぶことを統一的に追求していく教育構想であったといえるだろう。

## 3 PISAショック後のドイツのカリキュラム開発・授業づくりの状況

### (1) PISAショック以前のNRW州の教育改革

1990年代のNRW州は、クラフキを委員として迎え教育改革を進め、その成果を報告書『教育の未来 未来の学校』(1995)として公表している。

同報告書では、「学習空間および生活空間としての学校」という学校改革構想のコンセプトを示し、学校を「学びの家(Haus des Lernens)」として位置づけている。そして、学校は、①知識伝達と人格形成の関連づけ、②教科の学習と総合的な学習、③子どもおよび若者相互の・またさまざまな出自の大人との社会的学習、④地理的・歴史的・環境的な経験と結びついた応用志向的な学習、⑤アイデンティティの発見と他者の不可侵性への注意・異質性への敬意、の5つの新たな課題に取り組むことが要請された。そして、学習者主体の教育への転換、生活と密接に関連した学習(と従来の教科学習の見直

し)、「学習の関連のなかでアイデンティティの発見と社会的な経験を実現する」学習の意義を説いている。そして、そのような学習状況は、「教科と総合的学習」「個人の経験と社会的経験」「実践的な関連と社会的な分野への参入」とが相互に結びつけられて生み出されなければならないとしている[24]。

報告書で、こうした学校を実現していくための具体的な教育課程づくりの視点として、図1-5のような学習の新しい構造を提起している。それは、

1. アイデンティティと社会的な関連、個人の身体性と精神
2. 文化的伝統：世界像、学問、世界観の共同体、文化
3. 自然、芸術、メディア：素材との形成的な交わり、構成と再構成、情報を提供する、操作すること、演出することと創り出すこと、自然と芸術を経験すること
4. 言語、コミュニケーション：表現と意思の疎通の媒介としての言語、コミュニケーションの方法とメディア、生活関連の国際化
5. 労働、経済、職業性：労働の世界での他者の決定と自己決定、経済的にやむをえない事情と経済的な関係の形成可能性、生活形式および教育形式としての職業性
6. 民主主義と参加：責任のある決定、現実の形成への関与
7. エコロジー：現在生きている世代と次の世代の世界との交わり

（学習の視点）

学習の次元

（学習内容）　教科の知識と方法　　鍵的問題　（学習内容）

教科の学習と総合的学習
例）教科の授業・教授課程・コース・プロジェクト・開かれた学習形態

文化技術　　コンピテンシー・鍵的資質

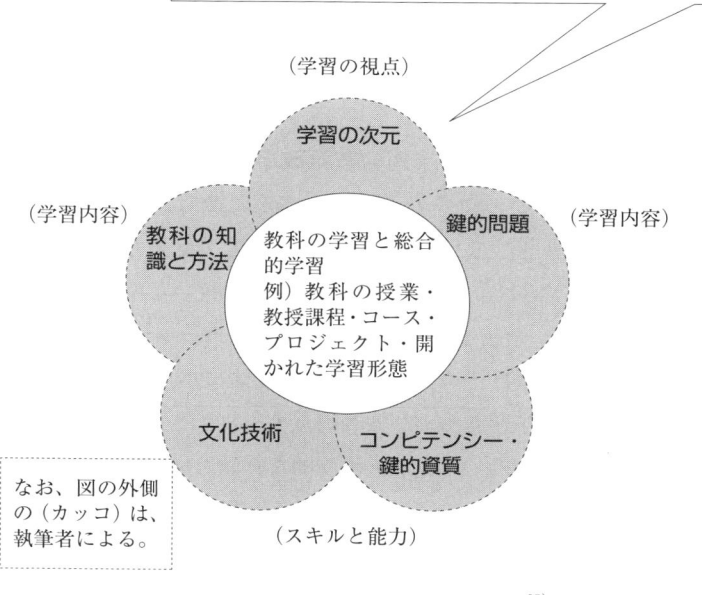

なお、図の外側の（カッコ）は、執筆者による。

（スキルと能力）

図1-5　学習の新しい構造[25]

諸次元における教科の学習および総合的学習、今日の鍵的問題に対する開放性、鍵的資質の獲得、文化技術の獲得、の4つの要素から構成されている。

　この学習の新しい構造の特徴の第1は、学習の方向づけのレベルとして、学習の7つの次元が示されており、しかもそれが教科内容の再編の視点としても提示されていることである。とくに、子どもたちの世界・社会への関与・参加の次元が考慮されている点が重要である。第2に、こうした学習の次元にかかわる具体的な教育内容として、教科の知識と方法だけでなく、鍵的問題が位置づけられており、これらの内容に取り組むことを通じて、文化的技術とコンピテンシー（鍵的資質）が獲得されることが求められていることである。とくに鍵的問題は、特定の教科に限定されていない点も重要である。第3に、これらの要素を結びつける方法として、教科の学習・総合的学習が重要な位置を占めていることである。行為志向的な開かれた授業がここでは位置づけられている。

　なお、このような学習で獲得されるBildung（教養）は、クラフキが示した3つの能力の内容に共通するものが挙げられており、「鍵的問題」や「コンピテンシー・鍵的資質」などもクラフキの「鍵的問題」構想を反映した内容となっていた。

## (2) PISAショック後のNRW州の変容
### 1）教育スタンダードの策定に対応した州のカリキュラム開発

　しかし、PISA 2000の結果を受けた学力保障に力点を置く教育改革の流れは、ドイツの教育改革の流れを大きく変えることとなる。各州文部大臣会議（Kultusministerkonferenz：KMK）が中心となり、連邦レベルで教育課程の国家基準である「教育スタンダード（Bildungsstandards）」が策定されると同時に、各州には、この教育スタンダードに基づいた学習指導要領作成が義務づけられることとなったからである（図1-6）。その結果、各州では、スタンダードの定着を確認するための州独自の学習状況調査や修了資格試験の導入も進められ、「教育スタンダード」によるアウトプット制御（評価管理型）を志向する教育課程への転換が急速に進むこととなる[26]。

連邦（Bund）レベル－常設文部大臣会議；KMK
(Kultusministerkonferenz)

教育スタンダード（Bildungsstandards）－国家基準：目標レベル
－基礎学校修了：ドイツ語、数学（2004.10.15）
－基幹学校第9学年：ドイツ語、数学、第一外国語；英仏
　（2004.10.15）
－中等学校第10学年：ドイツ語、数学、第一外国語；英仏
　（2003.12.4）、生物、物理、科学（2004.12.16）

質的開発研究所による点検

基準の開発
到達調査

州（Land）レベル－文部省；例）NRW州文部省

学習指導要領（Kernlehrplan）－州基準：州独自の改編
－基礎学校の指導要綱（Richtlinien）と学習指導要領（Lehrplan）
　（2008.6.16）
－ドイツ語、数学、英語（基幹学校、総合制学校、実科学校、
　ギムナジウム）（2004.9.27）
－生物、物理、科学（8年制ギムナジウム）（2008.5.20）
－コンピテンシーを獲得するための課題例の例示

学校独自の実践（Schulprogram）

州によるスタンダード保障の取り組み

独自の調査
修了試験
比較調査

図1-6　国家基準（教育スタンダード）と州基準（学習指導要領）の関係[27]

　このような流れのなかで、NRW州では、先の報告書『教育の未来　未来の学校』（1995）が提起した「鍵的問題」を位置づけた普通教育構想とは別の方向の教育改革を行うことになる。NRW州は、教育スタンダードとして示された獲得すべき能力（コンピテンシー）を示す学習指導要領（Kernlehrplan）の作成を主要教科を中心に行ってきている。

　このコア・カリキュラムは、基本的には各州文部大臣会議の教育スタンダードに基づきながら、独自にコンピテンシーのレベル分けを行ったり、具体的なコンピテンシーを再編・あるいは補足するかたちで編成されている。また、学校種に応じて要求するコンピテンシーにも多少の違い等がある[28]。1990年代の「学習の新しい構造」と比較すると、各教科ごとのコンピテンシーの内容などが詳細に議論されている一方で、カリキュラムのまとまりに関する視点（各教科の構造化だけでなく、カリキュラム全体としての構造化、たとえば、教育内容的な面からの各教科間の関連づけの視点）や、子どもの具体的な生活とのかかわりから学習をとらえる視点などが後景に退いた印象を受ける。それは、

以下に示す授業づくりの構想の違いにもみられる。

### 2）コンピテンシーを志向した授業構想の重視

基礎学校段階においては、コンピテンシーを志向した授業づくりのためのハンドブックが州より刊行されている。ハンドブックでは、コンピテンシーを志向した授業づくりの視点として、①どのような内容と課題設定が、促進されるコンピテンシーと有意味に結びつけられているのか、②学習課題は、どのように授業の意味ある関連のなかに含み入れられるのか、③生徒たちは、授業のまとまりへ接続して何ができるべきであるのか、④生徒たちがコンピテンシーを実際に獲得しているかどうかをどのように点検することができるのか、という4点を挙げている（図1-7)[29]。

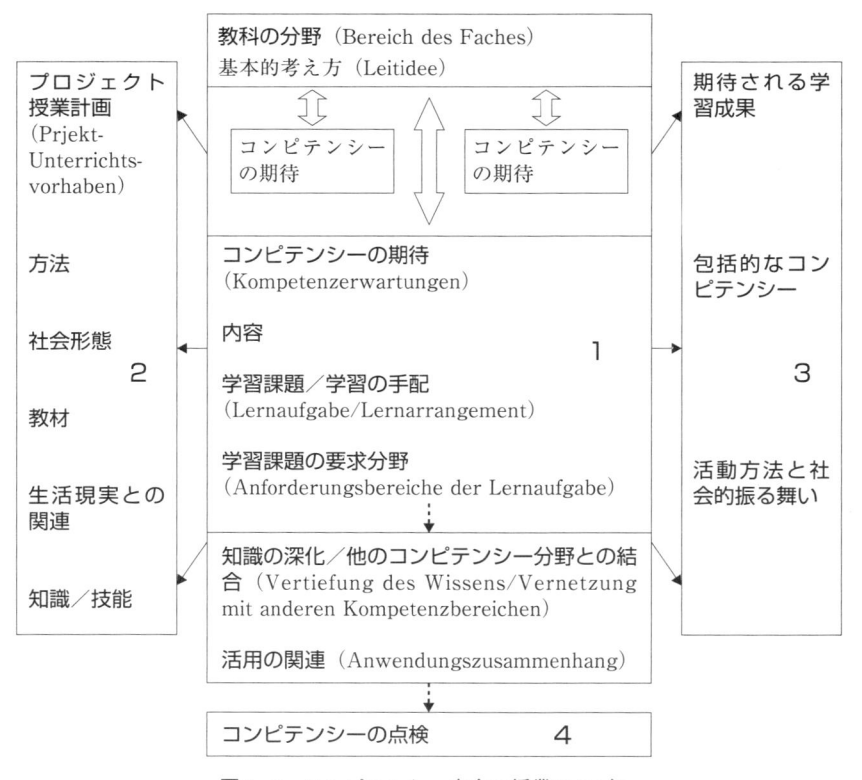

図1-7 コンピテンシー志向の授業のモデル

概要：ドイツ語
分野：読むこと
学習課題：サーカスについての説明文（Sachtext）を理解する

教科の分野：読むこと
基本方針：
生徒たちは、活発に読む環境のなかで自己の読む力を発揮させる。楽しくそして興味を引かれる読書をとおして、読むことが、自分自身の日常生活のなかで好ましい機能を持つ。生徒たちは、さまざまな物語文・説明文・使用書を読む経験をする。生徒たちは、テキストとメディアについての理解を高めるために、読みの方略（Lesestrategien）を用い、読み取ったことを事物や世界について知っていること（Sach- und Weltwissen）と結びつける。

授業計画：
学校のなかのサーカス
（たとえば、自分のサーカスの興行を計画する、試す、実行する、学校公開で上演する、ポスターと紹介状を作成する、サーカスを見学する、サーカスの人々の生活条件を知る、サーカスの動物）
ここでは：テーマについての物語文を知る。

他の教科との結びつき：
事物科、芸術、音楽、スポーツ

方法：
協力関係（Lesepartnerschaften）
会議（Lesekonferenzen）

社会形態：
個別活動
ペアとの対話
チーム活動

教材：
サーカスというテーマについてのさまざまなテキスト

生活現実／既習事項との関連：
世界についての知識　サーカスほかの子どもたちの生活現実について知る（サーカスの子ども）
継続的な物語文

知識／技能：
正確に読む
テキストの印象について話す
予想をまとめる

コンピテンシーの期待　コンピテンシーの期待
コンピテンシーの期待：
生徒たちは
・テキストのなかで情報提供のための方略を用いる。
・テキストの中心となる表現内容を把握し、要約してまとめる。
・理解が困難な場合には、理解のための手助けを利用する。
・自分の考えをまとめる。
内容：子どものためのサーカスの文章
要求分野：再現する（AB1）、関連づける（AB2）、熟考し評価する（AB3）
学習課題／学習の手配：１つの説明文を理解する。
小グループやチームでさまざまな読む方略を用いながら、さまざまなテキストを自分の力で意味をつかみながら読む

知識の深化：
他の分野との結びつき：
・書くこと：短い情報／新聞記事をテーマにして書く、招待状を書く（他の人のための情報、文書を用いて）
・言葉を調べる：生徒たちは、言葉の特徴の効果をさまざまなコミュニケーションの観点から調べる（たとえば：情報を与える、納得させる、楽しませる）
・話すことと聞くこと：生徒たちは、自分の意見を説明する。彼らは、ねらいを定めて再度尋ねる。彼らは、機能に応じて話す：物語る、情報を与える、論証する
活用の関連：学習の成果として洗練されたテキストを表す／表現する（他の人のための情報、"口頭で"）

コンピテンシーの点検：
内部：対話のなかで理解の達成を吟味する、読書日誌を閲覧する、読むことについての課題を他の成果と比較する、書かれた短い情報をテキストの内容と比較する
外部：比較研究のなかでの読解テスト

期待される学習成果：
生徒たちはテキストを読み、テキストに対する自分の予想を立て、自己の評価へとたどり着く。生徒たちは、課題に自分の力で取り組む。部分的な課題の助けを用いて、さまざまな読むための方略が利用できる。
援助の手段：欄外の注、キーワード、段落を見つける、テキストを分ける、読書日誌へ書くこと、辞書、パートナーと相談する、理解のための問題を問いの形につくる。
生徒たちは、テキストについて議論し、テキストの一部を自分の言葉へと表現し、自己の評価へとたどり着く。

包括的なコンピテンシー：
気づくことと意思を疎通させること：生徒たちは読み取られたテキストを理解し、その読んだ印象について互いに交流する。
分析することと熟考すること：生徒たちはテキストやテキストの一部について熟考し、自己の意見を形成する。
構造化することと表示すること：生徒たちは、自分の読み取った成果を他者に対して提示する。

活動方法と社会的振る舞い：
生徒たちは、共同作業を組織し、課題について綿密に取り組む。
彼らは、協力関係やチームのなかで活動する。
彼らは、共同の活動過程のなかで支援しあう。
彼らは、互いに示し合い、共同して解決に至る。

図 1-8　ドイツ語（3/4学年）の授業例[30]

その授業モデルのイメージは、図1-7のように示されている[31]。授業づくりの手順は、獲得を目指すコンピテンシーから学習課題が選択されるという手順になっており、クラフキが示した批判的－構成的教授学の視点からの授業計画の作り方とは異なる手順であることがわかる。

　NRW州のコア・カリキュラムとコンピテンシーを志向した授業づくりの構想から明らかなのは、学習課題と子どもたちの生活現実との関連が計画を立てるさいに観点として挙げられているものの、「鍵的問題」のような現代的な課題はそれほど重視されてはいない点である。また、課題例として挙げられている単元計画（図1-8）をみると、単元計画の視点では生活現実との関連が挙げられているものの、生活現実の問題に対する追求の視点がクラフキの「鍵的問題」の授業構想とは異なることがわかる。

　ここから、子どもたちの生活現実の問題を解決するためにコンピテンシーの獲得が構想されるクラフキの授業構想に対して、コンピテンシーの授業構想は、教育スタンダード（コンピテンシー）の獲得のために現実生活が利用される傾向がないか、という疑念が浮かぶのである。このような疑念を抱くのは、以下で述べる近年の教育スタンダードの開発とそれに基づいたカリキュラム開発・授業づくりへの批判を念頭に置いているからである。

## （3）教育スタンダードに対する批判

　教育スタンダード策定以降のコンピテンシー志向のカリキュラム開発および授業づくりに対しては、これまで多くの懸念や問題点が指摘されている[32]。ここでは、メークリンクによる批判の論点の整理に基づきながら、これらの問題を考えたい。

　メークリンクは、コンピテンシー志向のカリキュラム開発（教育スタンダードの策定）と授業づくりに対する批判を以下の3つの傾向に大別している[33]。

　第1の傾向は、「教育とはほど遠いコンピテンシーの機能化の危険を批判する論証」である。これは、たとえば、「コンピテンシーが、世界のなかで自ら方向づけ、世界から独立した存在として解放するのではなく、教育過程の顧客の意味での主体と、世界への適合の意味でその主体の利用関心とを機

能させるという批判」、「達成スタンダード（パフォーマンス・スタンダード）の固定化によって、この達成に必要不可欠な条件（たとえば、制度的な大綱的条件や社会的リソース、不可欠なプロセスの水準）が保障されることなく、教育の継続的発展が学校に求められるという問題」などが挙げられる。

　第2の傾向は、「選抜過程と社会的不平等を強化するような社会構造のためにスタンダードが誤用されることを予見した熟考」である。これは、たとえば、「学校の選抜過程に対する水準維持の要求に社会的な支配圧力を与え、十分に達成できない生徒を排除へと導くような形で、学校が極端に高い社会的選抜性を強化することへと導くという批判」、「スタンダードの達成のために、学習に困難を抱えた生徒や社会的リスクを負った生徒が不利に扱われるという問題」などが挙げられる。

　第3の傾向は、「認知面に方向づけられた教育スタンダードの志向は、制限された人間像の象徴であり、学習過程の貧困化に至るという批判」である。これは、たとえば、これまでの教科横断的な授業論の蓄積を無視するという問題や、コンピテンシー志向の授業において、教育内容をコンピテンシー獲得の手段へと位置づけたり、テーマを規定する教育目標よりも、獲得するための方法が上位に位置づけられてしまうような問題などが挙げられている。

　メークリンクのこの分類からは、教育の質保障のためのコンピテンシーが、本来の教育条件の改善指標として機能しないという問題（たとえば、必要な諸条件の保障に向かわない、かえって社会的不平等と排除を拡大する、授業実践の貧困化など）だけでなく、教育をとおしてどのような主体を育て、どのような社会を創造していくかという教育理念の面でも課題を抱えていることが浮かび上がる。つまり、こうした批判や問題が指摘されるのは、教育スタンダードが、システム（制度）−実践−概念規定（理念）という3つのレベルにおいて課題を抱えているからであると考えられる。

　まず、教育スタンダードの開発と評価システム（制度）のレベルにおいては、国および州が示した大綱的な基準（スタンダード）の達成を定期的にチェックし、教育の質の向上に努めるという出口管理（アウト・プット制御）がもたらす弊害がある。たとえば、すでにみたように、テスト志向の教育への変

質、社会的不平等の拡大（社会的に不利な状況に置かれ、スタンダードを達成できない生徒——学力・学習意欲が低い生徒だけでなく、特別支援教育の対象となるような生徒なども——の学校教育からの排除など）への懸念がすでに導入段階から指摘されてきている[34]。

次に、コンピテンシー志向の授業モデル（実践）のレベルでは、第1点目に挙げたシステムの問題が、具体的な実践レベルに反映されるかたちで生じる問題であり、コンピテンシー志向の授業実践が、本来の意図とはまったく違う機能を果たす危険性を抱えている点である。これは、内容・テーマの選択が、学習者にとっての意味を考慮して、学習者が直面している生活の文脈から選択されるのではなく、コンピテンシー獲得のしやすさ・効率性からなされる傾向として現れている。これは、たとえば、日本でもすでに指摘されている活用志向の授業が陥っている問題を考えればわかりやすい。

ドイツにおける議論としては、システムと実践の問題を中心に語られているが、これらの問題に影響を与えているのは、教育スタンダードの概念規定（理念）レベルの問題であろう。それは、ドイツ教授学が伝統的に議論してきた「Bildung」概念と「Kompetenz(en)」概念の関係把握をめぐる問題に象徴的に現れている。たとえば、バイエルン州の州立教育研究所は、「Bildungは実質的な利用を目指さないのに対して、Kompetenzは知識と技能の適用性が明らかに中心となる」と指摘し、知識や技能の現実的な使用の観点から両者を区分している[35]。だが、この区分は、Bildung と Kompetenz(en) がどのように構造化されるかにまでは言及していない。また、PISA のコンピテンシーの理論に影響を与えたヴァイネルトが示したコンピテンシーの構造では、「教科コンピテンシー」「教科横断的コンピテンシー」「行為コンピテンシー」という分類がなされていたが[36]、これら3つのコンピテンシーが、カリキュラムの全体構成との関連でどのように構造化されうるのかという点などは十分に説明がされていない。

問題は、久田敏彦が指摘するように、こうしたコンピテンシー志向の転換が、Bildung と Kompetenz(en) の関連を曖昧にすることで、Bildung 概念に込められた主体の解放と自立の可能性の追求を欠落させる危険性をはらむ

点にある[37]。その意味では、教育スタンダードで細分化・具体化されて示されたコンピテンシーを主体の解放と自立の可能性へと向けていく全体的な枠組みをあらためて検討することが求められるのではないだろうか。近年、このような問題関心から、普通教育の再編として提起されたクラフキの「鍵的問題」構想を再評価する動きもみられる。以下で、それを検討したい。

## 4 「鍵的問題」構想の可能性— 2000年代の再評価を中心に—

クラフキの「鍵的問題」構想は、1990年代においては、たとえば、NRW州やザクセン–アンハルト州の教育改革・学校改革構想にも影響を与えるなど、多大なる影響力があった。それゆえ、彼の構想に対しては、批判や肯定的な意見も含めてさまざまな反応が寄せられた。肯定的な意見のなかには、レルシュのように、クラフキの「鍵的問題」を理論的に補強する試み（「問題学習の授業」と「プロジェクト学習」をつなぐモデルの提示）がある。また、批判としては、マテス（1992）による批判や歴史教育者連盟による批判（1994）、ギーゼッケ（1997）による批判がある[38]。これらの批判に共通するのは、未解決の政治的な課題を子どもたちの学習課題とすることへの批判、大人の課題を子どもに義務づけてはならないという批判、「鍵的問題」を扱うことで子どもに重荷を背負わせてはならないという批判などである[39]。

2000年以降、とくに教育スタンダード策定以降のクラフキの「鍵的問題」構想に対する評価は、おおよそ2つの立場に分けられる。前者は、彼の構想は、教育スタンダード策定がもたらす問題を十分に克服しうるという見解であり、彼の構想が現在でも妥当性をもっているとする立場である。後者は、彼の構想の意義を認めつつもその限界を指摘し、批判的に再構成しようとする立場である。

### （1）コンピテンシーを包括した教育理論としての評価

教育スタンダード策定がもたらす問題を克服する構想としてクラフキの「鍵的問題」構想を評価する立場は、教育スタンダードとして示されたコン

ピテンシーを、Bildungの3つの能力へと統合していくことが可能だと示唆するものである。

　この指摘は、クラフキ自身も行っている。彼は、PISAに関しては評価しつつも、アクチュアル／歴史的－政治的－経済的－社会的次元が考慮されていないことを課題として指摘している。彼は、普通教育の意味次元として、①実用主義的な次元、②現代世界の鍵的問題に直面して、若い人間に理解と行為のかまえと行為能力を開拓すること、③美的な知覚能力と美的なものを形成する能力、④時代を超えた人類的課題の理解と、人間とそれを取り巻く現実に対する関係のこうした視界に対する興味を呼び起こすこと、⑤倫理的教育、の5つ（これに、⑥体育、広い意味で遊びとスポーツにおける運動能力、が補足的に示されることもあるが）の次元を示し、PISAのリテラシーを実用主義的な次元に位置づけられるとする説明をしている[40]。

　このクラフキの試みに対して、リン゠クリツィングは、彼の試みは教育スタンダードにはふれてはいないが、PISAで熟考されたコンピテンシーを統合するものであると評価している。そして、「特定の分野における操作可能で点検可能なコンピテンシーは、クラフキの包括的なBildung理解の枠組みにおいて、不可欠な道具的な能力と技能として統合されて」おり、このコンピテンシーは、とくに実用主義的な意味次元に内容的に統合されていると指摘し、スタンダード化される《基礎的コンピテンシー》を、より広いBildung（教養）へと統合する枠組みとしてクラフキの構想を評価している。彼女が批判的に見ているのは、PISAのリテラシーや教育スタンダードで示された基礎的コンピテンシーが限定的に選ばれているため、実用主義的な次元のうち、クラフキが指摘するような《アクチュアル／歴史的－政治的－経済的－社会的次元》要素を欠いている点である[41]。

　これは、教育スタンダーズやPISAの枠組みにおいてアウトプットとして示される成果は、現実の生活の文脈にある「アクチュアル／歴史的－政治的－経済的－社会的次元」に接続することが難しいという批判であり、基礎的コンピテンシーを「アクチュアル／歴史的－政治的－経済的－社会的次元」へと方向づける枠組みの重要性をクラフキの構想を用いて主張しているとい

える。

　同様の指摘を、メークリンクも行っている。彼は、カントから近年の教授学者らまでの Bildung 概念の定義と議論を検討し、Bildung が求めている主体形成には、社会への批判的な関与すなわち社会を新たに構築する力の育成が位置づけられていることを指摘し、その到達点としてクラフキの Bildung 理解を挙げている。彼は、クラフキが、陶冶理論的なアプローチによって、すでに重要なコンピテンシー理解を提起していたと指摘し、Bildung を自己決定能力・共同決定能力・連帯（能力）の３つの基本的能力の連関として把握するクラフキの構想が、陶冶理論とコンピテンシー志向の調和が図られたものだと評価している。そして、構想レベルでの手段化を防ぐためにも、コンピテンシー志向の教授学構想が、陶冶理論的に把握されることが重要であると指摘している[42]。

　メークリンクがこのような陶冶理論的なアプローチを強調するのは、Bildung 概念において重視されてきた主体の自立――「解放（Emanzipation）」――を志向するものとしてコンピテンシーを位置づけなおす点にある。彼は、「陶冶理論的アプローチが明らかにしているのは、コンピテンシーが、一方で社会的‐歴史的なコンテクストのなかで、そして将来において解決されるべき鍵的問題を視野に入れ、他方でまた、倫理的に正当化され得ない支配的抑圧からの人間の解放を視野に入れて、発展させ、促進されなければならない、ということである。人間の全体的コンピテンシーのうち認知面を志向する部分と並んで、倫理的に根拠づけられ、主体の解放と、社会的公平さの獲得にかかわる社会参加とに向かう能力が重要になるのである。……生徒の能力に関する期待を経済的興味や産業的期待へと一面的に合わせることは、陶冶理論的に基礎づけられるコンピテンシーの試みとは自ずから矛盾する」[43]と指摘し、陶冶理論的アプローチの文脈にコンピテンシー志向の教育を統合していく意義を述べている。

　リン゠クリツィングやメークリンクらの指摘は、クラフキの「鍵的問題」構想が、コンピテンシーを獲得するために授業内容・テーマを選択するという視点を、再度、子どもたちの生活現実とのかかわりからコンピテンシーを

## (2) カリキュラム・授業づくり構想への批判と再構成－マイヤーらの批判

　しかし、上記のように、クラフキの構想の今日的な可能性が示唆されたとしても、彼の構想には課題が残されているという批判もある。マイヤーらは、クラフキの構想の意義を認めつつもその限界を指摘し、批判的に再構成しようとする立場に立つ。その批判的検討は、クラフキの教授学的研究の全体にわたり詳細に行われており、教授学的な手続きの問題と、クラフキの構想が依拠する理念的（哲学的）な問題から批判的検討がなされているが、ここでは、「鍵的問題」構想におけるカリキュラム構想・授業づくりの側面の検討を中心に述べたい。マイヤーらは、クラフキの構想が実践的には狭い範囲でしか実現されていない現状を示し、その原因として「鍵的問題」構想のカリキュラムや授業に関する具体的な手続きが不明であることを指摘している[44]。以下では、それらについて検討する。

### 1) カリキュラム全体における「鍵的問題」の位置づけのモデル提示

　マイヤーらは、問題学習の授業が扱う分野では、社会科学的なものが強調されており、「数学、自然科学、技術の課題分野と、言語－文学－芸術の課題分野の鍵的問題との日常的に有益な関係は何であるのか」が不明であると批判し、「鍵的問題」がカリキュラム全体に位置づけられていない点を指摘する。この問題に対して、マイヤーらは、「鍵的問題」を扱う問題学習の授業の構造を図1-9のように示す。ここには、クラフキが挙げた社会科学分野の「鍵的問題」を他の分野のテーマが補うような構想があると考えることができる。なお、マイヤーらは、こうしたモデルを示しながら、問題学習の授業が可能になるための学校の管理構造が民主主義化されること（教師や生徒らの権限の拡大など）なども指摘している[45]。

　このようなマイヤーらの問題学習の授業の構造化は、「鍵的問題」の学習をカリキュラム全体でどのように追求していくのかということを示すモデルとして見ることができる。

```
┌─────────────────┐ ┌─────────────────┐ ┌─────────────────────┐
│ 数学－自然科学－技術の │ │ 社会科学の課題分野   │ │ 言語－文学－美学の課題分野 │
│ 課題分野         │ │                 │ │                     │
│ 真理、論理、認識可能性 │ │ 平和と平和の保障   │ │ 創作と真実（フィクション）│
│ 自由と責任       │ │ 国籍と外国の文化   │ │ 論証と物語           │
│ 構造と過程       │ │ 環境／エコロジー   │ │ コミュニケーション（表現、描│
│ 発展と進化       │ │ 世界人口         │ │ 写、呼びかけ）と相互作用 │
│ 非決定論         │ │ 社会的な不平等     │ │ グローバル化と多元性   │
│ 偶然             │ │ 先進国と発展途上国 │ │ コミュニケーションの美的 │
│ ネットワーク、システム、│ │ コミュニケーション技術│ │ な次元               │
│ サイバネティクスの過程 │ │ 両性の関係       │ │ 偶然と不確かさ       │
│                 │ │                 │ │ 意味の構築           │
└─────────────────┘ └─────────────────┘ └─────────────────────┘
            ↘              ↓              ↙
        ┌───────────────────────────────────────────┐
        │ 基礎教育／学ぶことを学ぶ／教育ミニマム      │
        │ 読むこと、書くこと、計算すること、英語、コンピュータの知識 │
        │ 社会的コンピテンシー、方法－コンピテンシー   │
        └───────────────────────────────────────────┘
```

図1-9　マイヤー兄弟による問題学習の授業の問題分野[46]

### 2)「鍵的問題」そのものの決定・承認にかかわる問題

　マイヤーらは、クラフキの「時代に典型的な鍵的問題」という規定にかかわって、その規定が曖昧である点を問題にしている。つまり、「鍵的問題」が、「どの時代」の、どういう意味で「典型的」であるのか、そして、それが「誰にとって」「どういう意味で」問題になるのか、が曖昧であるという指摘である。

　マイヤーらは、クラフキ自身が、「鍵的問題」が子ども・若者の教育課題になるべきであるとのみ説明し、「鍵的問題」がどうしたら彼らにとって取り組むべき課題になるのかを問うていないという点を問題としている。この点で、クラフキの構想が、子ども・若者の発達の視点から十分に考え抜かれておらず、「鍵的問題」のもつ「陶冶価値（Bildungsgehalt）」を示すのは教育する側になっていると指摘している。また、子ども・若者が、グローバルかつ社会的な「鍵的問題」よりも自身の生活の別の課題をより切迫したものとして考えていることを、クラフキの構想ではあらかじめ計画には組み入れていない点を指摘するなど、「鍵的問題」がクラフキら大人世代の視点からのみ導かれており、当事者であるはずの子ども・若者の視点が欠如している点を問題にしている[47]。

　この批判とともに、マイヤーらは、クラフキの構想を発展させる視点とし

て、教える者と学ぶ者のコミュニケーション過程を重視した「陶冶過程の教授学（Bildungsgangdidaktik）」の可能性を示唆している[48]。この陶冶過程の教授学に関しては、今後さらなる理論的・実践的な検討が必要だが、クラフキの構想を補強し、子ども・若者とともにカリキュラム・授業をつくることをより追求するための提言として評価できる[49]。とくに、マイヤーらは、何を「鍵的問題」とするのか、それ自体を子ども・若者と大人とが共同決定していくだけでなく、学習の目標や内容に関する決定への参加（教授学的な世代間協定）も強調し、子ども・若者と大人が共同決定する仕組みを学校につくりあげていくことの必要性を指摘していた。この共同決定は、子ども・若者にとっての学ぶ意味を重視したカリキュラム開発・授業づくりをいっそう進める可能性がある。ここでは2点述べたい。

1つは、この共同決定の過程では、子ども・若者たち自身の生活の文脈が持ち込まれることで、学ぶ側にとっての必要性・必然性や意味が議論され、学習する目的や意義が問いなおされる契機が生まれる。そして、同時に、多くはグローバルな問題として現れる「鍵的問題」と、子ども・若者の日常生活の問題とがどのような関係にあるのかを、大人だけでなく子ども・若者自身も発見していくことが可能になる。

もう1つは、こうした共同決定とともに学びの過程をとおして、「鍵的問題」のもつ「陶冶価値」そのものも彼らとともに大人が発見していける可能性がある。これは、子ども・若者が学びたいものを彼ら（と大人）が学び合えるものへと高め、ともに生きる世界を創造していく過程へと通じる。

これらのクラフキの構想の批判的再構成の試みは、クラフキの構想で追求されていた、子ども・若者にとっての学ぶ意味を重視し、生きることと学ぶことの統一的な追求を、より深め広げる可能性があるだろう。

## 5　PISA後のドイツの議論から何を学ぶか

以上、ドイツにおけるカリキュラム開発・授業づくりの議論をみてきた。コンピテンシーは、今の社会を生きていく上で必要な能力だとされている。

たしかに、こうしたコンピテンシーの有効性をまったく否定することは難しい。そもそもコンピテンシーは、その力が必要とされる具体的な社会的現実の文脈と結びついて示されているからである。いわば具体的な文脈と能力とが結びついているものである。

しかし、すでに述べたように、PISAショック後のドイツでは、コンピテンシーの獲得そのものが目的化される傾向が生まれ、コンピテンシーの獲得や発揮をこうした具体的な社会的現実の文脈から切り離し、効率よく獲得しようとすることによる多くの弊害が指摘されていた。コンピテンシーの獲得そのものの目的化は、これらのリテラシー・コンピテンシーの獲得のための手段として生活問題などを扱う方向を助長し、子ども・若者にとって意味のある学びの視点からコンピテンシーの獲得を構想することを放棄する。なぜなら、こうした現実の文脈に対する視点の欠如は、そもそも何のためにこれらの能力を獲得しなければならないのか、という問いを欠落させ、これらの能力を必要とする社会のあり方を問うことを放棄しているからである。そのため、コンピテンシーが本来目指していた現実世界への参加・構成・創造という方向性を縮小させ、子どもたちの現在および未来の生活と、彼らの成長の可能性を追求するという構想とは逆の機能を生み出す危険性がある。

クラフキの「鍵的問題」を中核とした普通教育構想とコンピテンシー志向を統合する教授学構想としての再評価は、こうしたコンピテンシーの獲得の意味を再度自覚化するとともに、子ども・若者が生きている現実の問題を学びの対象へ据え、その現実をつくりかえていくことを提起するものであったといえるだろう。なぜなら、クラフキの構想は、Bildungの獲得をとおして、子どもたちの生活・生き方を縛るさまざまな生活現実とその背後にある社会的現実の諸問題から彼らを解放し、これらを創造しなおしていく営み（社会の共同創造）として教育をとらえることを中核にしていたからである。

それゆえ、クラフキの構想とその再評価では、コンピテンシーの獲得を社会適応のみに向けるのではなく、現在および未来の世界・社会の再創造（学習者にとって切実なものとして）へ向かうような学びとして位置づけることが強調され、授業における共同決定や現実世界をめぐる対話など教える者と学ぶ

者との世代間対話が重視されていた。また、獲得すべき能力としてのコンピテンシーをBildungの視点から位置づけなおし、コンピテンシーを学習者にとって意味ある学びにするための内容・テーマの必要性を強調していた。これは、コンピテンシー獲得のための手段として現実の生活問題を扱うのではなく、生活問題を問う過程で知識やコンピテンシーを獲得していくことを志向するカリキュラム編成・授業づくりの提起を意味していた。ここに、標準化された学力モデルの浸透という教育のグローバル化への対抗の視点とともに、近年のコンピテンシー志向の授業を学習者の生活現実の再構築・創造の営みへと変革していく手がかりが見出せる。

このように、クラフキの「鍵的問題」構想とそれに対する再評価と批判的検討の議論は、わが国のPISA後のカリキュラム開発・授業づくりの方向性を示唆するものとして重要な問題提起となるのではないだろうか。とくに、わが国でのPISA調査の「誤読」「誤用」の問題[50]や、PISA型学力や活用型学習の実践が、学んでいることの真実性や子どもにとっての意味を見失わせ、「学びの貧困化」が広がっている現状[51]を克服するための示唆に富む手がかりを示してくれていると考えられる。

（高橋英児）

■注

1) 高橋英児「ドイツにおける現代的課題に取り組む授業の展開―クラフキの『鍵的問題』構想を中心に―」日本教育方法学会編『教育方法学研究』第24巻、1998年a、高橋英児「クラフキ『鍵的問題』の構想と展開」日本カリキュラム学会編『カリキュラム研究』第7号、1998年bおよび高橋英児「ドイツにおける総合的学習の現状」柴田義松編著『海外の「総合的学習」の実践に学ぶ』明治図書出版、1999年など。
2) 吉田成章「ドイツにおけるコンピテンシー志向の授業論に関する一考察」広島大学大学院教育学研究科教育学教室『教育科学』29、2012年参照。
3) Vgl. Klafki, W.: Schlüsselqualifikationen／Allgemeinbildung ― Konsequenzen für Schulstrukturen, In: Karl-Heinz Braunn u.a.（Hrsg.）: *Schule mit Zukunft. Bildungspolitische Empfehlungen und Expertisen der*

*Enquete-Kommission des Landtages von Sachsen-Anhalt,* Leske + Budrich, 1998, S. 147ff. Klafki, W.: Grundzüge eines neuen Allgemeinbildungskonzepts, Im Zentrum: Epochaltypische Schlüsselprobleme, In: ders.: *Neue Studien zur Bildungstheorie und Didaktik. Zeitgemäße Allgemeinbildung und kritisch-konstruktive Didaktik,* 2., erweiterte Auflage, BELTZ, 1991a, S. 50ff.

4) Vgl. Klafki, W., 1991a, S. 52.
5) 詳しくは、拙稿のほかに、W. クラフキ／小笠原道雄編『教育・人間性・民主主義―W. クラフキ講演録―』玉川大学出版部、1992年など。
6) Meyer, M. A/Meyer, H: *Wolfgang Klafki. Eine Didaktik für das 21. Jahrhundert?,* BELTZ, 2007, S. 124. マイヤーらは、クラフキの1985年／1991年の論文を元に作成している。
7) Vgl. Klafki, W., 1991a, S. 52.
8) Vgl. Klafki, W., 1998, S. 149.
9) Ebenda, S. 150f.
10) Vgl. Klafki, W., 1991a, S. 50.
11) Vgl. Klafki, W.: Zukunftsfähiges Deutschland ― zukunftsfähige Schule. Didaktische Überlegungen, In: Landesinstitut für Schule und Weiterbildung des Landes Nordrhein-Westfalen (Hrsg.): *Die Zukunft denken ― die Gegenwart gestalten,* BELTZ, 1997, S. 14.
12) Vgl. Klafki, W., 1991a, S. 65f.
13) Vgl. ebenda, S. 62ff. usw.
14) Vgl. Klafki, W., 1997, S. 16. クラフキは、諸教科にわたる授業の必要性を指摘する一方で、それは教科での取り組みの否定でないことも強調している。Vgl. Klafki, W.: Thesen zur "Wissenschaftsorientierung" des Unterrichts, In: ders.: *Neue Studien zur Bildungstheorie und Didaktik. Zeitgemäße Allgemeinbildung und kritisch-konstruktive Didaktik,* 2., erweiterte Auflage, BELTZ, 1991b, S. 167f.
15) Vgl. Klafki, W., 1991a, S. 63f. なお、1998年の論文では、批判のかまえと能力、論証のかまえと能力、感情移入能力、協力のかまえと能力、創造力、ネットワーク的な思考と関連的思考、学習能力の7つが示されている。Klafki, W., 1998, S. 152f.
16) Vgl. Klafki, W., 1991a, S. 62ff. usw.
17) Vgl. Klafki, W., 1997, S. 18.

18) Vgl. Klafki, W.: Kritisch-konstruktive Didaktik zu Beginn des 21. Jahrhunderts, In: Beyer, K. (Hrsg.): *Planungshilfen für den Fachunterrich*, Schneider Verlag Hohengehren, 2004, S. 34f.
19) Vgl. Klafki, W.: Zur Unterrichtsplanung im Sinne kritisch-konstruktiver Didaktik, In: ders.: *Neue Studien zur Bildungstheorie und Didaktik. Zeitgemäße Allgemeinbildung und kritisch-konstruktive Didaktik,* 2., erweiterte Auflage, BELTZ, 1991c, S. 270ff.
20) Vgl. Klafki, W., 1991c, S. 270f.
21) Vgl. Klafki, W., 1991c, S. 271ff.
22) Vgl. Klafki, W., 1991c, S. 270ff.
23) Vgl. Klafki, W., 2004, S. 37ff. クラフキは、こうした生徒との授業の共同計画を「授業についての授業」としてあらゆる学校の構成要素としていく必要があることを述べている。
24) Vgl. Bildungskommission NRW: *Zukunft der Bildung Schule der Zukunft*, Luchterhand, 1995, S. XIII, S. 77ff.
25) Ebenda, S. 114ff.
26) 原田信之「ドイツの教育改革と学力モデル」原田信之編著『確かな学力と豊かな学力』ミネルヴァ書房、2007年、原田信之「教育スタンダードによるカリキュラム政策の展開」『九州情報大学研究論集』第8巻第1号、2006年、坂野慎二「学力と教育政策―ドイツにおけるPISAの影響から―」論文集編集委員会編『学力の総合的研究』黎明書房、2005年などを参照。
27) 高橋英児「教育課程の国家基準の開発に関する一考察―ドイツにおける教育スタンダーズの開発から―」『山梨大学教育人間科学部紀要』第10巻、2008年、200頁。
28) 同上論文、参照。
29) Ministerium für Schule, Jugend und Kinder der Landes Norderhein-Westfalen: *Kompetenzorientierung ― Eine veränderte Sictweise auf das Lehren und Lernen in der Grundschule,* Ritterbach, 2008, S. 15ff.
30) Ebenda, S. 34ff.
31) Ebenda, S. 20.
32) 高橋英児、前掲論文、2008年を参照。
33) Vgl. Moegling, K.: Die Kompetenzdebatte ― ZumVerhältnis von Bildung und Kompetenzorientierung, In: Faulstich-Christ, K. u.a. (Hrsg.):

*Kompetenzorientierung in Theorie, Forschung und Praxis,* Prolog-Verlag, 2010, S. 11ff.

34) Vgl. Stamm, M.: Bildungsstandardreform und Schulversagen, In: *Zeitschrift für Pädagogik,* Heft 4/2008, BELTZ. Böhm, C. unter Mitarbeit von Böhm, B.: *Evaluation der Pädagogik Wolfgang Klafkis,* Verlag Dr. Kovac, 2008. Lin-Klitzing, S.: Standardisierungsprozesse nach PISA, In: Koch-Priewe, B. u.a. (Hrsg.): *Das Potenzial der Allgemein Didaktik,* BELTZ, 2007. Seitz, S. Inklusive Didaktik nach PISA, In: *Vierteiljahresschrift für Heilpädagogik und ihre Nachbargebiete 75,* Ernst Reinhardt Verlag, 2006.

35) Staatsinstitut für Schulpädagogik und Bildungsforschung München: *Kompetenz ... mehr als Wissen!* (Informationsblatt), 2006. (http://www.kompas.bayern.de/userfiles/infokompetenz.pdf)

36) Weinert, F. E.: Vergleichende Leistungsmessung in Schulen – eine umstrittene Selbstverständlichkeit, In: Weinert, F. E. (Hrsg.): *Leistungsmessungen in Schulen,* BELTZ, 2001, S. 28. ヴァイネルトによるコンピテンシーの意義の論調は、データに基づく「効率」的な教育に（子どもへの措置だけでなく、国家戦略としても）主眼が置かれている。

37) 久田敏彦「ドイツにおける学力問題と教育改革」大桃敏行／上杉孝實／井ノ口淳三／植田健男編『教育改革の国際比較』ミネルヴァ書房、2007年、37頁参照。

38) Vgl. Lersch, R.: Schulüsselprobleme und Projektunterricht. Über das problematische Verhältnis von Aufklärung und Handlungsorientierung im Unterricht, In: *Die Deutsche Schule,* 5. Beiheft, 1999. Matthes, E.: *Von der Geisteswissenschaftlichen zur kritisch-konstruktiven Pädagogik und Didaktik,* Klinkhardt, 1992, S. 180f. Reeken, D. v.: Wer hat Angst vor Wolfgang Klafki? Der Geschichtsunterricht und die "Schlüsselproblem", In: *Geschichte in Wissenschaft und Unterricht,* 5/6/1999. Giesecke, H.: Was ist ein "Schlüsselproblem"? Anmerkungen zu Wolfgang Klafkis "neuem Allgemeinbildungskonzept", In: *Neue Sammlung,* 37. Jahrgang/Heft 4 Oktober/November/Dezember 1997, Klett-Cotta Friedrich.

39) 高橋英児、前掲論文、1998年bを参照。

40) Vgl. Klafki, W.: Sinn-Dimensionen allgemeiner Bildung in der Schule, In: Fiegert, M. u.a. (Hrsg.): *Zwischen Lehrer- bildung und Lehrerausbildung,* LIT,

2005, S. 184f. Klafki, W./Braum, K.-H.: *Wege pädagogischen Denkens,* Reinhardt, E., 2007, S. 162ff.

　なお、この実用主義的な次元は、"日常実践的な教育の次元"として特徴づけられ、「技術的・経済的・社会的・政治的・文化的な状態の特定の発達水準にある社会に属するすべての人間が、日常生活の必要不可欠な課題を自主的に克服でき、正当な利益を守り社会の形成とさらなる発展に参加できるために、原則的に習得しなければならない認識・能力・技能の巨大な複合体が考えられる」と説明されている。クラフキは、生徒が、テキストを読んで理解し判断したり、数学的なやり方で量的に把握可能な現実的関係をつかんだり、実践的に意味のある自然科学的－技術的過程の解明のために仮説をつくり検証することなど、生活現実の実用主義的な次元を理解し、それを分類するという課題が学校にあることを指摘する。クラフキはその課題の例として、数学を用いて、さまざまなオプションがついた旅行プランから自分にあった最適なものを選ぶ場面を挙げるなど、PISAのリテラシーを意識した説明をしている。

41）Vgl. Lin-Klitzing, S.: Standardisierungsprozesse nach PISA, In: Koch-Priewe, B. u.a.（Hrsg.）: *Dsa Potenzial der Allgemein Didaktik,* BELTZ, 2007, S. 96ff.

42）Vgl. Moegling, K., a.a.O., S. 18ff.

43）Ebenda, S. 19.

44）Meyer, M. A./Meyer, H.: *Wolfgang Klafki. Eine Didaktik für das 21. Jahrhundert?,* BELTZ, 2007, S. 125.

45）Vgl. ebenda, S. 134.

46）Ebenda, S. 133.

47）Vgl. ebenda, S. 138ff.　また、マイヤーらは、自己決定・共同決定・連帯の能力を育てる場である学校が、同時に選抜機能・配分機能をとおして、子ども・若者を社会適応させていく場であると述べ、彼らとともに共同決定できる場に学校がなりにくいことも指摘している。この点にかかわって、「鍵的問題」について世代にわたって討議し決定するような組織体が存在しないという点などもマイヤーらは指摘している。

48）Vgl. ebenda, S. 167ff.　クラフキ自身も2004年の論文（注18）で、陶冶過程の教授学に近い発想を示唆している。

49）クラフキは、2004年の論文などでは、授業における相互行為・コミュニ

ケーションの過程を重視し、授業者と学習者が共同して授業を計画し、授業を形成していくことに言及はしているが、一方で、何を「鍵的問題」として取り組むのか、それをどう決定し、学びの対象に据えていくのかというカリキュラム・授業の手続きに関しては言及していないからである。

50）岩川直樹「教育における『力』の脱構築」久冨善之ほか編著『希望をつむぐ学力』明石書店、2005年、遠藤貴広「日本の場合―PISAの受け止め方に見る学校の能力観の多様性―」および石井英真「学力論の現在」松下佳代編著『〈新しい能力〉は教育を変えるか』ミネルヴァ書房、2011年を参照。

51）子安潤「データ『学びの貧困化』」『生活指導』2009年2月号、明治図書出版、102頁以下参照。

# 第2章
## 「スタンダード化」する教育におけるテストの役割と課題

　ドイツでは、TIMSSとPISA、2つの国際学力調査の結果に基づく学力ショックを契機として、国の統一的な到達基準である「教育スタンダード」が策定され、その達成度合いの点検・評価とそれに基づく改善が教育改革の中心となっている。なかでも国際的な学力調査や国内での各種学力調査を「教育モニター（Bildungsmonitoring）のための総合的戦略」の重要な領域と位置づけて、「教育スタンダード」に基づく教育システムの構築を進めている[1]。そうした動向に対して、すでに「スタンダード化」を危惧する立場や、テスト重視の教育が展開することを懸念する立場から、さまざまな課題が投げかけられている。本章では、ドイツの「スタンダード化」する教育におけるテストにかかわる実態とともに、その実態が教育実践に及ぼす影響を明らかにしたい。そこから、「スタンダード化」する教育におけるテストの役割や実践的課題について考察する。

### 1　日本における全国学力・学習状況調査の役割と課題

#### （1）全国学力・学習状況調査の実施体制
　ドイツのテスト体制の実態に目を向ける前に、日本のテスト体制をみてみよう。2007年より継続的に実施されている全国学力・学習状況調査の目的は次のとおりである[2]。

　　義務教育の機会均等とその水準の維持向上の観点から、全国的な児童

生徒の学力や学習状況を把握・分析し、教育施策の成果と課題を検証し、その改善を図るとともに、そのような取組を通じて、教育に関する継続的な検証改善サイクルを確立する。また、学校における児童生徒への教育指導の充実や学習状況の改善等に役立てる。

2011年度以降の調査については、「教育施策の成果と課題を検証し、その改善を図るとともに、そのような取組を通じて、教育に関する継続的な検証改善サイクルを確立する」という点に力点を置くことが確認されている[3]が、教育システムの検証改善のためのデータ収集、そうした検証改善サイクルの確立、個々の学校における授業改善という3つの目的が2007年度から一貫して示されている。

調査方式についてもこれまで変更がなされている（表2-1）。2007年度から2009年度までは悉皆調査であったが、2010年度以降は抽出調査および希望利用方式である[4]。希望利用方式は採点も学校が担うため、形式的には「教育指導の充実や学習状況の改善」を子どもの解答内容に基づいて行うことが可能となったのである。なお、2013年度は数年に1度の「きめ細かい調査」の該当年度となっており、再び悉皆調査が行われた。

## (2)「エビデンスに基づく」教育体制の課題

テストの結果を教育における「エビデンス」とみなして、それを中心に教

表2-1　全国学力・学習状況調査の概要

| 年度 | 調査方式 | 対象学年 | 対象教科 |
|---|---|---|---|
| 2007～2009年度 | 悉皆 | 小学校第6学年<br>中学校第3学年 | 国語<br>算数（数学） |
| 2010年度 | 抽出調査および希望利用方式 | 小学校第6学年<br>中学校第3学年 | 国語<br>算数（数学） |
| 2011年度 | （実施見送り） | | |
| 2012年度 | 抽出調査および希望利用方式 | 小学校第6学年<br>中学校第3学年 | 国語<br>算数（数学）<br>理科 |
| 2013年度 | きめ細かい調査（悉皆） | 小学校第6学年<br>中学校第3学年 | 国語<br>算数（数学） |

育政策や教育実践を構想する「エビデンスに基づく (evidence-based)」志向の是非について、すでに日本でも問題が指摘されている。たとえば田中昌弥は次のように述べている[5]。

> 結局、教育における「エビデンス」とは、2007年報告書の言葉を借りれば、「多くの場合、エビデンス情報に照らした政策に職責がある人々は、エビデンスが厳密な認識論に置いてどのような位置にあるかにかかわらず、ある特定時点で手に入る中から、最も有益と思われるものを活用するしかない」というように、当面の実践的現実に対応するために選択された情報であり、……シンプルに客観性を主張できるものではないことを確認する必要があるということだ。

テスト等で測定される「エビデンス」は子どもの学びの一側面を切り取ったものにすぎないということである。さらに田中は、「臨床、実践の判断プロセスが中心であることを見失わないことだ。『エビデンス』と当事者の意向や状況を踏まえた実践的判断こそが教育の中核であることを再確認する必要がある」と述べた上で、学習者の「ナラティブ」に基づく必要性を指摘している[6]。

## 2 ドイツの「スタンダード化」する教育におけるテスト開発の役割

### (1) 教育スタンダードとテスト

テストの役割については、2006年6月に各州文部大臣会議で決議された「教育モニターのための総合的戦略」のなかで具体的に規定されているが、教育スタンダードに関連した政策の全体像とそのなかでのテスト開発の位置づけを体系的に構想しているのが連邦教育研究省による『鑑定書』である。

『鑑定書』において教育スタンダードについては次のように述べられている[7]。

> ナショナル教育スタンダードは、学校での教授と学習への拘束力のある要求を定式化している。教育スタンダードは、学校の活動の質保証と質向上のためのあらゆる尽力のなかの中心部分を示している。……

教育スタンダードは一般的な教育目標を取り上げる。教育スタンダー
　　ドは、子どもや青年が特定の学年段階までに最低限どのようなコンピテ
　　ンシーを獲得すべきかを規定している。コンピテンシーは具体的には、
　　それが課題提示に置き換えられ、原則としてテストの実施によって把握
　　されうるように描かれる。
　教育スタンダードは、子どもや青年が特定の学年段階までに獲得すべきコ
ンピテンシーを規定したものであり、その達成度合いはテストの実施によ
って把握されるというのである。教育スタンダードに基づいた教育政策にと
ってテストの実施が重要であることがわかる。
　この教育スタンダードは次のように2つの機能を有する[8]。
　　　教育スタンダードの第1の機能は、拘束力のある目標へと学校を方向
　　づけることにある。……
　　　教育スタンダードの第2の機能は、その基盤として学習成果が把握さ
　　れ、評価されるということにある。教育スタンダードと関連して、目指
　　されるコンピテンシーが実際に獲得されたかどうかが点検されうる。ど
　　の程度教育システムがその使命を果たしているか（教育モニター）が規定
　　され、学校はその活動の成果についてのフィードバックを得る（学校評
　　価）。スタンダードは、個々の診断と支援のための助言を与える。
　教育スタンダードには、学校の方向づけと成果の把握・評価（教育モニター、
学校評価）、「個々の診断と支援のための助言」が期待されている。

### （2）テストに期待される役割

　さきにも述べたように、スタンダード化する教育においてテストの役割は
大きい。どのようにテストを実施し、そこから得られた情報をどのように活
用するのかは、テストに期待される役割による。このことに関して次のよう
に述べられている[9]。

　　　専門的で、スタンダードに方向づけられていて、教育学的－心理学的
　　な方法論で研究されたテスト開発の領域内でも、テスト課題と関連する
　　多くの目標が区別されなければならない。テスト課題の利用目標は、課

題開発や、テスト道具の作成、テストの実行、テストの評価とかかわるし、テスト開発を組織する原理の決定にかかわる。それは、テスト方法の利点（その妥当性、精密さやその他のメルクマール）が「それ自体」で評価されうるのではなくて、使用方法やテスト結果から導き出される帰結の導かれ方を考慮してのみ評価されうるという、現代の診断の原理にかなっている。

　『鑑定書』においては、テストには以下のような利用が想定されている[10]。

　1）コンピテンシーモデルの点検。教育スタンダードはさまざまなコンピテンシーモデルと関連づけられる。このモデルが実際に学習者のコンピテンシーの側面や、そのレベル分け等を適切に反映しているかどうかを点検するために、テストを使った実証的な調査が必要である。

　2）システムモニター。TIMSSやPISAの場合と同様、生徒たちのコンピテンシー水準について証明するため、学校および学校外の枠組みとの関係を解明するためにテストが利用される。そのような調査は、教育システムのレベルでの（場合によっては州にとっての）情報——たとえば、どの程度教育スタンダードが実際に実行されているかということについての情報——を提供するが、原則として個々の学校レベルの情報ではない。

　3）学校評価。ここでテストや他の方法が、どの程度学校がその教育目標を達成しているかを点検するために取り入れられる。理想的な場合、そうした学校評価の一つは、個々の学校の教育計画や問題状況の精密な分析から始まる。それは精密に適切に情報を提供するためである。内部評価と外部評価が相互に関連し合うべきである。

　4）生徒一人ひとりの診断と支援。テストを取り入れることには、教育の日常における期待がかけられている。それは、生徒一人ひとりの長所や短所、支援の必要を明らかにするという期待である。

　以上のように、テストが取り入れられる領域は、その利用目的に応じて、コンピテンシーモデルの点検、システムモニター、学校評価、生徒一人ひとりの診断と支援といった4つの領域に分けられる。

## 3 ドイツ国内で実施されるテストの役割

### (1) 各種テストの概観

　ドイツの教育スタンダードの点検にとって重要な機関が、2004年6月に各州文部大臣会議によって創設された「教育の質開発研究所」である。

　各種のテストの位置と役割は、2006年6月の「教育モニターのための総合的戦略」の枠組みのなかで規定されており、そこでは4つの相互に関連した領域が挙げられている（表2-2）。

- 国際的な学校成績調査（PISA、TIMSS、PIRLS/IGLU）
- 州間比較（Ländervergleichen）での教育スタンダードの達成についての中央の点検
- 個々の学校の達成についての州単位での点検のための学習状況調査（VERA）
- 連邦および諸州による共同の教育報告書

表2-2　各種テストの役割[11]

|  | 国際的な学校成績調査（PISA等） | 国の学校成績調査（KMKのLändervergleich） | 学習状況調査（VERA3/VERA8） |
|---|---|---|---|
| デザイン | 抽出調査 | 抽出調査 | 学年段階のすべての生徒 |
| 頻度 | 3～5年 | 5年ごと（初等）、6年ごと（中等） | 毎年 |
| 主要目的 | システムモニター | システムモニター | 授業／学校改善 |
| 評価レベル | 国 | 州 | 学校、学習グループ、クラス |
| 実施者 | 外部のテスト部局長 | 外部のテスト部局長 | 原則的に教員 |
| 評価者 | 中央 | 中央 | 教師ならびに州の機関 |
| 成果フィードバック | およそ3年 | およそ1年 | データ入力のために即座にフィードバック／多様な数値比較を伴ったフィードバックは数週間後 |

なお、連邦全体で実施されるこれらのテストだけではなくて、諸州は独自にテストを実施している。たとえばバイエルン州は、質保証と質の発展を支えるものとして以下のことを挙げている[12]。
・国際調査（PIRLS/IGLU、TIMSS、PISA）
・教育スタンダードと州間比較でのその点検
・教育報告書
・オリエンテーション調査（Orientierungsarbeiten）、VERA、学年段階テスト（Jahrgangsstufentests）

　国際調査や比較調査、VERAといった連邦全体の取り組みに加えて、州独自なものとしてオリエンテーション調査や、学年段階テストといったものが挙げられている。
　オリエンテーション調査は第2学年におけるドイツ語を対象とした調査であり、生徒たちの強みと弱みについての情報を提供する、個々の支援のための重要な手段である。学年段階テストは第6学年の数学、ドイツ語、英語、（ギムナジウムの）ラテン語で実施される。結果が教員、学校にフィードバックされ、改善に結びつけられる。
　オリエンテーション調査は、ドイツ語の正書法がテストの対象領域であり、学年段階テストのドイツ語を見るとその対象領域は、「読むこと」「正書法」等となっている。
　ここでは、連邦単位で取り組んでいるテストに焦点を当て、まずこれらの調査を概観する。

## （2）州間比較の役割

　州間比較は、教育スタンダードの達成度合いを調査するためのものである。州間比較は、教育の質開発研究所によって開発・実行されるもので、これまでのPISA（PISA-E）やPIRLS/IGLU（IGLU-E）の枠組みでの州間比較に取って代わるものであったが、引き続き国際的な学校達成調査と連動して実行される。国際調査と州間比較の実施計画は表2-3のとおりである。

表2-3 今後の国際比較および州間比較[13]

| 年 | 段階 | 国際調査 | 州間比較の教科 |
|---|---|---|---|
| 2009 | 前期中等 | PISA | ドイツ語、第一外国語 |
| 2011 | 初等 | PIRLS/IGLU、TIMSS | ドイツ語、数学 |
| 2012 | 前期中等 | PISA | 数学、生物、化学、物理 |
| 2015 | 前期中等 | PISA | ドイツ語、第一外国語 |
| 2016 | 初等 | PIRLS/IGLU | ドイツ語、数学 |
| 2018 | 前期中等 | PISA | 数学、生物、化学、物理 |

## (3) 学習状況調査（VERA）の役割

　学習状況調査は、毎春、普通学校の第3学年（VERA3）および第8学年（VERA8）の生徒たちに対して行われる。VERA3は2008年以降行われていて、テストの開発は2008年にはコブレンツ-ランダウ大学が請け負ったが、2009年以降教育の質開発研究所に引き継がれている。VERA3では算数とドイツ語（国語）のテストが行われる。テストの対象となるのはそれぞれ2つの領域についてである。たとえば2010年、算数では「数と計算」「データ、頻度、確率」の領域が、ドイツ語では「読むこと」「正書法」の領域がテストされた。VERA8は2009年以降行われているもので、ドイツ語、数学、第一外国語（英語もしくはフランス語）が対象である。課題開発は教育の質開発研究所による。

　学習状況調査は、授業開発（Unterrichtsentwicklung）のためのものである。授業開発とは、「授業は改善され、開発され、最適化されることができるし、そうあるべきである」という要求にかかわる概念としてとらえられている[14]。すなわち、学習状況調査は、授業開発のために、教員が子どもたちの学習についてのフィードバックを得ることを主眼としている。このテストの実行主体は州であり、各州はそのつどそれぞれの責任において準備、実行、評価、フィードバックを行う。テストの量やテスト課題も、各州のニーズに合わせることができる。

　テストの開発を行っているのは教育の質開発研究所である。教育の質開発研究所の監督の下、テスト課題は州を越えて教員たちによって作成され、大

学の教科教授学者たちによって点検され評価される。このプロセスがテスト実施の2年前から始まる。それに引き続いて、科学的なテスト専門機関（教育の質開発研究所）によってその課題が適正と難易度に応じた200～300人の生徒たちによって点検される。この試用のために諸州はテスト用のクラスを順次提供する。試用は実施の1年前から始まる。

テストの実施にあたってはこのやり方で実証された課題だけが取り入れられる。教育の質開発研究所によって最終的なテスト集がまとめられる。さらに教育の質開発研究所の外部パートナーによる教科教授学的なコメントが追加され、諸州にゆだねられる。テスト実施やフィードバックといったものの期日は、諸州が自主的に設定することができる。

評価によってフィードバックされた情報をカリキュラムの検証・改善に生かすという点では、州間比較も学習状況調査もカリキュラム評価にとって重要である。とはいえ、州間比較が国家レベルでのカリキュラム評価のためのフィードバックを与えるものであるのに対して、学習状況調査は教師にとってはカリキュラムおよび授業の改善のため、学習者にとっては学習活動の改善のためのフィードバックを与えるものである。より直接的に実践に影響を与えうるものとして、本章ではとくに学習状況調査（VERA3/VERA8）を議論の対象としてテストの役割と実践的課題に言及したい。

### (4) 学習状況調査の内容

ここでは、テスト問題の一例として、2011年に実施されたVERA8のドイツ語（「読む」領域）の課題を取り上げたい[15]。

---

落　雷　死

*DIE ZEIT*に、読者からのこんな質問に対する回答が掲載されている。

本当？
水中での落雷死

雷のときは、落雷に遭う危険があるため、海で泳ぐべきではありません。しかし、（8歳の）私の娘は、カモや魚には何も起こらないと反論します。雷のときに海で泳ぐことは危険なのでしょうか。

ラルフ・J・ラドリンスキ、ベルリン

　雷のときに海に入るべきではないという注意は十分に根拠があります。海面で一人ぼっちでいるスイマーが最も高い位置にいれば、ご存じのとおり雷はそこに落ちます。
　あなたの娘さんが疑問に思っているような動物についてはどうでしょうか？小さければ小さいほど、危険性は下がります。雷は、人間に対するようにカモに落ちることはありません。小さい体に対しては、大きい体に対してのような高い電流が発生しないのです。それでは、魚についてはどうでしょうか。水のなかであれば、人であっても水面よりもはるかに安全です。なぜなら、水のなかであれば雷の格好の目標とはならないからです。そして、水はとてもすぐれた導体であるため、雷のエネルギーがあらゆる方向に分散してしまうからです。だから、ダイバーなどは、雷からどのくらいの深さにいるのかを心配します。深ければ深いほど、安全なのです。
　だから、雷雨のときに1000匹もの魚が死ぬわけはなく、万一そういうことがあったとすれば、水面の近くを泳いでいたか、落雷の近くを泳いでいたかと判断される珍しい事例です。

クリストフ・ドレッサー

---

課題1：雑誌にメッセージを書いたのは誰ですか。
　　☐娘
　　■ラルフ・J・ラドリンスキ
　　☐クリストフ・ドレッサー
　　☐ *DIE ZEIT*

課題2：雷は人に対するのと同じようにカモに落ちることはありません、なぜならカモは…
　　☐雷のとき、水中に潜るから。
　　■かなり小さいから。
　　☐素早く岸まで泳ぐから。

□水の表面にいるから。

課題3：スイマーは、雷雨の間、水のなかにいる。岸から距離があるとき、雷を避けるためにどのように行動しなければならないか。
　　潜る／体をできる限り水につけなければならない。

課題4：なぜ海の中での落雷の際に雷のエネルギーはあらゆる方向に分散されるのか。
　　□海には電流が通じているから。
　　□カモが雷を逸らすから。
　　□水の上や水のなかには多くの動物がいるから。
　　■水が電気をよくとおすから。

課題5：雷雨の後、ときどき、海上で魚が数匹死んでいる。なぜこの魚が雷雨の間に死んだのかについて、テキストに基づいて2つの理由を書きなさい。
　　1．水面の近くにいた。
　　2．落雷の近くにいた。

課題6：著者は回答のなかで、質問者に一度直接呼びかけています。該当箇所を書きなさい。
　　「あなたの娘さんが疑問に思っているような」

課題7：なぜ海に入っている人間に雷にあう危険があるのでしょうか。
　　雷は高いところに落ちるから。（もしくは）
　　人間が水の中で最も高い場所になるから。

## （5）学習状況調査と教育スタンダード

　学習状況調査のそれぞれの課題は、教育スタンダードに示されているコンピテンシーと結びつけられている。それぞれの課題に関連するコンピテンシーを提示する前に、教育スタンダードに示されているコンピテンシーの構造をみてみよう。

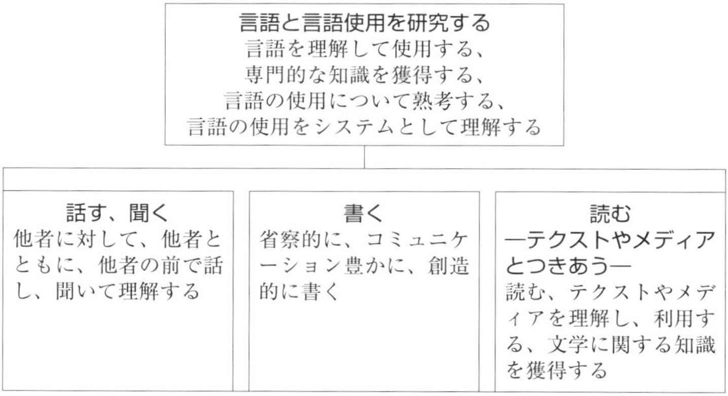

```
┌─────────────────────────────────┐
│     言語と言語使用を研究する      │
│      言語を理解して使用する、     │
│      専門的な知識を獲得する、     │
│    言語の使用について熟考する、   │
│ 言語の使用をシステムとして理解する │
├──────────┬──────────┬───────────┤
│ 話す、聞く │   書く   │    読む    │
│他者に対して、│省察的に、コミ│—テクストやメデ│
│他者とともに、│ュニケーション│ィアとつきあう—│
│他者の前で話 │豊かに、創造 │読む、テクストやメ│
│し、聞いて理解│的に書く   │ディアを理解し、利用│
│する     │        │する、文学に関する知識│
│        │        │を獲得する     │
└──────────┴──────────┴───────────┘
```

図2-1　ドイツ語のコンピテンシー領域[16]

ドイツ語の4つのコンピテンシー領域は、図2-1のようにまとめられる。コンピテンシー「読む」は、以下のような構成である[17]。

---

3.3　読む—テクストやメディアをあつかう—
さまざまな読みの技術を使いこなす
  ・基本的な読みの技能を使える：流暢に読む、関連づけて読む、さっと読む、選択的に読む、操縦的に読む。

読みの理解のストラテジーを知っている、使える
  ・読みの予想と読みの経験を役立てる、
  ・語の意味を明確にする、
  ・テクストの型をとらえる：たとえば、テクストの種類、テクストの構造、
  ・テクストの構造化の方法を知っている、自立的に利用する：たとえば、題名をとらえる、本質的なテクストをとらえる、テクストとテクストの関連をおぎなう、テクストから問いを導きだし、答える、
  ・テクスト受容の方法を知っている、利用する：たとえば、命題を明らかにする、具体化する、キーワードをとらえる、テクストを要約する。

テクストを理解し、利用する
文学的なテクストを理解し、利用する
- 著名な著者の時代ごとの作品の多様性——青年文学も——を知る、
- 叙事詩的、叙情詩的、ドラマ的なテクストを区別する、とりわけちょっとした叙情詩、小説、長編物語、短編小説、ロマン小説、演劇、詩、を区別する、
- 現在と過去のテクストから、テクスト、成立年代、著者の生活の関係をつかむ、
- 中心的な内容を解明する、
- テクストの本質的な要素をとらえる：たとえば、人物、場所、時代、葛藤の経過など、
- 文学の解明のための本質的な専門概念を知っている、利用する、とりわけ、話者、話者の視点、モノローグ、ダイアローグ、比喩、メタファー、押韻、叙情的自我、
- 作品の作用の関連における、歴史的制約における言葉の形成手段を知っている：たとえば、語のタイプ、文のタイプ、思想のタイプ、比喩表現（メタファー）、
- テクストの固有の解釈を展開する、テクストで裏づける、それについて他者と意思疎通させる、
- 分析的な方法を用いる：たとえば、テクストを研究する、比較する、解説する、
- 創造的な方法を用いる：たとえば、視点の転換：内面的なモノローグ、文学的なタイプの役割での手紙、場面転換、平行テクスト、加筆、他のテクストの種類に書き換える、
- 行為、ふるまい、ふるまいの動機を評価する。

具体的なテクスト、日常のテクストを理解し、利用する
- さまざまなテクストの機能とテクストの種類を区別する：たとえば、情報提供する：ニュース、アピールする：コメント、スピーチ、規制する：法、契約、指示する：使用説明書、
- より長く、より複雑なテクストの幅広い多様性を理解し、詳細につかむ、
- 情報を目的に沿って受容し、分類し、比較し、点検し、補う、
- 直線的でないテクストを評価する：たとえば、図表、

- テクストの意図を知る、とりわけ、著者、テクストメルクマール、読みの期待、結果の関係、
- 具体的なテクストや日常のテクストから、妥当な帰結を引き出す、
- 情報とテクストの評価を区別する。

**メディアを理解し、利用する**
- 情報の機能と、談話の機能を区別する、
- メディア固有の形式を知る：たとえば、印刷された雑誌、オンライン雑誌、インフォテインメント、ハイパーテキスト、広告コミュニケーション、映画、
- 意図や作用を知り、評価する、
- 本質的な描写方法を知り、その作用を評価する、
- 現実と、メディアにおけるバーチャルな世界を区別する：たとえば、テレビ放送、コンピューターゲーム、
- 情報の可能性を利用する：たとえば、さまざまなメディアでテーマ／問題についての情報を探し、比較し、選択し、評価する、
- プレゼンテーションや美的な創造物のためにメディアを利用する。

　ここで取り上げた VERA の問題について、コンピテンシーとの結びつきを見てみよう。課題1、2、4、5は「目的にあわせて情報を読み取る」、課題3は「実際のテクスト、利用すべきテクストから結論を導き出す」、課題6は「目的にあわせて情報を読み取る」「意図や効果を認識する」、課題7は「目的にあわせて情報を読み取る」「実際のテクスト、利用すべきテクストから結論を導き出す」と結びつけられている。

　また、VERA の解答例には、教育スタンダードとの関連が示されているだけではなく、当該のコンピテンシーを身につけるために、どのような授業を展開すればよいのかについての「教授学的コメント」が示されている。たとえば、この問題については、以下のような「コメント」が付与されている[18]。

　　このテクストを授業で扱うならば、講読の前に生徒の予備知識が活性化されるべきである。まずはただ問いを読んで、生徒たちに「専門家の

回答」を予想させるべきである。

　具体的なテクスト作業のさいには、テクストから重要な情報が抜き出され、若干の言葉で再現されるべきである。発展的な作業としては、比較できるテクスト（たとえば青年誌）を読むこともよい。

## 4　教育学からの課題の指摘

　教育スタンダードに基づいた合理的なカリキュラム・授業改善の仕組みに対しては、日本においてもドイツにおいても教育学の立場から課題が指摘されてきている。そこで本節では、まず日本で議論されている教育方法学やカリキュラム論の視点から投げかけられている課題を紹介する。次に、ドイツにおいて、陶冶研究（Bildungsforschung）の立場から、教育のスタンダード化における教育学的な思慮深さの欠如を懸念する議論を紹介する。

### (1) これまでの教育方法学、カリキュラム論の視点からみえる課題

　教育スタンダードに基づいた合理的なカリキュラム・授業改善の仕組みに対しては、すでに課題が指摘されてきた。

　たとえば、カリキュラム論の視点からみると、次のような課題が投げかけられる。カリキュラムの編成方法として工学的アプローチと羅生門的アプローチという2つが挙げられてきた[19]。工学的アプローチとは、目標設定から教材選択、授業設計、評価までを論理的、合理的に行うカリキュラム編成、カリキュラム評価のやり方であり、目標に準拠した評価を重視する。羅生門的アプローチとは、教育実践のなかで現れた子どもたちの姿をあらかじめ設定された目標にとらわれることなく多様に解釈し、たえずカリキュラム・授業を意味づけ直すような、創造的なカリキュラム編成、カリキュラム評価のやり方である。この2つのアプローチはどちらも重要であるが、教育のスタンダード化の動向は、工学的アプローチを過度に強調することになる。

　このことに関しては教育方法学の知見からも課題が指摘されてきた。「絶対評価（目標に準拠した評価——筆者補足）においても、さまざまな知識の習得を

主としたテストの点数のみが問題にされ、細切れに到達目標をつぶしていく『目標つぶし』の授業実践のなかでは、かえって子どもの学習意欲や主体的な学習は失われていくことになる」[20]といったことや、「一般にテストが数量的にその結果を示すために、子どもたちの思考過程やつまずきの内容を無視して、得点だけを云々しがちだ」[21]といったことが挙げられよう。

### (2) 学びの意味の吟味の欠如

次に、ドイツでの議論に目を向けてみよう。

テストの課題一つひとつにコンピテンシーがあてられているということは、そのテストの問題を達成できていれば、当該のコンピテンシーを達成したものとみなすということになる。そのことはおのずと、「教育学的な正当性ではなくて、スタンダードの戦略的な履行が暗黙のうちに中心を占めている」[22]というような状況を生み出すことになりうる。その子どもにとって当該のコンピテンシーを達成したことの意味が問われることなく、コンピテンシーをいかに効率的に達成するかが教師たちの関心の中心に位置することになる。子どもにとっての学びの意味が吟味されることなしに、いかに「できる」ようにするかばかりが問われることになる。そうした授業においては、「個々の学習プロセスが理解されるわけでも、一般的な学習段階、もしくはコンピテンシー段階が理解されるわけでもない。コンピテンシーではなくて、パフォーマンスが高められるという疑いがわいてくる」[23]。

### (3) カリキュラム・授業の操作化の限界

テストの問いに該当するコンピテンシーを規定して、テストの達成によってコンピテンシーの達成を吟味し、その結果に基づいてカリキュラムや授業の改善を図ることは、カリキュラムや授業の評価・改善にとって重要なことである。しかしながら、コンピテンシーとテスト問題との関係、子どもの学びとテスト問題との関係、子どもの学びと授業との関係を吟味することなしに、こうした一連のプロセスを無批判に遂行することは教育の生気をそぐようなことになる。このことについて、次のように述べられている[24]。

各州文部大臣会議の教育モニターの統制モデルは、決定論的な教授‐学習関係を想定しているようにみえる。それは、……専門的な教科の文化や授業の文化をも無視することになる。……科学的なディスコースやディシプリンは、教科のなかに単純には反映されない。結びつくためには、それら（科学的なディスコースやディシプリン）は、教科や教科教授学のさまざまな伝統および文化も、職業的な伝統や（教科の）教師の個人的なレパートリーも尊重しなければならない。統制のロジックは、授業のロジックには適さない。成果や達成を測定するなかで教育学的に十分であるような課題フォーマットが開発されるならば、学習と授業との構成的で開かれた意味づけおよび経験が尊重されなければならない。

　こうした指摘にもあるように、テストにあらわれるコンピテンシーの達成の有無のみをカリキュラム・授業改善の命題にするのではなくて、まずテスト課題と授業の内容とを関係づけることから始めなければならない。その上で、子どもがその問題をどのようにして達成できたのか、もしくはどのようにして達成できていないのかをこそ吟味し、実践されたカリキュラム・授業と、子どもたちの達成できている（できていない）こととの関連を問うべきである。

### （4）解答の省察による学び──つまずきを共有する学び

　テスト課題と学びとの関係を考える上で、教授学的に重要なことは、テスト課題の解答についてのふり返り（Relexion）をくり返すことである[25]。このふり返りは、個々の学びを前進させるものであるだけでなく、協同の教育的なふり返りの対象となる。子どもたちの学びの水準の違いが明らかにされるのではなくて、それぞれの生活世界に裏打ちされた、課題に対する固有の向き合い方がテーマ化されることになる[26]。

　このように、子どもの学びがそれぞれの生活世界を背景にした文脈依存的なものであることを前提にしながら、解答の方途を共有することが提起されている。そうしたなかでは、テストは単に個々の学びを点検する道具ではない。

## 5 教育の「スタンダード化」におけるテストの意義と実践的課題

　ドイツの学習状況調査の内容やその評価のあり方、実践への結びつきを見ると、教育スタンダードへと集約していることがみて取れる。教育スタンダードに基づいた合理的なカリキュラム・授業改善の仕組みづくりには、教授・学習過程を効率的に操作化しようというねらいがみえる。

　ランキング形式でのテスト結果の公表をしないことを取り決める[27]など、テストと競争の教育との結びつきが容易になることを強く懸念しつつ、授業開発のためのテストであることが意識されている。この点で、教育利用に重点を置いたテストになっていることがうかがえる。

　スタンダードに照らして合理的に設計されたカリキュラム、授業、テストの関係は、たしかに合理的かつ効率的な授業開発、授業改善に導く。このことは一定程度必要なことではある。しかし、カリキュラムや授業の開発・改善のために問うべきことは、子どもたちがテストができたかどうかだけではなくて、カリキュラムや授業をとおしてどのように学んだかである。文脈に依存した読み取りの力が求められているのだからこそ、子どもたち自身が生きている文脈、生活世界と切り離さないような学びの実現をはかる必要があるだろう。テストには、単なる点検道具という役割ではなくて、カリキュラム・授業を子どもたちのものとして意味づけをし直す契機という役割が求められるのである。

（樋口裕介）

### ■注

1) 子どもが到達すべき統一的なスタンダードを定め、その到達度合いをテストによって評価し、それに基づいて教育システムを検証・改善しようとする動きは「教育のスタンダード化」と呼ばれている（Schirley, D.: The Coming of Post-Standardization in Education: What Role for the German Didaktik Tradition?, In: Meyer, M. A./ Prenzel, M./ Hellekamps, S. (Hrsg.): *Perspektiven der Didaktik. Zeitschrift für Erziehungswissenschaft,*

Sonderheft 9, VS Verlag für Sozialwissenschaften, Wiesbaden, 2008, S. 35f.)。
2) 文部科学省ホームページ「平成24年度全国学力・学習状況調査に関する実施要領」(http://www.mext.go.jp/a_menu/shotou/gakuryoku-chousa/zenkoku/1314053.htm)
3) 文部科学省ホームページ「平成23年度以降の全国的な学力調査の在り方に関する検討のまとめ」(http://www.mext.go.jp/b_menu/shingi/chousa/shotou/074/toushin/1304351.htm)
4) 志水宏吉は、実態把握という目的に照らせば悉皆調査である必要はないということを指摘している(志水宏吉『全国学力テスト』岩波書店、2009年、62頁参照)。
5) 田中昌弥「OECDの教育政策提言におけるevidence-based志向の問題性」日本科学者会議編『日本の科学者』537号、2012年、7頁。
6) 同上書、9頁参照。
7) BMBF: *Zur Entwicklung nationaler Bildungsstandards, Expertise,* Bonn, Berlin, 2003, S. 9.
8) Ebenda, S. 9f.
9) Ebenda, S. 82.
10) Vgl. ebenda, S. 82f.
11) 教育の質開発研究所ホームページ(http://www.iqb.hu-berlin.de/vera 2013年9月18日アクセス)参照。
12) バイエルン州ホームページ(http://www.km.bayern.de/ministerium/schule-und-ausbildung/qualitaetssicherung-und-schulentwicklung/qualitaetssicherung.html 2012年7月16日アクセス)参照。
13) Vgl. Köller, O/ Knigge, M./ Tesch, B. (Hrsg.): *Sprachliche Kompetenzen im Ländervergleich,* Waxmann Verlag GmbH, Münster, 2010, S. 17.
14) Vgl. Kiper, H.: *Unterrichtentwicklung,* Kohlhammer GmbH, Stuttgart, 2012, S. 10.
15) 教育の質開発研究所ホームページ(http://www.iqb.hu-berlin.de/vera/aufgaben 2012年7月16日アクセス)参照。
16) Sekretariat der Ständigen Konferenz der Kultusminister der Länder in der Bundesrepublik Deutschland (Hrsg.): *Bildungsstandards im Fach Deutsch für den Mittleren Schulabschluss.* Wolters Kluwer Deutschland GmbH, München, 2004, S. 8.

17）Vgl. ebenda, S. 13-15.
18）教育の質開発研究所ホームページ（http://www.iqb.hu-berlin.de/vera/aufgaben　2012年7月16日アクセス）参照。
19）詳しくは、文部省大臣官房調査統計課編『カリキュラム開発の課題―カリキュラム開発に関する国際セミナー報告書―』大蔵省印刷局、1975年、15-19頁や安彦忠彦『改訂版　教育課程編成論』放送大学教育振興会、2006年、125-127頁等を参照されたい。
20）深澤広明「絶対評価と相対評価」吉本均編『現代授業研究大事典』明治図書出版、1987年、556頁。
21）子安潤「テスト」吉本均編『現代授業研究大事典』明治図書出版、1987年、562頁。
22）Brinkmann, M.: Fit fuer PISA? In: Bilstein, J./ Ecarius, J. (Hrsg.): *Standardisierung – Kanonisierung,* VS Verlag, Wiesbaden, 2009, S. 102.
23）Ebenda, S. 104.
24）Ebenda.
25）Vgl. ebenda, S. 112.
26）Vgl. ebenda.
27）教育の質開発研究所ホームページ（http://www.iqb.hu-berlin.de/vera　2013年9月18日アクセス）参照。

# 第3章

## 子どもとともに創る授業
―ドイツにおけるプロジェクト授業の展開―

　近年わが国においては、幼児教育から大学教育に至るまで、「プロジェクト活動」「プロジェクト学習」といったプロジェクトによる教育実践への関心が高まっている[1]。とりわけ小・中学校や高等学校では、「総合的な学習の時間」やそこでの「探究的な学習」「協同的な学び」等との関係で、プロジェクトによる教育実践が注目されている[2]。また、教育内容を教室の外から持ち込む「プログラム的実践」から、教育内容を「子どもとのコミュニケーションをとおして生成され創造される」[3]ものとしてとらえる「プロジェクト的実践」への転換を求める声もある。「プロジェクト・メソッド」とも呼ばれるプロジェクトによる教育実践は、「子どもたちの興味や必要感を大切にして農作業、木工、工作、美的鑑賞などの共同作業を通して、目標達成のプロセスとそこで必要な知識やスキルを学ばせることをねらい」[4]とする教育方法として知られている。こうしたプロジェクトによる教育実践は、大正新教育以降、これまでに何度も注目を集め、導入が試みられてきた。子どもたちの関心に基づき、他者と協同で、あるいは教師と子どもとのコミュニケーションをとおして問題解決していく教育実践への関心が、今日の教育改革のなかで再び高まっているのである。

　似たような状況はドイツにもみられる。「PISAショック」以降、教育の質保障や学力向上に向けた教育政策が展開されているドイツでは、授業にプロジェクトを取り入れることやプロジェクト志向の活動を行うことが、各州の学習指導要領（Lehrplan, Bildungsplanなど）上で重視されている。ドイツで

はすでに1960年代末から、プロジェクト授業（Projektunterricht）などのプロジェクトによる教育実践に注目する動きがあった。そこでの議論や実践は、わが国においても総合的な学習の時間や教科授業のあり方を示すものとして取り上げられてきた[5]。これまで一部の教師や一部の学校を中心に展開されてきたプロジェクト授業の取り組みが、今日の教育スタンダードによる教育改革とともに、ようやく多くの州で制度化され、日常的に実践されるものと認識されるようになっている。

そこで本章では、ドイツのプロジェクト授業の議論や実践をとおして、今日わが国でも関心が高まっているプロジェクトによる教育実践について、その意義や授業づくりのあり方をあらためて考えたい。ドイツでもわが国でも、「プロジェクト」という言葉を冠した教育実践やカリキュラムにはおおよその共通性があるものの、強調点や具体的な実践の姿には多様性がある。ここでは、とりわけPISA前後での違いに着目して、ドイツでのプロジェクトによる教育実践の特質を明らかにすることで、プロジェクトによる教育実践、すなわち、子どもたちの興味や他者とのコミュニケーションを大切にした問題解決型の教育実践の意義と課題を明らかにしたい。

なお、ドイツにおいて、「プロジェクト」を用いた授業ないし学習に関する名称は多様に存在するが[6]、本章では、プロジェクトによる授業実践を表現するさいに最もよく用いられる概念の一つである「プロジェクト授業」という語を、プロジェクトによる教育実践を意味するさまざまな概念の総称として用いることにする。

## 1　ドイツにおけるプロジェクト授業の歴史と特質

### （1）プロジェクト授業の歴史的展開過程

プロジェクトによる教育実践は、アメリカの教育学者、キルパトリックが1918年に発表した「プロジェクト・メソッド」などが有名であり、アメリカの新教育との関係が深い。そのため、プロジェクトによる教育実践は、これまでアメリカを中心に展開してきたように思われるかもしれない。しかし、

第二次世界大戦後、プロジェクトによる教育実践が熱心に行われてきたのは、むしろヨーロッパ諸国であった。1980年代に世界各国の「プロジェクト」に関する文献を整理したシェーファーは、その様子を「西ドイツを中心とするヨーロッパにおけるルネッサンス」[7]と表現している。つまり、戦後のプロジェクトによる教育実践は、ドイツを中心に発展してきたといえるのである。1990年代以降、ドイツではプロジェクト授業の起源やその発展の歴史を振り返り、プロジェクト授業の概念を歴史的・体系的に明らかにする試みがなされてきた[8]。ここでは、それらの研究の成果からドイツのプロジェクト授業の歴史を概観する。

　近年のクノルらの研究によると、プロジェクト授業の起源は、アメリカの進歩主義教育でもなく、20世紀初頭のドイツ改革教育学でもなく、16世紀のイタリア、あるいは18世紀はじめのフランスの建築学アカデミーなどの教育に由来している[9]。「プロジェクト」の考えがドイツの学校教育で広まった契機は、1968年をピークに展開された学生運動、いわゆる「68年運動」にあるといわれる。ドイツでは、1960年代に既存の政治体制に対する左派学生らによる抗議運動が活発に行われていた。この学生運動では、それまでの権威的なゼミナールや講義中心の大学教育に対しても改革が要求された。学生たちは「共同決定、実践・社会志向、応用関連、行為志向、実例による研究的学習、学際性」を原理とする「プロジェクト研究（Projektstudium）」の構想を掲げ、自ら学習を組織した[10]。この「プロジェクト研究」の構想が、後のプロジェクト授業に関する議論の本質的要素となる。1970年代にかけ、学校教育の領域でも、進歩的な教育学者たちによって、凝り固まった学校制度や固定化された学習素材に対する「プロジェクト授業」が構想されるようになった。1970年代前半には、あらゆる教科の、あるいは教科外活動としてのプロジェクト授業に関する文献が多数公刊されている。実践的にも、1970年代の教育改革で成立した総合制学校を中心に、プロジェクト授業の構想が大規模に実験された。なかでも、1週間以上通常の時間割を中断して展開される「プロジェクト週間」という形態は、従来の知識伝達中心の教科授業に替わる新たな学習形態としてインパクトを与えてきた。つまり、ドイ

ツのプロジェクト授業は、「68年運動」を契機としながら、社会や学校の体制を打ち壊す新たな社会のユートピアとして誕生したのである。

むろん、プロジェクト週間などの「体制批判的な」プロジェクト授業は、どの学校、どの教師にも受け入れられたわけではなく、批判や拒絶といった抵抗に遭った。プロジェクト週間の実践が他の学校種にも広がるなかで、プロジェクトを単なる遊びの時間ととらえる誤解とそれによるプロジェクト授業批判の増加も招いた。しかし、そうしたプロジェクト授業に対する批判により、1980年代以降、ドイツのプロジェクト授業は「理論的な深まり」をみせてきたといわれる。プロジェクト授業の概念をあらためて問い直し明確化する試みや、「教科プロジェクト」[11]のように、プロジェクトの考えを従来の教科授業のなかに転用させる新たなプロジェクト授業の形態が提案されるなど、ドイツのプロジェクト授業は脈々と発展し続けてきた。その結果、1990年代以降、プロジェクトの考えを学習指導要領上に位置づける州が増加し始め、プロジェクト授業の制度化が進められた。そうしたプロジェクト授業の広がりの兆しのなかで「PISAショック」は起きた。

## (2) プロジェクト授業の理論的基盤

ドイツのプロジェクト授業は、主にデューイの教育思想を理論的な基盤としている点が特徴的である。一般的には、プロジェクトによる教育実践を構想、実践したのはデューイではなく、「プロジェクト・メソッド」をまとめたキルパトリックをはじめ、アメリカの進歩主義の教育者たちであったといわれている。デューイは「プロジェクト・メソッド」の構想はもとより、「プロジェクト」についてほとんど言及していない。それにもかかわらず、ドイツの多くの教育学者は、「デューイなしにプロジェクトの構想はない」と考えている[12]。ドイツでは、デューイの『民主主義と教育』(1916年)などの著作を手がかりに、民主主義的な態度の育成、「為すことによって学ぶ」といったデューイの教育に関する考えをプロジェクト授業において実現しようとする構想が数多くみられる。

デューイの教育哲学をプロジェクト理論の基礎とするドイツでは、プロジ

ェクト授業をめぐる議論も特徴的である。クノルによると、ドイツのプロジェクト授業の議論には、①「授業の最高形態としてのプロジェクト」、②「民主的な学校改革・社会改革の方法としてのプロジェクト」、③「実現不可能な理想としてのプロジェクト」、④「プロジェクト理論の基礎としてのデューイの教育哲学」、⑤「直線モデルの軽視」、⑥「プロジェクト授業の歴史的前提」といった立場がみられるという[13]。すなわち、ドイツのプロジェクト授業は、産業革命や政治改革といった「一般的な歴史」に源泉があるという「歴史的前提」に基づいている。そのため、プロジェクト授業は社会や学校の民主的な改革の方法であり、最も優れた授業形態として考えられている。プロジェクトの流れは、知識や技術の伝達の後に教師から相対的に独立して行われる「直線モデル」ではなく、プロジェクト授業の途中で教師主導の教科課程や練習などの時間が組み込まれる「統合的な」モデルである。しかし、こうしたプロジェクト授業は理想にすぎず、実際には、日常の授業から切り離されたプロジェクト週間として実施するか、日常の授業のなかで、プロジェクトの基準をすべて満たしていない「プロジェクト的な」授業として実施するしかないと考えられている。

ただし、ドイツにおけるプロジェクト授業に対する解釈は一様ではなく、デューイの教育思想の影響の受け方もさまざまである。たとえば、デューイの「構成的オキュペーション」の説明から、とりわけプロジェクトの技術的作業の側面を強調する立場[14]や、デューイの教育思想を基盤としながら、キルパトリックの「プロジェクト・メソッド」なども組み込み、プロジェクトを社会的関係や政治的関心と結びつけてとらえるもの[15]がある。また、デューイの教育思想に言及しながらも、独自のカリキュラム論を理論的基盤とするもの[16]、ドイツに伝統的な陶冶理論的教授学の立場から、クラフキの「時代に典型的な鍵的問題」を扱う授業の方法としてプロジェクト授業をとらえるもの[17]もある。ドイツ語科や基礎学校の事物科などの各教科教授学においては、行為志向的な学習としても関心を集めてきた。

ドイツにおけるプロジェクト授業に対する解釈は立場によって異なるため、一つに限定することは困難である。より具体的なプロジェクト授業の姿を、

プロジェクト授業の実践事例からみてみよう。

## (3) 実践事例から見るプロジェクト授業

　ドイツのプロジェクト型の教育実践には、教科外のプロジェクト、一つの教科に関するプロジェクト、教科を越えたプロジェクトといった実践形態がみられる。教科外のプロジェクトは、たとえば、卒業パーティー、サマーフェスティバル、カーニバル、体育祭や学校バザーなどの組織化、生徒新聞の計画、作成、販売、クラス旅行としての研究旅行、学校の休み時間のためのゲームセンター開設などがあり、多くは学期末などの通常の教科の授業から切り離されて実施される。一方、教科内プロジェクトと教科を越えたプロジェクトは、通常の教科の授業と関連づけられて実施される。以下にその事例を示す。

**事例①:「身体、栄養、健康」プロジェクト**

　この事例は、ドイツで唯一の実験学校であるビーレフェルト実験学校の第2段階(第3-4学年)で行われたプロジェクト授業である。ビーレフェルト実験学校では、「プロジェクト授業」がカリキュラムの中心に据えられ、大規模なプロジェクトが年間数回行われている。この事例のプロジェクトには、数学をはじめ、芸術と音楽、スポーツ、ドイツ語、生物、化学といった諸教科が関与している。プロジェクトの流れは表3-1のようになっている。

表3-1　「身体、栄養、健康」プロジェクトの流れ[18]

| 1. | 導入 | プロジェクトのテーマの発表、食習慣についてのアンケート　など |
|---|---|---|
| 2. | 情報 | 体のつくり、栄養素、消化システム、カロリー　など |
| 3. | 行動 | 料理本を書く、料理をする、喫茶店づくり　など |

　大きな流れとしては、教師による導入や情報提供がなされ、その後、より活動的な行動場面に移っている。プロジェクト実施の背景や具体的な流れは次のとおりである。

### 「身体、栄養、健康」プロジェクトの概要[19]

　このプロジェクトは、子どもたちの食事環境、食生活に対する教師の危機意識を出発点としている。子どもたちが朝食や軽食の代わりに、売店で購入した非常に甘くて脂肪が多くビタミンが不足したお菓子ばかりを食べている状況、あるいは、食事時間が騒々しいためストレスを溜めている状況に対してプロジェクトが構想され、その目標が立てられた。すなわち、生徒たちが望ましい朝食、軽食をもってくる、もしくは自分でお菓子やジュースの代替品をつくること、自分の身体や栄養、達成能力、健康の関係を知ること、両親も意識的に食べ物や栄養供給を扱うこと、学校でも栄養のテーマをより広く体系的に扱うこと、生徒たちがプロジェクトのなかで自分の身体を作業や体験の対象として感じ取り、健康に対しても敏感になり、病気を起こす環境条件を団結して変革するようになることがプロジェクトの目標である。

　このプロジェクトは、主に数学の授業テーマ「測定と測量」に当たるとして、期間中のすべての数学の時間がプロジェクトに使われた。体重、身長、栄養摂取の関係についての話し合いの後に、生徒どうしで体重や身長を測量・測定し、結果について比較してコメントをつけるなどの数学的な活動が組織された。

　さらにこのプロジェクトは、教科を越えた要素も含んでいる。健康なレシピの載っている料理本を読み、レシピを書き出し、試しにつくり、自分の料理本にまとめて製本する取り組みでは、ドイツ語と芸術の2教科が関連している。本の構成は子どもたちに任され、きれいな文字で書いたり、色をつけたり、挿絵を入れることが重視された。さらに、自分たちで買い物をして料理費用を算出したり、学校や家でクッキーやサラダなどをつくってふるまう活動にも発展した。骨格の様子を描く取り組みでは、骨格の模型や本などで骨の名前や関節の形を学習したのち、大きな包装紙に自分たちの身体の型をとり、内部機構（骨）と靴や帽子なども描き加えたファンタジー豊かな絵をつくり上げた。リンゴを口に入れてから排泄するまでを描いた『リンゴのお話』を使って、消化する音を曲で表現したり、お話をパントマイムや朗読で劇化する取り組みも行われた。

　プロジェクトは、「甘くて身体によくない物が買える売店が学校の隣にあるのに、健康な栄養を学んだことになるのか」という生徒たちの問いから、生徒たちが休み時間に喫茶店を営業するという、学校の授業外の活動にも広がった。ソーシャルワーカーの協力の下、生徒たち自身で売店のお菓子の代替品をつく

> り、販売、会計を行った。プロジェクトの成果は、親子レクの時間に、クッキー作りや展示、劇などで披露された。この発表によって、子どもたちや学校だけでなく、両親や家庭の栄養への意識化も図られた。

　このプロジェクトは、子どもたちの学校や家庭での生活の状況を「変えたい」という教師の願いが出発点となっている。単にお菓子を禁止したり、食習慣を変えようと呼びかけるのではなく、プロジェクトをとおして子どもたちの意識を変革し、家庭の環境をも変えることが目標とされている。学校や社会を変えようとする点で、非常に「デューイ的」なプロジェクトである。
　子どもたちは実際に自分たちで身体の大きさや重さを測定・測量して数値の意味を考えたり、本の製作や料理など、行為をしながら現実に取り組み、自分たちの問題を解決しようとする。ただし、こうした活動を設定しているのは教師たちである。プロジェクトの提案や全体の流れは教師の構想に基づいており、教科の学習をしてからプロジェクトを自由に行わせるのではなく、プロジェクトのなかで関連する教科の学習内容が準備され、指導されている。つまり、プロジェクトを子どもの自発的活動に任せるのではなく、教師の設定した目標に向かってプロジェクトが進行するように、学習内容や手続きを体系化し、あらかじめ把握しておくといった教師の指導性がみられる。一方、子どもたちの意見や考えは、一つひとつの作品づくりに反映されている。本や絵の制作には子どもたちのアイデアが生かされ、多様な表現形式が用いられている。さらに、売店の問題性に子どもたち自身が気づき、その問題を解決するための喫茶店づくりが子どもたちのなかから提案されるようになる。はじめは教師主導的なプロジェクトであったが、子どもたちの考えを取り入れた活動を積み重ねるなかで、プロジェクトのテーマが子どもたち自身の問題に転化し、子ども発信のプロジェクトへと発展していったといえるだろう。

　**事例②：数学科「統計」プロジェクト**
　次の事例は、レルヘンフェルト・ギムナジウム後期中等教育段階で1989年に行われた数学科のプロジェクト授業である。この事例は、1980年代に

開発され、プロジェクト授業の発展を支えた「教科プロジェクト」である。事例①のように複数の教科を関連づけたものではなく、数学科の単元「統計」に関するテーマとなっている。

表3-2が示すように、毎週決まった曜日にプロジェクトが行われていることから、通常の時間割に設定された数学の時間がプロジェクトに使われていると考えられる。プロジェクトの具体的な流れは次のとおりである。

表3-2 「統計」プロジェクトの流れ[20]

| 段階 | 日付 | 次 | 内容 |
|---|---|---|---|
| 計画段階 | 1/30（月） | 1-2次 | アプローチ：「統計」では何を理解するのか？ プロジェクトの考え、および活動形態の紹介 |
| | 2/1（水） | 3次 | 何に取り組むことができるか？ 活動の重点とテーマ |
| | 2/6（月） | 4-5次 | グループ見つけ：グループの活動・時間計画の作成 |
| | 2/8（水） | 6次 | アンケートの作成 |
| 調査段階 | 2/11（土） | 7-8次 | 調査グループでの活動 |
| | 2/15（水） | 9次 | 情報交換 |
| | 2/20（月） | 10-11次 | 調査グループでの活動 |
| | 2/22（水） | 12次 | 情報交換とさらなる計画 |
| 評価段階 | 2/27（月） | 13-14次 | 評価用紙の構想と処理 |
| | 3/1（水） | 15次 | |
| | 3/6（月） | 16-17次 | ミニ講義：平均と分散、統計の数学的な方法 |
| | 3/8（水） | 18次 | |
| 終末段階 | 3/13（月） | 19-20次 | グラフ作成とレイアウト |
| | 3/15（水） | 21次 | プレゼンテーション（回想と活動報告） |

「統計」プロジェクトの概要[21]

計画段階では、まず、教師たちからプロジェクト授業のメルクマールが提示され、プロジェクトは趣味や遊びの時間ではないなど、プロジェクト授業についての理解が深められた。次に、今回の「統計」のプロジェクトで何が理解できるのかが、クラス全体で話し合われ、続いて、「統計」のプロジェクトについての具体的な取り組みが話し合われた。ここでは、プロジェクトの作業形態として、アンケート、調査、実験といった形態が採用された。また、「統計」という重点テーマの下で具体的に取り組む内容として、「生徒たちの自由時間の関係についてのアンケート」、「環境の関係に関するアンケート」、「知らない

人との挨拶に関する調査研究」、「調査研究："あなたの好きな歌をいって、歌ってください！"」、「2つの落下するボールの衝突実験」といった、グループごとの作業テーマが決定された。さらに、グループごとに、実現可能な時間計画や活動の計画が話し合われ、調査のためのアンケート用紙も作成された。教師の役割は、アンケート用紙の作成のときに、設問の数や尋ね方について各グループにアドバイスをする程度であった。

調査段階では、2週間にわたりグループごとの調査が行われ、学外に出て実際に街の人に意見を聞いたり、他校にアンケートを取りに行くなどの活動が行われた。調査期間中も随時、プロジェクトに参加する生徒は全員集まり、各グループの作業状況が報告された。

評価段階では、調査段階で回収されたアンケート結果を、グループごとに評価用紙にまとめた。数学の時間以外にも集まり、データ処理の仕方などを話し合うグループもあった。この段階では、教師による教科課程の時間も設定された。生徒たちがまだ理解しておらず、すべてのプロジェクトにかかわる内容（ここでは「無作為抽出検査」の方法など）に関する議論が、この時間を用いて行われた。また、ボールの落下実験グループによる小さな研究報告会も行われ、そのなかで「平均と分散」という統計的概念や統計学の数学的な方法が説明された。

終末段階では、プレゼンテーションのための作品づくりと、全グループによるプレゼンテーションが行われた。作品の評価規準は、あらかじめ評価段階の期間中に話し合われ、教師と生徒の合意により設定されたものである。それは、「情報の内容と濃さ」、「美しさ」、「自己批評」、「数学的観点の記述とリフレクション」などである。プレゼンテーションでは、全グループが、グラフやアンケートに関するテキストを書きこんだオリジナルなポスターを用意し、他のグループに対してプロジェクトの結果を説明した。発表方法も、調査で歌ってもらったときのテープを流したり、聴衆を議論に巻き込みながら発表するなど、グループごとにさまざまな工夫がみられた。

「統計」の授業単元後には、生徒たち個人の作業過程報告書が提出された。この報告書は、プレゼンテーションでの作品と並んで、文字による達成を示すものであり、通常授業での筆記試験に代わるものである。この報告書の評価規準についても、教師と生徒によってあらかじめ話し合いにより決定されている。

この事例は、「統計」という数学の教科課程に即したテーマであるため、事例①のように社会や子どもたちの生活を変革するまでには至らず、社会的関連性は低い。情報の処理方法や分析の視点も1つの教科に限定されてしまい、学際性に欠ける活動内容となっている。しかし、一方的に教師が統計処理の方法を教え、その応用を考えさせる授業とは異なり、子どもたちは政治や環境問題、娯楽といった状況に関連づけられたテーマ、子どもたちの興味に沿ったテーマの下で、そこで生じる問題の解決のために「統計」の知識や技術を学ぶことができる。

　この事例もプロジェクトの提案やプロジェクト全体の構想は教師によってなされている。グループでの活動に対して助言を行ったり、プロジェクトの途中に教科課程の時間が設けられるなど、教師がグループ作業で必要な知識や技術を随時伝達している。子どもたちは、教師からのテーマの提案を受け、自分たちが取り組みたい活動のテーマをグループごとに決定し、その活動方法や活動の計画も子どもたち中心に決定している。実際の調査や実験も子どもたちがグループごとに行い、その成果は自分たちで多様な表現方法を工夫して発表している。このプロジェクトの評価や作品の評価についても、教師と子どもたちがあらかじめ評価規準を話し合って決定している。したがって、この事例は、教師か子どものどちらかが一方的に進める学習ではなく、「統計」を学習するという教師からのテーマの提案に対し、それをいかにして学ぶかを子どもとともに共同的に決定しているプロジェクトである。「統計」の授業を子どもたちとともに変革するプロジェクトともいえるだろう。

　以上のように、ドイツにおけるプロジェクト授業は、学校や社会の変革の方法としてカリキュラム全体をプロジェクト中心に編成したり、各教科の授業の重要な形態の一つとして教科授業にプロジェクトを取り入れることにより、教科授業の改革を図るものである。プロジェクトといっても、子どもたちの自発的活動のみに任せて行われるのではなく、生活現実と結びついた課題にかかわりながら、教師と生徒が共同で問題解決している。教師は、テーマや計画の決定、プロジェクトの途中の話し合いなど、プロジェクトが進行する各段階で指導的にかかわる。問題意識からその解決のために計画し、実

行し、結果を評価する、といった一連のプロジェクトの過程のなかにも、教師主導で教科内容を指導する教科課程や練習が組み込まれている。一方子どもたちは、自分たちの興味に基づきながら、社会とかかわったり、教科を越えた実践的な活動や多様な感覚を取り入れた活動をとおして、自分たちの問題を仲間とともに解決していく。つまり、教師からの提案や指導の下で、子どもとともに授業を創り出すのがドイツのプロジェクト授業である。

## 2 PISA後の教育改革におけるプロジェクト授業の展開

### (1) 教育政策転換後のプロジェクト授業の位置づけ

　PISAショック後の新たな教育改革のなかで、ドイツでは「教育スタンダード」に基づく授業と学校の質保障と改善が進められている。これまで各州で定めてきた学習指導要領に対し、新たに全国共通の到達目標を示した教育スタンダードを定め、各州の学習指導要領の内容はその教育スタンダードに基づいて定められることになった。

　教育スタンダードの特徴は、ドイツ全体での統一的な試験要件と、ある学年が終了するまでに獲得されるべき能力であるコンピテンシーが基準として示されていることにある。各州文部大臣会議によると、教育スタンダードにおけるコンピテンシー概念は、生徒たちが「状況の克服のために今ある能力を利用し」、「そのさい、今ある知識を持ちだし、必要とされる知識をつくりだし」、「適切な解決方法を選択し」、「これまで集めた経験を自分の行為に取り入れたとき」に形成されるものだという[22]。すなわち、コンピテンシーは、単なる教科的知識・技能ではなく、獲得した知識・技能を活用し、実際の自分の行為に取り入れるという行為志向的で諸教科を越えた資質・能力である。この点では、コンピテンシー概念はプロジェクト授業との親和性が高いように見受けられる。しかし、各州文部大臣会議の教育スタンダードには、直接的にプロジェクト授業との関連を示す記述はない[23]。

　一方、各州の学習指導要領では、2000年代に改訂されたものはすべての州で、何らかのかたちでプロジェクト授業について言及している。学校段階

や州によりプロジェクト授業の位置づけ方には違いもあるが、各州の学習指導要領には共通して、「諸教科結合」や「行為志向」等の概念とともに各教科等の教授原則の一つとして、あるいは、教科外活動の一つとしてのプロジェクトの実施が位置づけられている。とくに、教育全体に関する総則的な章や、各教科の教授原則においてプロジェクトの特徴などがより詳細に示されている。さらに、教育スタンダードで明確化された「コンピテンシー」を伝達するために、もしくは、コンピテンシーの発達を促進する評価の形態としてプロジェクトが取り上げられていることも、多くの州にみられる傾向である[24]。連邦構成州の文化政策の調整段階では、プロジェクトは大きく扱われていなかったのに対し、実際の教育実践に直接影響を与える各州の学習指導要領では、プロジェクトが各学校種・学校段階で教育全般にかかわる原則や各教科の授業における原則として位置づけられている。つまり、コンピテンシー獲得を目指す授業の方法、あるいはその原理の一つとして、プロジェクト授業がとらえられている。

## （2）諸教科を超えた「テーマ志向的プロジェクト」の取り組み

　PISAショック後に改訂された各州の学習指導要領のなかには、プロジェクトを必修の授業等として設定しているものもある。バーデン・ヴュルテンベルク州（以下、BW州）の実科学校では、2004年に改訂された学習指導要領のなかで、「テーマ志向的プロジェクト」が選択必修の授業として設定された[25]。BW州ではすでに1990年代から諸教科間を連携するテーマ学習が導入されており、近年の国際学力調査では、ドイツ諸州のなかで優秀な成績を収めている。2000年代の政策展開にもいち早く対応し、ドイツで唯一のオープンスクール、ビーレフェルト実験学校の主導者であるヘンティッヒ（Hentig, H. v.）を中心として学習指導要領の改訂を行うなど、教育改革に積極的に取り組んでいる州である。

　「テーマ志向的プロジェクト」は、BW州の実科学校教育において重要な柱の一つとされ、実科学校の6年間を通して提供される諸教科を越えた必修プロジェクトである[26]。①「技術的作業」、②「社会参加」、③「職業オリエ

ンテーション」、④「経済、行政、法」の４つのテーマがあり、「生徒たちの経験世界を拡大し、生活を計画するための持続的なサポートや職業的なオリエンテーションを提供」[27]するとされる。教科を越えて社会について学び、将来の生活のサポートや就職支援を行うための、いわばキャリア教育のためのプロジェクトといえる。

BW州では「テーマ志向的プロジェクト」のパンフレットを作成し、実践事例を紹介している。以下の事例は、そのなかで紹介された「社会参加」のプロジェクトである。

### 事例③：「フランシスコ・プロジェクト」

> ブルン実科学校の生徒たちは、シュトゥットガルトの「フランシスコ・シュチューブル（Franziskus-Stüble）」（フランシスコ女子修道会主宰）のホームレスに会った。生徒たちは共同的に、「フランシスコの太陽の歌」（Clemens Brentano 訳）のテキストの絵を描き、歌をうたい、演奏をした。ドイツ語、音楽、芸術、宗教（プロテスタントまたはカトリック）といった教科からそれぞれの担当教師が関与した。最終的には、「太陽の歌」が物語られたカンタータや個々の絵画がたくさん生まれた。カンタータに含まれているものは、たとえば、短調の楽器バージョンでの「兄弟なるヤコブ」（テキストの「死」との関連）や、２声形式の「月がのぼる」（「兄弟なる月」の部分）……である。プロジェクトの終わりは、シュトゥットガルトのエーバーハルト教会で音楽発表などの特別招待会を開催した。この社会的プロジェクトの目標は、偏見をなくすこと、教師に付き添われてマージナルグループに尽くすこと、テキスト、音楽、造形を通して宗教心を促進することであった[28]。

この事例は、地域のホームレスとの出会いを出発点に、宗教的な観点から彼らとのかかわり方を学び、諸教科と関連づけた作品づくりとその成果を生かした実際の慈善活動をとおして社会参加するプロジェクトである。テーマ志向的プロジェクト「社会参加」は、「人々とのかかわりのなかで責任感を呼び覚まし、促進すること」[29]を目標としており、生徒たちが「強者と弱者を知り、コミュニケーション能力を高め、彼らのチームワーク力を改善し、

それによって関係性の確かさを得て、自らの社会コンピテンシーを高める」[30] プロジェクトとされる。この事例も、社会的弱者にかかわり、彼らのために尽くしたり、彼らとかかわるために仲間と共同的に作品づくりなどに取り組む内容となっており、社会に住む人々とのかかわりや仲間とのコミュニケーションが求められている。BW州学習指導要領によると、テーマ志向的プロジェクト「社会参加」で獲得されるコンピテンシーは、主に「社会コンピテンシー」と「パーソナルコンピテンシー」である。具体的なコンピテンシーと内容には、生徒たちが「自分の社会的な能力を知り、それを他者のために使うこと」、「争いを協同的に解決すること」、「社会施設を調査し」たり、「自分たちの社会参加について考察し、それを記録すること」などが挙げられている[31]。したがって、この事例は、子どもたちが同じ地域共同体に住むホームレスという他者のために、自分たちで特別招待会を開催し、教会の慈善活動に責任をもって関与している点で、コンピテンシーに即したプロジェクトである。

　このテーマ志向的プロジェクト「社会参加」自体が、学校や社会での他者とのかかわりや自己責任を獲得すべきコンピテンシーとしていることから、このプロジェクトは社会的関連性のある社会的な学習となっている。さらに、実際にホームレスの人々と出会い、絵を描いたり、カンタータを演奏するなど、活動的で作品志向的な学習である。また、「偏見をなくす」「マージナルグループに尽くす」「宗教心」などの現代的課題の理解と、その問題解決に貢献する内容でもある。したがって、単にコンピテンシーに即しているだけでなく、これまでのプロジェクト授業の特質を多く含んだ実践である。

　この事例でさらに興味深い点は、このプロジェクトと諸教科との関係である。テーマ志向的プロジェクトは年間で少なくとも週2時間の範囲で行うこととされているが、その時間は主にプロジェクトに関連する教科の時間が用いられる。この事例の場合、ドイツ語、音楽、芸術、宗教といった複数の教科がかかわっており、プロジェクト全体では計72時間費やされている。この時間の大部分は、関連する諸教科の時間に行われたものである（図3-1参照）。つまり、関連する教科の内容の一部分が、このプロジェクトのための

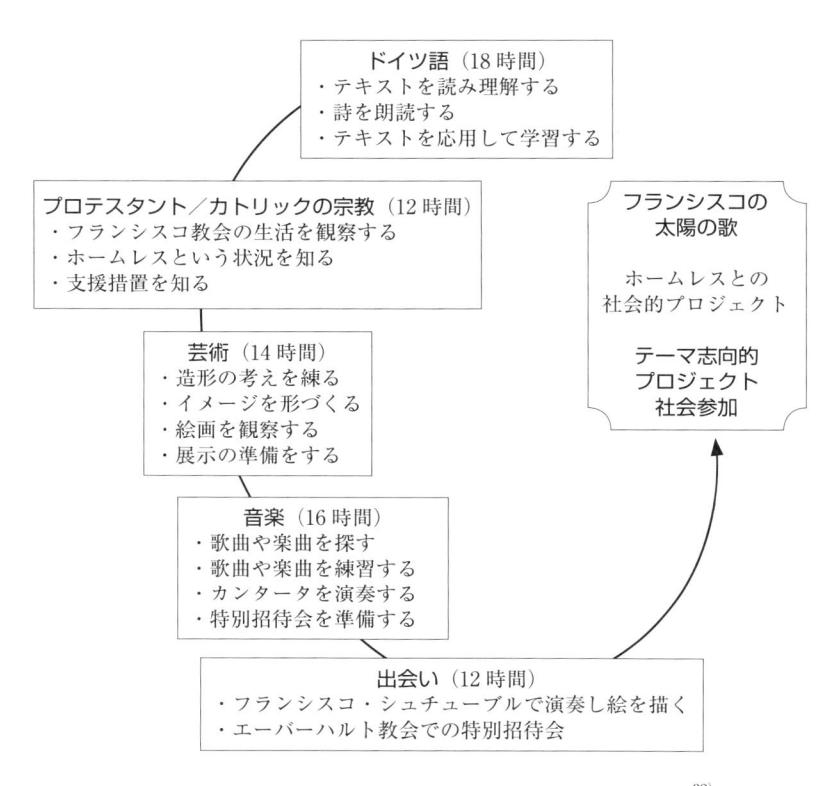

```
                    ドイツ語（18時間）
                    ・テキストを読み理解する
                    ・詩を朗読する
                    ・テキストを応用して学習する

プロテスタント／カトリックの宗教（12時間）         フランシスコの
・フランシスコ教会の生活を観察する                太陽の歌
・ホームレスという状況を知る
・支援措置を知る                              ホームレスとの
                                          社会的プロジェクト
          芸術（14時間）
          ・造形の考えを練る                      テーマ志向的
          ・イメージを形づくる                    プロジェクト
          ・絵画を観察する                       社会参加
          ・展示の準備をする

                音楽（16時間）
                ・歌曲や楽曲を探す
                ・歌曲や楽曲を練習する
                ・カンタータを演奏する
                ・特別招待会を準備する

                     出会い（12時間）
                     ・フランシスコ・シュチューブルで演奏し絵を描く
                     ・エーバーハルト教会での特別招待会
```

図3-1　テーマ志向的プロジェクトにおける諸教科との関連[32]

内容となっている。一部ではあるが各教科の内容が、子どもたちの「社会参加」や宗教といった教科を越えた問題からつくり変えられているといえる。

### （3）教科授業におけるプロジェクトの活用

　教育スタンダード導入以降、実際の授業を具体的にどのように組み替えたらよいのかという問題が議論され、さまざまな授業事例が提案されている。そのなかで教科の授業にプロジェクトを取り入れた実践も検討されている。次に示す事例は、基礎学校のドイツ語科で、「語場（Wortfeld）の活動を映画プロジェクトとして変換する」という取り組みである。

**事例④：「魔法の箱」**

> 語場「行く（gehen）」に含まれる語の意味は、パントマイムによる演技をとおして具体的に示され、それを用いて説明される。ビデオフィルムを使って、行く、ぶらぶら歩く、走るなどのパントマイムによる演技が録画される。フィルムは、演技が正確に転換されているかリフレクションするために使われる。……費用はわずかで、必需品として必要なものは大きな箱一つだけである。その箱のなかへ、子どもたちは、自分のパントマイムに応じてよじ登ったり消えたりする[33]。

　教育スタンダードでは、「語場」はドイツ語科のコンピテンシー領域「言語と言語使用を調べる」のなかで取り上げられている。このコンピテンシー領域のなかの一つ、「基本的な言語的構造と概念を知り、応用する」という項目において、語場は、語幹や品詞と同じカテゴリーにまとめられ、このカテゴリーの特徴を理解することなどがコンピテンシーの中身として示されている[34]。

　事例は、具体的に「行く」という語場を用い、その語の意味を理解するとともに、語場と語の関係についても理解を深めようとする授業であると考えられる。事例では、ビデオフィルムというメディアを活用して、実際に身体を使って意味を表現し、その映像を撮るというプロジェクトが行われている。「行く」という語場にどのような語が含まれるのかを、単に言葉で覚えるだけでなく、実際に身体を使って表現して確かめ、実感することのできる授業が構想されている。教育スタンダードで直接指示されているわけではないが、語場の学習をプロジェクトとして行うことで、単に言葉で説明できるかどうかだけではなく、実際の行為を伴ったより深い理解が目指されている。また、映画をつくるというプロジェクトによって、ただ活動的なだけでなく、映像作品をつくるという目的意識をもって参加することができる授業となっている。

　この事例のほかにも、コンピテンシー領域「読むこと―テキストやメディアを扱って」では、インタビューの様子を撮影しビデオ作品をつくる「イン

タビューする（オーディオ・ビデオプロジェクト）」などが提案されている[35]。このプロジェクトでも、実際にインタビューを行い、さらにその様子をビデオに撮ることで、後でリフレクションすることが可能なだけでなく、作品として残るために、より目的意識をもって活動に参加することができる。このように、教育スタンダードの導入により、プロジェクト授業が、より活動的で作品志向的な学習方法として、各教科の授業に積極的に取り入れられている。

### （4）プロジェクト授業の拡大に対する危惧

　ドイツでは教育スタンダードにより獲得されるべきコンピテンシーに方向づけられた授業が要求されるなかで、これまで教科授業と対立的に語られることの多かったプロジェクト授業が教育課程上に位置づけられ、教育実践の大きな課題となっている。体制批判から始まったプロジェクト授業が、今や体制側の大綱方針や教育計画の構成要素の一つとして、公に認められている。その際、わが国の総合的な学習の時間のように、教科授業とは異なる特設領域の学習としてではなく、教科授業のなかでプロジェクトを行ったり、教科授業をプロジェクトに貢献するよう関連づけるなど、教科授業の改革としてプロジェクト授業が位置づけられている。

　今日のプロジェクト授業の展開について、プロジェクト授業の必要性を長年主張してきたグドヨンスも、「多くの学校で（少なくともプロジェクト週間としての）プロジェクト学習は日常となっており、学校プロフィールの自明の要素である」[36]と述べている。1990年代から続く特色ある学校づくりの教育改革とも相まって、プロジェクト授業は学校レベルでも何らかのかたちで導入されることが当たり前になっている。しかし、その一方で、プロジェクト授業が拡大している今日の状況に対し、グドヨンスは次のような批判的なコメントも残している。①「この拡大は希釈化や概念のインフレーションの危機と結びついている（あらゆる自然食品の料理教室もプロジェクトと呼ばれる）」。②「政治的に学校と社会の民主化を目指す意図は、社会技術的に短縮された理解によって押しのけられている（理想は、今日のフレキシブルで、効率的で、マネジメント経験があって、責任感のある社会的構成員）」。③「プロジェクトの考えを

手工的・実践的な行いへ短縮すること（作品はつねに何か実践的につくったものでなければならない）」。④「教師の働きかけなしに、子どもたち、青年たちの一面的な『自然な』興味から出発すること（生徒たちは大体失敗し、自分たちの試みの後、プロジェクトにうんざりする危険を伴う）」[37]。すなわち、今日のプロジェクト授業は、単に作品をつくることが目的化された実践的、問題解決的な活動もすべて「プロジェクト」と呼ばれている。それは、従来のプロジェクト授業が目指してきた、社会変革的で民主的な教育の側面を軽視した解釈が広がっているからだというのがグドヨンスの主張である。このプロジェクト理解の下では、実際に学校や社会を変革することよりも、そこで必要となる社会問題を解決するための技術の方が重視される。何のために、あるいは、どんなテーマについて問題解決するかという点は問題にされない。その結果、単なる作品づくりから子どもたちの素朴な興味の追究まで、他者との問題解決を要する活動であれば何でもプロジェクトとみなされるようになる。

こうしたグドヨンスの指摘によれば、上述のドイツ語科におけるプロジェクトの事例も、単に実践的な行いにすぎないといえる。BW州のテーマ志向的プロジェクトの事例は、子どもたちの将来にもかかわるような社会的問題を取り上げている点では、単なる実践的な活動をとおして教科内容の習得を図る以上のプロジェクトである。しかし、事例のなかでは、社会的弱者の存在を学びながらも、その社会を変えていこうというねらいはみられない。このテーマにどのように取り組むか、教師と子どもたちでどのように共同決定していったのかも記録されていない。あくまでも、既存の社会のなかで社会のさまざまな人とかかわったり、仲間と協力して問題に取り組むといった、社会コンピテンシーやパーソナルコンピテンシー獲得のためのプロジェクト、すなわち、社会技術的な側面を重視したプロジェクトである。

### (5) プロジェクト授業の展望

これまでのドイツのプロジェクト授業では、子どもたちが協力して自分たちの関心について問題解決するということだけでなく、教師が社会変革や子どもの興味の視点から教科授業を見直し、子どもたちにテーマを投げかけて

きた。プロジェクトを子ども任せにするのではなく、授業や社会を変えたいという教師の願いの下で、子どもの意見や問題提起を引き受けながら、子どもとともに授業の内容、教科の内容を見直し、つくり変えてきた。プロジェクトの過程のなかに教師が主導的に行う教科内容の指導や練習の時間が内在するのも、プロジェクト授業を教科授業の改善・改革としてとらえてきたからであろう。PISA後の教育改革により、プロジェクト授業が一層注目されるようになった一方で、これらの伝統的なプロジェクト授業の理解とは異なり、今日の社会で求められる要素だけを取り出した活動的、作業的なプロジェクト授業が広がっている。

こうした状況のなかでグドヨンスがあらためて主張するのは、プロジェクト授業による教科授業の改革により、これまでの古い学校経営を改革することである[38]。つまり、教科授業から切り離されたプロジェクト週間を導入するようなラディカルな学校改革をするのではなく、教科授業にプロジェクト授業の原理を取り入れ各授業を変革していくことで、「学校を変える」というもともとのプロジェクト授業の考えを生かすことを提案している。民主的に学校や社会を変革すること、すなわち、教師と子どもが共同的に教科の授業を変革することにこそ、プロジェクト授業の意義があるとの指摘であろう。

## 3 プロジェクト授業からみた「探究的な学習」

最後に、ドイツのプロジェクト授業の問題を近年のわが国の状況と照らし合わせて考えてみたい。わが国では、プロジェクトによる教育実践は、「探究的な学習」「探究的な活動」との関係で注目されている。「探究的な学習」は、2008年に改訂された学習指導要領において、「総合的な学習の時間」に新たに加えられた学習活動である。「総合的な学習の時間」では、従来からの教科等の枠を越えた「横断的・総合的な学習」とともに「探究的な学習」が目指されることになった。

「探究的な学習」は、「物事の本質を探って見極めようとする一連の知的営み」[39]であり、子どもたちが「身近な学習対象(ひと・もの・こと)とかかわ

って、自分にとって意味や価値のある課題を設定」し、その課題について「情報を取り出したり集めたり」、「整理・分析したり判断したりしながら、既習の知識や経験と結び付け」、「自分の考えや意見、発見したことなどをまとめ、表現」し、「他者と交換し合い、自らの考えや意見を更新したり、協同して実践に移したり」する一連の営みである[40]。自らが興味をもったことについて調べたり他者と協同してその問題を解決していく点で、プロジェクト授業と類似した学習活動といえる。また、「探究的な学習」では、「日常生活や社会とのかかわりの中から見出される課題」について、「多様な視点から積極的に探究する」こと、「主体性、創造性、協同性を発揮」すること[41]が求められ、「実際に触れたり、実際に行ったりする直接体験が優先される」[42]という。これらの特徴は、子どもたちの経験を出発点とし、学びを社会と関連づける、あるいは、感覚、活動、体験を伴った学習内容・学習形態をもつ、といったプロジェクト授業の特徴とも一致する。「探究的な学習」もプロジェクト授業も、子どもたちの学びを従来の教科授業より豊かなものにしている点では共通している。

　ただし、この「探究的な学習」が行われる場は、次のように限られている。「基礎的・基本的な知識・技能の定着やこれらを活用する学習活動は、教科で行うことを前提に、総合的な学習の時間においては、体験的な学習に配慮しつつ探究的な学習となるよう充実を図る」[43]。すなわち、プロジェクト授業と共通点のある「探究的な学習」が行われるのは総合的な学習の時間であり、教科の授業は基礎・基本の定着を目指すもの、と明確に区別されている。ドイツのプロジェクト授業は、伝統的な社会変革的なプロジェクト授業でも、近年の社会技術的なコンピテンシー志向のプロジェクト授業でも、教科の授業のなかでプロジェクト授業を行うことが模索されてきた。グドヨンスの主張のように、プロジェクト授業には、教科と別のものではなく、教科授業のなかでその変革をもたらすものとしての位置づけがある。しかし、「探究的な学習」は、教科での学習を前提にするという関連性はあるものの、「探究的な学習」によって教科授業を変革するような発想はみられない。「探究的な学習」を行うことと教科の授業改善が直接的に結びつかないのである。

さらに、「探究的な学習」と「民主的に学校や社会を変革する」というこれまでのプロジェクト授業とを比較するとどうだろうか。『小学校学習指導要領解説　総合的な学習の時間編』には、課題の設定場面で、身近な川の環境問題に意識を向け、最終的なまとめ・表現場面で、自らの日ごろの行動のあり方、身近な環境と共生する方法について考えるといった「探究的な学習」の例が挙げられている[44]。社会の問題事象に出会い、その解決方法について考える点では、社会の変革につながる学習のようにもみえる。しかし、プロジェクト授業のように、自分たちで食生活を変えるための喫茶店をつくったり、教科の授業の内容や方法をつくりかえるといった、実際に変革すること自体は、「探究的な学習」のなかでは求められない。「探究的な学習」は「物事の本質を探って見極めようとする」知的営みと考えられているように、変革することよりも本質に迫るための学習である。

　また、「民主的に」、すなわち、「みんなでともに」変革するという視点も「探究的な学習」にはみられない。たしかに、総合的な学習の時間では、「互いに教え合い学び合う活動や地域の人との意見交換など、他者と協同して課題を解決しようとする学習活動を重視する」[45] ことになっており、他者とかかわり合いながら問題解決することが重視されている。ただし、他者と協同的に学ぶ目的は、「多様な情報の収集」や「異なる視点から検討」し「幅広い理解と思考の深まりを生む」ため、あるいは「相手意識」や「仲間意識を生み出」すためである[46]。つまり、これまでのプロジェクト授業のように、他者とともに変革すること自体が大切にされているのではなく、一人ひとりの個人がよりよく問題を解決するための協同、よりよく人とかかわるための協同である。したがって、社会技術的な面が重視されたコンピテンシー志向のプロジェクト授業に近いといえる。こうした社会技術的な意味での「協同」を重視した「探究的な学習」には、「教師とともに」の視点もない。「探究的な学習」でも子ども任せにするのではなく、「どのような体験活動を仕組み、どのような話し合いを行い、どのような考えを整理し、どのようにして表現し発信していくか」[47] といった点に教師の指導性が求められる。しかし、それは子どもたちの学習を活性化させ、発展させるための指導性である。

教師のねらいや明確な考えを子どもとともに検討する指導性、学習内容や学習方法を子どもとともに考え、決定していく指導性についてはふれられていない。

　以上のように、学習指導要領レベルではあるが、わが国の現状をドイツのプロジェクト授業からみてみると、教科授業自体を子どもたちの経験や興味、教科を越えた社会とのかかわり、他者とのかかわりなどを大切にした学びに転換する視点が弱いといえる。また、他者との協同や社会とのかかわりを重視した「探究的な学習」においても、何をどのように学ぶのか、教師と子どもがともに考え決定していく面は重視されていない。ドイツのプロジェクト授業のように、子どもたちの興味や社会批判的な視点から、教師自身もこれまでの授業内容や方法を見直し、子どもたちの意見を取り入れながら互いに合意形成を図る授業が、総合的な学習の時間に限らず、教科の授業においても展開されるべきではないだろうか。

（渡邉眞依子）

■注
1) 幼児教育では、現行の幼稚園教育要領等に登場した「協同的な活動」が、プロジェクト型の保育実践を意図していると指摘されている（宍戸健夫『実践の目で読み解く新保育所保育指針』かもがわ出版、2009年、49頁参照）。ほかにも、看護系や工学系の大学の授業や、環境教育、食育などの特定テーマについて、プロジェクト学習が多数開発されている。
2) 田中智志・橋本美保『プロジェクト活動―知と生を結ぶ学び―』東京大学出版会、2012年、1頁参照。なお、田中らはプロジェクト活動の意義を存在論から明らかにしている。
3) 佐藤学「カリキュラム研究と教師教育」安彦忠彦編『新版　カリキュラム研究入門』勁草書房、1999年、172頁。
4) 田中博之「プロジェクト・メソッド」日本教育方法学会編『現代教育方法事典』図書文化社、2004年、517頁。
5) 大友秀明・原田信之・アストリート・カイザー「ドイツ基礎学校における『事実教授』と『プロジェクト』―1990年代の新展開―」『埼玉大学紀要　教育学部（教育科学）』第46巻第2号、1997年、51-64頁、高橋英児「ド

イツにおける総合的学習の現状」柴田義松編著『海外の「総合的学習」の実践に学ぶ』明治図書、1999年、124-128頁、原田信之・牛田伸一「ビーレフェルト実験学校におけるプロジェクト授業と学力―教育実践理念の授業展開について―」『岐阜大学教育学部研究報告　人文科学』第52巻第1号、2003年、137-154頁など。なかでも、H. グードヨンス著、久田敏彦監訳『行為する授業―授業のプロジェクト化をめざして―』ミネルヴァ書房、2005年は、ドイツのプロジェクト授業の理論と実践を詳しく紹介している。

6) たとえば、「プロジェクト授業」（Projektunterricht）、「プロジェクト学習」（Projektlernen）、「プロジェクト作業」（Projektarbeit）、「プロジェクト志向の授業」（Projektorientierter Unterricht）など、さまざまな概念がある。さらに、同一の概念でも、強調点や意味が非常に異なる場合もあるとされる。とりわけ「プロジェクト授業」という概念をめぐっては、1970年代より議論が続いている。そのなかではたとえば、「プロジェクト授業」のメルクマールをすべて満たした高次の形態を「プロジェクト授業」と呼び、メルクマールをすべて満たすことはできないが実践上より現実的な形態を「プロジェクト志向の授業」と呼ぶといった説がある。Vgl. Schaub, H./Zenke, K. G.: projektorientierter Unterricht, In: ders.: *Wörterbuch Pädagogik,* Dt. Taschenbuch, München, $^5$2002, S. 441.

7) Schäfer, U.: *Internationale Bibliographie zur Projektmethode in der Erziehung 1895-1982,* Teil 1., VWB-Verl. für Wiss. u. Bildung, Berlin, 1988, S. vii.

8) Vgl. Hahne, K./Schäfer, U.: Geschichte des Projektunterrichts in Deutschland nach 1945, In: Bastian, J. u.a. (Hrsg.): *Theorie des Projektunterrichts,* Bergmann + Helbig, Hamburg, 1997, S. 89-107. Emer, W./Lenzen, K.-D.: *Projektunterricht gestalten - Schule verändern. Projektunterricht als Beitrag zur Schulentwicklung,* Schneider, Baltmannsweiler, $^2$2005.

9) Vgl. Knoll, M.: Europa - nicht Amerika. Zum Ursprung der Projektmethode in der Pädagogik 1702-1875, In: *Pädagogische Rundschau,* 44. Jg., Heft 1, 1991, S. 41-48. ドイツではすでに戦前の改革教育学期などに「プロジェクト」と類似の構想や授業実践が展開されてきた。たとえば、オットー（Otto, B.）やハーゼ（Haase, O.）による「合科教授」やケルシェンシュタイナー（Kerschensteiner, G.）の「労作学校」、ライヒヴァイン（Reichwein, A.）らの「企画（Vorhaben）」といった改革教育学の理念や実

践が、ドイツのプロジェクト授業の起源であると考えられている。
10) Vgl. Emer, W./Lenzen, K.-D., a.a.O., S. 16.
11) Vgl. Bastian, J./Gudjons, H. (Hrsg.): *Das Projektbuch II. Über die Projektwoche hinaus. Projektlernen im Fachunterricht,* Bergmann + Helbig, Hamburg, ³1998.
12) Vgl. Gudjons, H.: Projektunterricht. Ein Thema zwischen Ignoranz und Inflation, In: *PÄDAGOGIK,* Heft 1, 2008a, S. 7.
13) Vgl. Knoll, M.: *Dewey, Kilpatrick und »progressive« Erziehung. Kritische Studien zur Projektpädagogik,* Klinkhardt, Bad Heilbrunn, 2011, S. 260ff.
14) クノルは史的研究に基づき、デューイ自身は「プロジェクト・メソッド」などのプロジェクト型授業についての構想は述べていないことを指摘し、「構成的オキュペーション」としてのプロジェクトというデューイの解釈を取り入れたプロジェクト型授業を提案している。Vgl. Apel, H. J./Knoll, M.: *Aus Projekten lernen. Grundlegung und Anregungen,* Oldenbourg, München, 2001, S. 43ff.
15) 代表的なプロジェクト授業研究者の一人であるヘンゼルなどが、この立場でプロジェクト型授業を構想している。Vgl. Hänsel, D.: Was ist Projektunterricht, und wie kann er gemacht werden?, In: ders. (Hrsg.): *Das Projektbuch Grundschule,* Beltz, Weinheim u. Basel, ⁴1992, S. 15-47.
16) フライは、自らのカリキュラム論で示した理想的なカリキュラムプロセスを可能とする方法が「プロジェクト・メソッド」であるととらえている。Vgl. Frey, K.: *Die Projektmethode. »Der Weg zum bildenden Tun«,* Beltz, Weinheim/Basel, ¹⁰2005.
17) Vgl. Klafki, W.: *Neue Studien zur Bildungstheorie und Didaktik. Allgemeinbildung und kritisch-konstruktive Didaktik,* Beltz, Weinheim/Basel, ⁶2007.
　なお、レルシュはデューイの教育思想に基づくプロジェクト授業の構想と、クラフキの「鍵的問題」構想におけるプロジェクト授業に共通する特徴として次のものを挙げている。「教師も含んだ学習グループ」、「長期にわたり継続的」、「できるだけ45分のタクトを越える」、「現実における問題や現実を出発点とした問題」、「諸教科を越えた取り扱いが必要な複雑な問題」、「生徒たちの関心を引く問題（目下の生活状況が出発点or直接的、間接的に関係している問題）」、「民主主義的教育の文脈（社会のさらなる発展に向

けた、意図的な主体的コンピテンシー獲得を目指す）」 Vgl. Lersch, R.: Schlüsselprobleme und Projektunterricht. Über das problematische Verhältnis von Aufklärung und Handlungsorientierung im Unterricht, In: *Die Deutsche Schule,* 5. Beiheft, 1999, S. 59.

18）Biermann, C./Büttner, G./Lenzen, D./Schulz, G.: Laborschule（Stufe Ⅱ） Das Projekt „Körper, Ernährung, Gesundheit", In: Hänsel, D., a.a.O., ⁴1992, S. 143. を基に筆者作成。

19）Vgl. ebenda, S. 140-160.

20）Goetsch, K.: Statistisch gesehen... Projektunterricht in einem Mathematikgrundkurs der SekundarstufeⅡ, In: Bastian, J./Gudjons, H., a.a.O., ³1998, S. 99.

21）Vgl. ebenda, S. 97-108.

22）Vgl. KMK（Hrsg.）: *Bildungsstandards der Kultusministerkonferenz Erläuterungen zur Konzeption und Entwicklung,* Luchterhand, München/Neuwied, 2005, S. 16.

23）たとえば、中級学校第一外国語の教育スタンダード（第10学年）をみると、「（生徒たちは）選択されたプロジェクト（たとえば、バイリンガルプロジェクト）を行うことができる」という記述が、「方法コンピテンシー」の一つである「学習意識と学習組織」のなかにある。プロジェクトを行うことが、獲得されるべきコンピテンシーの具体的な姿の一つとして示されているにすぎない。 Vgl. Sekretariat der Ständigen Konferenz der Kultusminister der Länder in der Bundesrepublik Deutschland: *Bildungsstandards für die erste Fremdsprache（Englisch/Französisch）für den Mittleren Schulabschluss. Beschluss vom 4.12.2003,* Luchterhand, München, 2004, S. 18.

24）ギムナジウムの学習指導要領の4州比較については、渡邉眞依子「ドイツの教育課程におけるプロジェクトの位置づけに関する一考察―ギムナジウム上級段階のレールプランを中心に―」『鈴峯女子短期大学人文社会科学研究集報』第55集、2008年、47-60頁等参照。

25）Vgl. Ministerium für Kultus, Jugend und Sport Baden-Württemberg（Hrsg.）: *Bildungsplan für die Realschule,* 2004, S. 173ff.

26）BW州の実科学校では、テーマ志向的プロジェクトのほかに、ドイツ語、数学などの諸教科と、自然科学的活動、地理・経済・社会科などの諸教科

結合といった授業カテゴリーが提供されている。Vgl. Ministerium für Kultus, Jugend und Sport Baden-Württemberg（Hrsg.）: *Spektrum Schule Bildungswege in Baden-Württemberg. Schuljahr 2009/2010,* 2009, S. 14.

27）Ministerium für Kultus, Jugend und Sport Baden-Württemberg（Hrsg.）, a.a.O., 2004, S. 174.

28）Ministerium für Kultus, Jugend und Sport Baden-Württemberg, Realschulreferat（Hrsg.）: *Sozial – aber wie?! Themenorientiertes Projekt Soziales Engagement,* 2004, S. 22.

29）Ministerium für Kultus, Jugend und Sport Baden-Württemberg（Hrsg.）, a.a.O., 2004, S. 180.

30）Ebenda.

31）Vgl. ebenda, S. 181. なおテーマ志向的プロジェクト「社会参加」のコンピテンシーと内容は、次のように説明されている。「生徒たちは次のことができる。自分の社会的な能力を知り、他者のためにそれを使うこと。自分たちの行動により、自分たちの環境（周辺地域）の共同体的な生活を支援すること。自分のクラス共同体、学校共同体を社会的な姿としてとらえ、共同体のために役に立つ影響や具体化の可能性を経験し、それを使うことを学ぶこと。争いを協同的に解決すること。社会施設を調査し、表現すること（学習散歩、研修旅行）。自分たちの社会参加について考察し、それを記録すること。名誉職領域で（学校、団体、教会において、〔ジュニア〕メンターとして）他者に対して信頼され責任を負うこと。社会参加に対し、自分の立場をとり、それについて熟考すること」。

32）Ministerium für Kultus, Jugend und Sport Baden-Württemberg, Realschulreferat（Hrsg.）, a.a.O., 2004, S. 22.

33）Cichlinski, G./Granzer, D.: Bildungsstandards Deutsch – Lernen mit Medien, In: Bremerich-Vos, A./Granzer, D./Behrens, U./Köller, O.（Hrsg.）: *Bildungsstandards für die Grundschule. Deutsch konkret,* Connelsen Scriptor, Berlin, 2009, S. 214.

34）Vgl. Sekretariat der Ständigen Konferenz der Kultusminister der Länder in der Bundesrepublik Deutschland: *Bildungsstandards im Fach Deutsch für den Primarbereich（Jahrgangsstufe 4）. Beschluss vom 15.10.2004,* Luchterhand, München, 2005, S. 14.

35）Vgl. Cichlinski, G./Granzer, D., a.a.O., S. 211f.

36) Gudjons, H.: *Handlungsorientiert Lehren und Lernen. Schüleraktivierung Selbsttätigkeit Projektarbeit,* Klinkhardt, Bad Heilbrunn, ⁷2008b, S. 109.
37) Ebenda, S. 110.
38) Vgl. Gudjons, H., a.a.O., 2008a, S. 10.
39) 文部科学省『小学校学習指導要領解説　総合的な学習の時間編』東洋館出版社、2008年、13頁。
40) 同上。
41) 同上、13-14頁。
42) 同上、84頁。
43) 同上、8頁。
44) 同上、87-90頁
45) 同上、6頁。
46) 同上、91-92頁。
47) 同上、85頁。

# 第4章

# 学校の終日制化で変わる子どもの学習と生活

　「PISAショック」は、既存の学校教育体制にどのような影響を与えたのだろうか。その影響の一つとしてここでは、学校の終日制化を取り上げる。ドイツでは、昼食の前に学校が終わる半日制学校（Halbtagsschule）を、終日制学校（Ganztagsschule）[1]へと移行させる措置がとられてきている[2]。終日制学校では午前の授業が終わった後に昼食を提供し、子どもたちは家庭や地域に帰るのではなく、学校や関連施設で午後の時間を過ごす。

　日本の学校制度になじんできたわれわれからみれば、ある意味ではとくに違和感のない光景かもしれない。なるほどたしかに、2007年度より始まった「放課後子どもプラン」のように、子どもの学習と生活をつなぐ場としての「放課後」が、学校教育上の大きな課題として浮上してきているという点をみれば[3]、「放課後」をどのように教育学的に構想するのかは、ドイツにおいてもまたわが国においても共通の課題であることがうかがい知れる。しかしながら、今日のわが国における教育実践状況および教育学研究の現状に照らしてみれば、この「放課後」問題は単に学校時間終了後の子どもの生活・学習のあり方をどのように考えるのかという狭い問題にはとどまらない。

　この問題範囲を端的にいい表せば、「教育と福祉」の問題であるということができるだろう。この問題の覆う範囲は広く、たとえば、子どもの生育環境の変化をどのようにとらえるか[4]、特別支援教育や学校と社会への移行も視野に入れた子ども・若者の現在をどのようにとらえるか[5]、「貧困」問題や「いきづらさ」を抱えた子どもや子どもの生活世界への臨床教育学的アプ

ローチのあり方[6]、そしてもちろん 3.11 後の教育・生活の課題[7] も挙げられる。

本章では、新自由主義的／経済主義的な教育政策ともかかわる上記の問題すべてへの論及はできないが、「学力」保証に向けたドイツにおける終日制化の学校改革が子どもたちの「生活や学習」にどのような影響を与えているのかをみることをとおして、教育と福祉の交差するこれからの学校のあり方について考察する。

## 1　学校の終日制化の背景と展開

### (1)「格差是正」とその多様な背景

ドイツは国際学力調査からみえてきた教育政策の課題を、生徒間・社会階層間・地域間にある「格差是正」に求めてきたことはすでに指摘されてきているとおりである[8]。学校の終日制化も、教育スタンダードの導入などを盛り込んだ各州文部大臣会議第 296 回定例会議（2001 年 12 月 5・6 日）の「七つの行動分野（Handlungsfeld）」のうちの一つ、「学校および学校外での終日制教育の強化に関する措置」[9] として提起された。ただし、そもそも「是正」されるべきものとされた「格差」の生じてきた背景は多様である。まずは、終日制学校にかかわる議論をもとに、多様な背景を歴史・社会・教育の 3 つの視点から整理したい。

歴史的にみれば、改革教育学期から東西ドイツ時代の実験的試みの遺産がその背景にある。すなわち、子どもの生活（Leben）を学校生活（Schulleben）に接続した学校改革を行った改革教育学期から、戦後東ドイツにおいて実験的に取り組まれた全日学校（Tagesschule）の取り組みとその挫折[10]、西ドイツにおける「学童保育施設公益団体（Gemeinnützige Gesellschaft Tagesheimschule）」の設立（1955 年）による改革教育学の精神を引き継いだ終日制の学校教育の試みなどである。こうした学校の終日制化に向けた取り組みを歴史的にみると、「リズム化（Rhythmisierung）：学校時間の弾力的運用」・「学校開放（Öffnung von Schule）」・「学校生活」・「誰が指導するのか」・「経済的な問題」が

繰り返し争点となってきた[11]。学校カリキュラムの問題としては、最後の「経済的な問題」を除けば、「リズム化」＝「時間（Zeit）」の問題、「学校開放」＝学校外施設との連携の問題、「学校生活」＝「場」と「集団」の問題、「誰が指導するのか」＝教育者の問題が重要な論点となってきたといえる。

　社会的にみれば、両親の就業問題や地域・家庭の教育力の問題がその背景にある。旧東ドイツでは学童保育所（Schulhort）が広く普及していたため、共働き世帯が多いが、近年では大規模な失業が社会問題となっている。また、「学校が行うべき教育と、親が家庭で行う教育とを分けて考えるドイツの伝統」[12]は、旧西ドイツ地域には根強い。しかしながら、個々の生徒の家庭・地域状況に「学力」の成果が大きく左右されることを鑑みると、地域の施設の教育力を学校に結集し、学校を軸に子どもたちへの「陶冶（Bildung）」と「支援（Betreuung）」[13]を再構築する必要性に迫られたのである。こうして、わが国の「放課後子どもプラン」と同様に、「支援」を主要概念としながら子どもたちに対する福祉政策が学校の終日制化を加速していくことになった。

　教育的にみれば、国際学力調査の結果を受けた「学力」問題への対応がその背景にある。社会的背景ともかかわるが、地域・家庭での学習・生活環境の格差是正のために、学校の終日制化が展開されてきている。とりわけ、移民の子どもやドイツ語を母語としない子ども、多様な教育機会を享受できなかった子どもの「学力」を底上げするために、学校での「時間」をより長く提供する政策が打ち出されたのである。そのために、歴史的背景で挙げた「経済的な問題」への対応として連邦教育研究省は投資プログラム「教育と支援の未来（Investitionsprogramm „Zukunft Bildung und Betreuung": IZBB）」を立ち上げ、2003年から2007年までの間に総額40億ユーロを各州に配分し、終日制学校の拡充に向けた財政基盤の整備が行われた[14]。

### （2）終日制学校の特質と量的拡大

　各州の合意の下で財政基盤が整えられ、2003年以降終日制学校は急速にその数を増してきている。しかし、「終日制学校」といってもその設置形態は多様である。各州文部大臣会議は、週最低3日は7校時目まで授業を行い、

昼食（Mittagsessen）を提供し、午前の授業と午後の活動との関連をもたせる学校を「終日制学校」と規定し、さらに大きく2つの形態に分けている。すなわち、義務型（gebunden）と自由型（offen）である。さらに義務型は完全義務型（voll gebunden）と部分義務型（teilweise gebunden）に分けられており、終日制学校は3つの形態をとることが想定されている[15]。

学校の終日制化は、基礎学校にのみ限られているわけではなく、ギムナジウムや基幹学校、特別支援学校（Förderschule）、総合制学校などにも及んでいる。本章では検討の対象を小学校に絞り、その特質と量的拡大をみてみたい。2002年から2009年までの設置数および学校全体に占める終日制学校の割合をまとめると表4-1のようになる。数をみると、2002年の設置数は2009年には3倍以上に伸び、割合も4倍以上に増加している。設置形態は、圧倒的に自由型が多い。

終日制学校の特質をみるために、連邦教育研究省が作成した『終日制学校―より多くの子どものために時間を―』をみてみよう。終日制の学校が国際標準であることなどが紹介されている導入の章を除けば、このパンフレットでとらえられている終日制学校の特質は次の5つである。1）時間割、2）授業の新しい次元、3）ドイツ語の支援、4）自由時間の計画化、5）共同作業の場としての学校（Schule als Gemeinschaftswerk）、である[16]。

表4-1 終日制学校の設置数と学校全体に占める割合[17]

|  | 2002 | 2003 | 2004 | 2005 | 2006 | 2007 | 2008 | 2009 |
|---|---|---|---|---|---|---|---|---|
| 完全義務型 | 82 | 80 | 118 | 150 | 123 | 175 | 271 | 260 |
|  | 0.5% | 0.5% | 0.7% | 0.9% | 0.7% | 1.1% | 1.7% | 1.6% |
| 部分義務型 | 76 | 128 | 173 | 192 | 237 | 285 | 441 | 636 |
|  | 0.4% | 0.8% | 1.0% | 1.1% | 1.4% | 1.7% | 2.7% | 3.9% |
| 自由型 | 1,599 | 1,898 | 2,475 | 3,570 | 4,518 | 5,362 | 5,336 | 5,899 |
|  | 9.4% | 11.2% | 14.6% | 21.2% | 27.0% | 32.2% | 32.6% | 36.2% |
| 合　計 | 1,757 | 2,106 | 2,766 | 3,912 | 4,878 | 5,822 | 6,048 | 6,795 |
|  | 10.3% | 12.4% | 16.3% | 23.3% | 29.1% | 34.9% | 36.9% | 41.7% |

注）上段がドイツ全体における終日制学校の数、下段が学校数全体に占める終日制学校の割合。

まずここでは、自由型と義務型の時間割（Stundentafel）の例が挙げられている（表4-2、表4-3参照）。この時間割例は、第6学年を想定したもので、授業時間は8時～16時で設定されている。これをみてもわかるとおり、昼食の提供や午後の授業・活動の提供などが反映された時間設定が学校カリキ

表4-2　自由型終日制学校の時間割の例[18]

|  | 月曜日 | 火曜日 | 水曜日 | 木曜日 | 金曜日 |
|---|---|---|---|---|---|
| 1 | 音楽 | 数学 | ドイツ語 | 英語 | 生物 |
| 2 | 英語 | ドイツ語 | 英語 | 数学 | 英語 |
| 休憩 | | | | | |
| 3 | 数学 | 宗教 | 芸術 | ドイツ語 | 数学 |
| 4 | ドイツ語 | 音楽 | 芸術 | 社会 | ドイツ語 |
| 休憩 | | | | | |
| 5 | 社会 | 英語 | 郷土科 | 宗教 | 体育 |
| 6 | 生物 | 英語・補充 | 自由時間 | 自由時間 | 体育 |
| 昼食 | | | | | |
| 7 | 宿題 | 宿題 | 宿題 | 宿題 | 宿題 |
| 8 | 環境 | 全校集会 | 自由時間 | インターネット | 学校ラジオ |
| 9 | 数学・補充 | 本読み | ヨガ／ドイツ語・補充 | 歴史ワークショップ | カヌー |
| 10 | 学級のお知らせ | | | 自由時間 | |

表4-3　義務型終日制学校の時間割の例[19]

|  | 月曜日 | 火曜日 | 水曜日 | 木曜日 | 金曜日 |
|---|---|---|---|---|---|
| 1 | 音楽 | 数学 | ドイツ語 | 英語 | 生物 |
| 2 | 英語 | ドイツ語 | 英語 | 数学 | 環境 |
| 休憩 | | | | | |
| 3 | 数学 | 宗教 | 学校ラジオ | ドイツ語 | 数学 |
| 4 | プロジェクト | 学級会 | 歴史 | 図書室訪問 | ドイツ語 |
| 休憩 | | | | | |
| 5 | 社会 | 英語 | 郷土科 | 学校課題 | 英語 |
| 6 | ドイツ語 | 学校課題 | プロジェクト | 宗教 | 学校課題 |
| 昼食 | | | | | |
| 7 | 芸術 | 論難書 | 学校課題 | 自由時間 | ドイツ語・補充 |
| 8 | 芸術 | | 数学 | インターネット | 音楽 |
| 9 | 数学・補充 | 工作 | 社会 | 体育 | 自由時間 |
| 10 | 学級のお知らせ | | 生物 | 体育 | |

ュラムに求められている。こうした学校時間の変更は、授業のあり方にも影響を及ぼすことになる。個々の子どもの全人的発達をねらいとした終日制学校の授業は、個々の子どもたちの授業における機会獲得が多様に提供されることが期待されているのである。さらに、とりわけドイツ語を母語としない子どもたちの「学力」向上にかかわるドイツ語の支援プログラムや、自由時間を積極的に学校カリキュラムのなかにプログラム的に位置づける意義、親（Eltern）も含めた「共同（zusammen）」の作業の場としての学校が提起されている。なお、自由型と義務型の時間割上の違いは、義務型の学校では午後の時間にも正規の授業時間が組まれるという点にある。

　こうしてみると、終日制学校の特質は、単に学校時間を「半日」から「終日」に延長するということにとどまらない。成育史や家庭環境・社会環境を背負った子どもたちの生活・学習時間を、教室・教室外施設・学校外施設といった多様な空間において、教師・教育者・保護者・地域住民といった多様な人間が複雑に入り混じった学校カリキュラムが構想されることになる。終日制学校の導入は、学校教育実践にかかわる時間・空間・人間を複雑に変容させるものだといえる。

### （3）各州における取り組みの現状

　連邦として終日制学校設置に力が注がれている反面、それぞれの州によってその取り組みは多様である。ドイツ連邦教育研究省はそのHPにおいて、それぞれの州の取り組み状況の報告をまとめている[20]。表4-4はそれらをもとに、州ごとの2002年・2005年・2009年の終日制学校の設置数および学校全体に占める割合、組織形態・提供時間／参加形態・時間配分・人員配備を一覧にしたものである。

　まず、州ごとの終日制学校の設置数および学校全体に占める終日制学校の割合をみてみよう。2002年→2005年→2009年の経過を経て、どの州も設置数・割合ともに増加している点では共通している。しかし、設置の割合からみると、90％を超えてほとんどの学校が終日制学校に移行しているグループ（BE州、NW州、SL州、SN州、TH州）、30％から50％程度が移行している

グループ（BB州、RP州、SH州）、25％未満にとどまるグループ（BW州、BY州、HB州、HH州、HE州、MV州、NI州、ST州）の3つに分化していることがわかる[21]。PISAで好結果をおさめたとされる北部および南部では、学校の終日制化そのものには積極的である必要がないと判断されている可能性もあるだろう。

　組織形態・提供時間／参加形態・時間配分・人員配備は、それぞれの関連性の有無や名称など多岐にわたっている。しかしおおむね、義務型と自由型にあたる組織形態を準備し、授業および授業外の活動との関連づけと学校時間割の弾力化、学級担任教員以外の学校教職員や学校外の人材や親・保護者と共同で活動にあたっているという点では共通している。設置数および割合が低い州では、既存の学校システムに何らかの措置を「追加」するかたちでの終日制化が、逆にそれが高い州では既存の学校システムに大幅に手を加えて「再編」するかたちでの終日制化が進められてきているといえよう。

　ここで最も注目すべき点は、ヴェークナーらが分析視点に挙げている「時間配分」に相当する「特別なリズム化」(Besonderheiten Rhythmisierung)：特徴的な時間運用」と「人員配備」に相当する「特徴的な人的構想 (Besonderheiten Personalkonzept)」であろう。わが国のように「総合的な学習の時間」や「特別活動」といった教科外領域が学校カリキュラムに組み込まれていないドイツでは、教科授業と教科授業外の活動との関連づけがプロジェクト（Projekt）や宿題の支援、自由時間といったかたちで強調されるようになってきている。また、授業を行う教師・教員（Lehrer）とは区別される、日本の学童保育指導員や保育関係者などを含めた広い概念として用いられている教育者（Erzieher）の授業への関与や、学校外関係者の学校運営への参加も強調されている。子どもの生活を軸に学校での陶冶（Bildung）そのもののとらえなおしが視野に入っていることの表れであるといえる。

　さらにこの表には反映していないが、州によっては他の学力保証・経済政策とも連動することも多い。たとえば、ベルリン州のような早期学習支援（Early Excellence Ansatz）との関連[22]や、ラインラント・プファルツ州のような中等学校改革政策、アビトゥーアまでの年限の13年制から12年制への移

表 4-4 州ごとの設置数・割合および組織形態・

| | 設置数／割合 | | | 組織形態 | 提供時間／参加形態 |
|---|---|---|---|---|---|
| | 2002 | 2005 | 2009 | | |
| BW | 17 | 42 | 272 | 義務型／部分義務型 | 4日間8時間／2日間8時間 |
| | 0.7% | 1.6% | 10.6% | 自由型 | 4日間7時間、自由参加 |
| BY | 9 | 246 | 508 | 義務型終日制学校 | 4日間7時間 |
| | 0.4% | 10.2% | 21.0% | 自由型終日制学校 | 4日間の支援・ケア |
| BE | 175 | 440 | 418 | 義務型／部分義務型 | 4日間8:00-16:00、1日13:00まで |
| | 37.9% | 98.9% | 96.5% | 自由型 | 6:00-18:00自由参加の授業補塡とケア |
| BB | 5 | 94 | 223 | 義務型＋学童保育＋拡大型 | 5日間すべての生徒or特定の学級 |
| | 1.1% | 18.7% | 44.2% | 自由型 | 半年間3日or4日 |
| HB | 1 | 14 | 22 | 部分義務型／義務型 | 特定の学級／3日間7時間 |
| | 1.0% | . | 21.8% | 自由型 | 追加補充への自由参加 |
| HH | 7 | 20 | 44 | 完全義務型終日制学校 | 授業＋追加補充 |
| | 3.0% | 8.8% | 17.9% | 部分義務型終日制学校 | 特定の学級or学年 |
| | | | | 自由型 | 自由参加 |
| HE | 47 | 81 | 221 | 午後のケア | 特定の学年・自由参加、3日間14:30まで |
| | 4.0% | . | . | 自由型の終日制学校 | 5日間午後の授業、追加補充への自由参加 |
| | | | | 義務型の終日制学校 | 5日間の午後の支援 |
| MV | 6 | 31 | 17 | 義務型終日制学校 | 全生徒 |
| | 1.6% | 8.6% | 5.2% | 部分義務型終日制学校 | 特定の学級 |
| | | | | 自由型の終日制学校 | 3日間以上7時間以上 |
| NI | 19 | 52 | 264 | 半日制学校 | 1学年1学級が終日制対応 |
| | 1.0% | . | . | 部分義務型終日制学校 | 特定の学年に午後の支援 |
| | | | | 自由型終日制学校 | 個別支援への申請 |
| NW | 32 | 1,238 | 2,682 | 自由型終日制学校 | 8:00-15:00自由参加、それ以上は要相談 |
| | 0.9% | 35.9% | 83.2% | | |
| RP | 53 | 140 | 499 | 自由型の終日制学校 | 午後の授業＋ケア |
| | 5.3% | 14.2% | 50.8% | 義務型の終日制学校 | 教育活動への義務的参加 |
| | | | | 選択型の終日制学校 | 4日間8時間、自由参加 |
| SL | 39 | 108 | 151 | 選択型の終日制学校 | 16:30まで、自由参加 |
| | 14.5% | 67.5% | 94.4% | 終日制学級 | 16:30まで、自由参加 |
| | | | | 学校-青少年施設の連携 | 学童保育と自由参加型終日制学校との連携 |
| SN | 847 | 814 | 823 | 完全義務型 | 全生徒 |
| | 95.7% | 95.3% | 98.1% | 部分義務型 | 一部の生徒 |
| | | | | 自由型 | 教育・ケア提供の保証 |
| ST | 5 | 30 | 18 | 義務型／部分義務型終日制学校 | 義務参加／2年間or1年間 |
| | 0.8% | 5.2% | . | 自由型終日制学校 | 半年間 |
| | | | | 小学校＋学童保育 | |
| SH | 2 | 100 | 166 | 部分義務型／義務型終日制学校 | |
| | 0.3% | 15.3% | 35.1% | 自由型終日制学校 | 自由参加 |
| TH | 493 | 462 | 467 | 完全義務型 | 義務参加／2年間or1年間 |
| | 98.4% | 97.9% | 100.0% | 部分義務型 | 一部義務参加 |
| | | | | 自由型終日制学校 | 7時間 |

提供時間／参加形態・時間配分・人員配備[23]

| 時間配分 | | 人員配備 | |
|---|---|---|---|
| ブロック制、休憩時間の弾力化、学課領域と課外領域との関連づけ、宿題の支援 ←これらは義務ではない | | 無給制の非常勤講師：合唱隊、オーケストラ、援助コース、個々のプロジェクト | |
| 学課領域と課外領域との関連づけ、午前の授業、宿題支援、援助措置 | ブロック制、休憩時間の弾力化 | 教科グループ、管理職、実習生 | 教員と援助教員 |
| モジュール制、宿題の支援、作業共同体、コース別 | ブロック制、学課領域と課外領域との関連づけ | 前担任との連携 | 教育者。午前・パートナー活動、加配 |
| 学課領域と課外領域との関連づけ、ブロック制、午後の活動、自由時間の活動、授業との関連のない活動 | | 授業への指導員の関与、午後の活動への学校の関与 | 計画には組み込まない形での指導員の授業への関与 |
| 授業・補修学習・支援への義務、授業関連活動、テーマ関連的取り組み、プロジェクト、援助、自由時間 | 学課領域と課外領域との関連づけ、ブロック制 | 授業時間終了後の授業；教員、教育者、スポーツ教員、テーマ関連の取り組み・プロジェクト・援助・自由時間のパートナー。親の参加 | |
| 宿題の支援、グループ別（Neigungsgruppe）、ブロック制、構想にかかわる働きかけ | | 教育者・親・ボランティアによる補充活動、授業時間終了後の教員による授業、学校外パートナーとの共同作業 | |
| プロジェクト、スポーツ、遊び、ルール、リズム化、学校内でのルール、リズム化、授業補習 | 学課領域と課外領域との関連づけ、援助コース、宿題の支援、セラピー、助言 | 教員、教科グループおよび社会教育グループ、ソーシャルワーカー、管理職、学校外パートナー | |
| 学課領域と課外領域との関連づけ、助言、援助、公的な時間＋αを伴う半日授業、午後の支援 ←親の希望による | 柔軟な時間配分、諸教科の関連づけ、学習グループの自由な構成、宿題を伴わない多様な学習形態 | 教員：授業、助言、同僚との計画および共同作業。2004年以降の失業者の雇用：昼食、スクールバス。学校外パートナーや親の参加 | |
| 必修授業と選択授業の可能な限りの午後への移行、リズム化、援助の時間、作業時間と練習時間、作業共同体、宿題の援助、自由時間 | | 教員：授業、課題提示。学校外専門グループ・教育的構成員：自由時間の支援、特定の生徒のケア、親会やソーシャルワーカーとの共同 | |
| 陶冶・援助・自由時間、学級・学年横断的活動、作業共同体、プロジェクト；学課領域と課外領域との相互転換 | | 教員、教育者、社会教育関係者、教科専門（芸術・工作）、親、学生、実習生、チューター | |
| ブロック制、学課領域と課外領域との関連づけ、学習・練習タイム、遊びタイム、自主学習の余地、休憩時間の弾力化、午後の授業 | | 教員：宿題の支援、援助。教科グループ：教員の仕事の支援。教育関係者、親、ソーシャルワーカー、学校外パートナー。 | |
| 陶冶とケア | | | 学校職員、社会教育関係者、教員、教育者、ソーシャルワーカー、学校外パートナー、教育資格を持った者 |
| 学課領域と課外領域との関連づけ | 選択制の活動 | | |
| 規定の時間内に、5日間の午後の活動 | | 学童担当者の関与 | |
| 学課領域と課外領域との関連づけ、学校クラブ、作業共同体、補習授業、ブロック制、休憩時間の弾力化、チームティーチング、プロジェクト活動、宿題の支援 | | 学校外パートナーとの共同；小学校と学童との共同：計画と教育理解の共同責任；学童での補充的活動 | |
| 学課領域と課外領域との関連づけ、リズム化、選択領域の追加 | ブロック制、作業共同体、補習授業、宿題の支援、援助、教員との自由時間 | 教員、教育的構成員、親、学校外パートナー | |
| 宿題の支援、援助、運動、遊び、スポーツ、音楽 | 終日制の活動は授業後に開始 | 教育専門グループ（教員、社会教育関係者）、子ども・青少年援助団体との共同 | |
| 時間割外の授業、選択必修の援助、任意の自由時間 | 開始時間と終了時間の弾力化；授業と授業外とのネットワーク化 | 授業および学校開発過程への教育者の関与、追加補充：午前のリズム化への関与および登校時間の構成、ボランティア活動 | |

行に伴う授業時間数確保などが、終日制学校設置と連動しながら展開されてきている。この意味で、各州の終日制化の取り組みは、州単位でのその他の教育改革との関連から多角的に分析する必要がある。

## 2　終日制学校における学習と生活―ベルリン州を中心に―

### (1)「学習の場・生活の場としての学校」＝終日制学校への期待

終日制学校への移行に力を入れている一つの州としてベルリン州を取り上げ、その現状と課題を考察したい。ベルリン州では、「学習の場・生活の場としての学校（Schule als Lern- und Lebensort）」というスローガンの下、終日制学校に大きな期待をかけ、その整備・拡充に取り組んでいる[24]。旧東ドイツ地域を含んでいるという問題、首都としての面目の問題、ドイツ語を話せるかどうかにかかわる移民の問題、早期学習支援の問題などに対して、すべての基礎学校および中等教育学校（Sekundarschule）を終日制化することによる包括的な取り組みが展開されている。また、ドイツ語だけではなく他の言語で授業を行うヨーロッパ学校（Europa-schule）という連邦単位の学校改革の取り組みとも連動させながら、言語に困難を抱える子どもの問題に取り組んできている。

ベルリン州における2009年度の終日制学校の設置数・割合は、完全義務型46校（10.6%）、部分義務型21校（4.8%）、自由型351校（81.1%）となっており、ほとんどが自由型の終日制学校である。2008年度の報告において、学校の終日制化にかけたベルリン州の費用は16州のなかで5番目であるが、もともと旧東ドイツ地域・旧西ドイツ地域にかかわらず、基礎学校段階における終日制学校は他の州に比べて相対的に高かったことが指摘されている[25]。

ベルリン州では「学校法（Schulgesetz für das Land Berlin）」の第19条において、「終日制学校および補充的促進・支援（Ganztagsschulen, ergänzende Förderung und Betreuung）」が定められている[26]。その条文のなかで、「終日制学校は授業と訓育を学校外の援助・支援と結びつける」ことが示され、終日制学校の制度や費用などについて規定されている。終日制学校が具体的に何

を提供するのかについては、ベルリン州文部省のHPや関係機関の資料などにおいてかなり具体的に示されてきている。とりわけ自由型終日制学校にかかわって述べるならば、学校時間の「リズム化」と「教育者」の授業へのかかわりに重点を置いて紹介されている[27]。

ここでは、ベルリン州における学校の終日制化の取り組みを具体的に検討するために、シュテルンベルク基礎学校（Sternberg-Grundschule）という一つの学校を取り上げ、学校カリキュラムの現状と課題について検討したい。

### (2) ある小学校での取り組み― Sternberg-Grundschule ―

シュテルンベルク基礎学校は、ベルリンの Tempelhof-Schöneberg 地区に位置する公立基礎学校である。自由型の終日制学校として、早朝からの早期学習支援に始まり、授業時間と関連した宿題の支援、昼食の提供、他の保育施設から配置された教育者による午後の支援などが行われている。同校の2009/2010年度の生徒数は368名であり、同校の特色はフランス語を教授している点にあり、ドイツ語を母語としない生徒の割合は59.2%とされている[28]。ここでは、2010年3月22日（月）および同年9月16日（木）に訪問したさいにみることのできた同校の状況について述べていきたい[29]。

同校の時間割は、図4-1のとおり、8：00から1時間目が始まり、13：25に6時間目が終わる時間設定になっている。写真の時間割は1・2学年のた

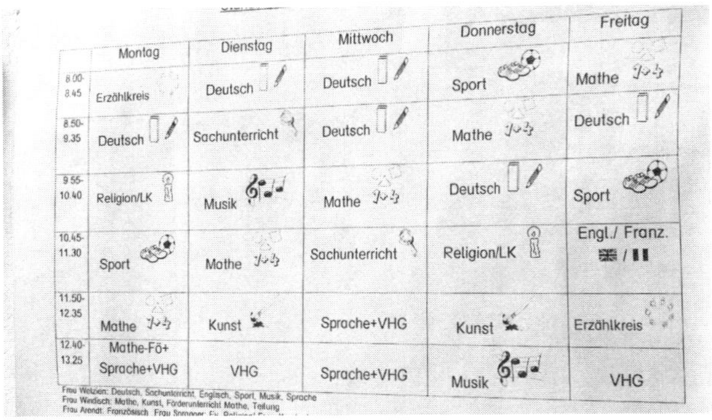

| | Montag | Dienstag | Mittwoch | Donnerstag | Freitag |
|---|---|---|---|---|---|
| 8.00-8.45 | Erzählkreis | Deutsch | Deutsch | Sport | Mathe |
| 8.50-9.35 | Deutsch | Sachunterricht | Deutsch | Mathe | Deutsch |
| 9.55-10.40 | Religion/LK | Musik | Mathe | Deutsch | Sport |
| 10.45-11.30 | Sport | Mathe | Sachunterricht | Religion/LK | Engl./ Franz. |
| 11.50-12.35 | Mathe | Kunst | Sprache+VHG | Kunst | Erzählkreis |
| 12.40-13.25 | Mathe-Fö+ Sprache+VHG | VHG | Sprache+VHG | Musik | VHG |

Frau Wetzien: Deutsch, Sachunterricht, Englisch, Sport, Musik, Sprache
Frau Windisch: Mathe, Kunst, Förderunterricht Mathe, Teilung

図4-1　1・2年a組の2010年9月の週時間割

め7時間目がないが、学校としては14：15までの7時間目を用意している。なお、2時間目と4時間目の後に20分の中休憩が入る。その他の休憩は授業後の5分間であり、昼食は授業後である。

図4-2は、1・2年a組の黒板に掲示されていた9月16日の時間割である。2時間目終了後の中休憩には、「2度目の朝食（Fhürstück）」があり、図4-3のように子どもたちは思い思いの朝食を持参して教室で食べる。これは終日制学校とは関係なく、昔からのドイツの学校での一般的な様子である。

この学級の場合、数学や芸術などは教科担任が授業を行うため、学級担任がこの学級のすべての授業を担当するわけではない。逆に、9月16日の学級担任の後を追っていくと、4年生の学級劇の指導も行っていた。この学級担任は英語・国語が専門であるため、劇の言語指導も行っているという。

ここでは、教師と教育者との関係、授業と授業外の活動との関係に焦点を当てるため、6時間目の「宿題（Hausaufgabe）」の時間に注目したい。6時間目の「宿題」は、もともとの時間割では「音楽」になっていたところに入ってきた時間であるが、事前に教師と教育者との打ち合わせがなされ、教室を2つに分けて指導が行われた。そもそもこの学級は落第した生徒も含めると3学年混合の学級である。さらに、さまざまな教育的ニーズをもった子どもたちも当然多く存在する。そのため、それぞれの子ど

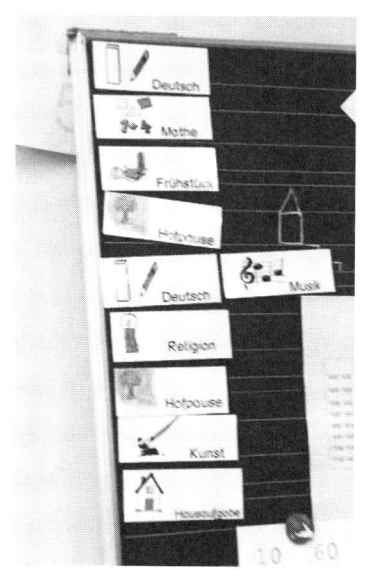

図4-2　1・2年a組の9月16日の時間割

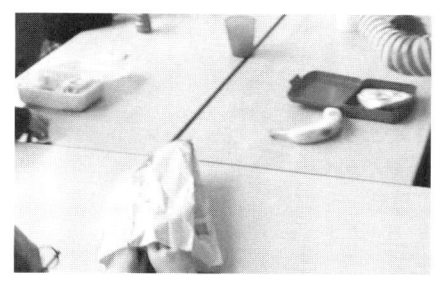

図4-3　「2度目の朝食」の様子

もたちの学習進度に合わせた授業課題、学習課題を提示しながら、教師は学習指導を行っている。この「宿題」の場面では、学習進度の遅い子どもたちの指導は教育者が別教室で、それ以外の子どもたちは教師が教室で指導を行っていた。別教室の様子は図4-4、教室の様子は図4-5である。

指導方法は、子どもたちを黒板の前に集め、一斉に宿題の取り組み方を指導するという点では共通している。子どもたちは授業時間の残っている範囲で宿題を解き、残りは授業後に解くことになる。

教室ごとに課題が違うことはもちろんのこと、同じ教室でもそれぞれ取り組んでいる課題は異なっている。それぞれの学習進度に合わせた内容が宿題として課されている。図4-6は、別教室のある子どもの宿題である。「l」（エル）の文字が入っている単語にまるをつけ、「l」がその単語のどの位置に

図4-4　教育者による宿題指導

図4-5　教師による宿題指導

第4章　学校の終日制化で変わる子どもの学習と生活　　123

くるかをこたえていく課題である。他方、図4-7は、教室の後ろに掲示されていた「これぞ宿題」(die Hausaufgaben) の掲示例である。これをみると、「I」に関する宿題はほかにも出題されていることがわかる。また、宿題と教室での生活とが結びつくような配慮がなされていることもわかる。

同校の教育者は、ペスタロッチー・フレーベルハウス (Pestalozzi-Fröbel-Haus) という幼稚園を含む総合教育施設の職員が兼務している。同校の場合、先述の「宿題」の指導にあたったのも、午後の支援を担当するのも同施設の教育者である。ここで終日の支援を受ける子どもの数は、2004/05年度には88名であったが、2008/09年度には167名とほぼ倍増している[30]。

同校は、図4-8のように自由型の終日制支援 (offene GanztagsBetreuung：OGB) という名称で、午後の支援の門戸を開いている。ベルリン州文部省のHPに掲載されている「申請書 (Antrag)」をみると、早朝の支援、午後の支援など受けたい支援の内容・時間を選択して申請するようになっており、それぞれ費用がかかることを確認して申し込むことになっている。

同校では、ペスタロッチー・フレーベルハウスが取り組んでいる早期学習支援[31]と午後の学童保育に近いかたちでの支援が提供されている。同施設

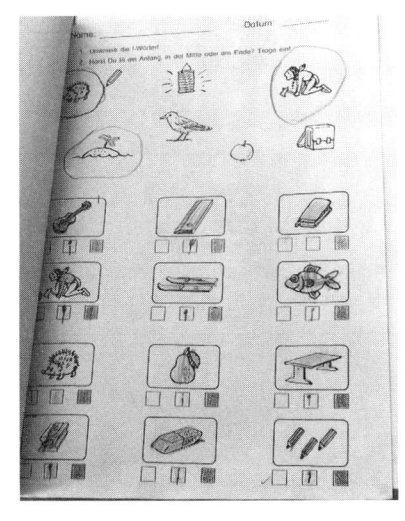

図4-6 「I」の宿題　　　　図4-7 「これぞ宿題」の掲示

図4-8　OGBの入り口　　図4-9　学校裏での午後の活動

のHPによれば、この施設はこの学校以外にも5つの基礎学校と協働して終日の支援を行っている。同校ではまず、子どもたちに簡単な昼食が用意される。その後子どもたちは、学校の中に設けられたさまざまなスペース、たとえば木工室や遊び道具の置いてある部屋や屋外で遊びながら時間を過ごす。図4-9は、学校裏に設けられた終日制支援のための遊具施設である。基本的に、わが国の学童保育と大きな違いはないように思われる。

## (3) 終日制への評価と課題
### ―終日制学校研究（Ganztagsschulforschung）―

終日制学校への評価は、雑誌や著書などで多方面から報告されているが、公的な研究プロジェクトとして「終日制学校開発研究（Studie zur Entwicklung von Ganztagsschulen：StEG）」が2004年10月に開始された。

2010年の報告書では、基礎学校での終日制支援の活動内容の割合が整理されており（図4-10参照）、学力面・意欲面で子どもたちに効果的な影響を及ぼしていることが報告されている[32]。なお注目されるのは、最も割合が高い活動内容が、自由時間と「遊び（Spiel）」である点である。

同研究プロジェクトは、クリーメ（Klieme, E.）が所長を務めるドイツ国際教育研究所や青少年支援関係の研究所などによって共同で推進されている。同プロジェクトは、学校論者であるホルタッペルスらも加わって、精力的に著書や論文で終日制学校の意義を報告してきている。今日では、このような

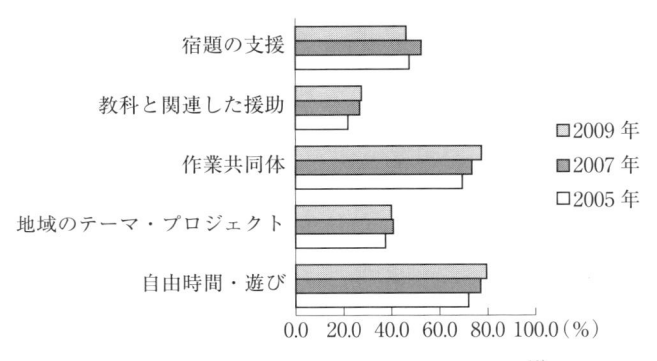

図4-10 基礎学校における活動内容の割合[33]

プロジェクトをはじめとして、終日制学校研究（Ganztagsschulforschung）は教育学議論上の一つの大きな論点となってきている[34]。

各州も、終日制学校の設置を進める一方で、終日制学校を評価するシステムを構築しつつある。メンケは、終日制学校の質保証への取り組みのタイプを次の3つに分け、16州がそれぞれどこに位置づけられるかを考察している。すなわち、(1) 終日制学校特有の質規準を設定していない州（BW州、BY州、HH州、MV州、ST州、TH州）、(2) 終日制学校にも適応される統合的あるいは補足的質規準がある州（BE州、BB州、HB州、HE州、RP州、SL州）、(3) 終日制学校固有の質規準を設けている州（NI州、NW州、SN州、SH州）、である[35]。ここで取り上げているベルリン州は、(2)の学校評価の質基準を適応している州に入る。ほぼすべての学校を終日制化している州では、終日制学校固有の質規準はむしろ必要としていないのかもしれない。

そもそも、こうした終日制学校の「質」が今日議論されるのは、「学校の質研究や学校の効果研究において長らく議論されてきた良い学校の観点」[36]が終日制学校の構想に大きくかかわってきたからである。学校を終日制化することで、学校そのものがよくなったかどうか、あるいは学校研究そのものにとってどんな意味があるのかに注目が集まってきている。そのため、学力にかかわる「質」保証、午前と午後の活動にかかわる「時間」配分、授業時間と関連した「学習」アレンジメント、支援の場面と関連した「生活」の充

実、支援にあたる「教育者」・「指導員（Horterzieher)」、といった終日制学校に特有だと思われる評価観点も、そもそもそれらが既存の学校にとってどれだけのインパクトがあるのかが重要となってきている。ただし、本章では今日議論されている終日制学校の「質」保証という点にまで踏み込んだ議論は難しいため、ここで取り上げた学校の取り組みに限って考察を加えたい。

　まず、シュテルンベルク基礎学校は「自由型」を採用しているため、学校カリキュラム上の時間割は基本的に半日制のままである。しかしながら、実際の授業および午後の支援の内実に目を向けると、教師と教育者との共同、授業と授業外活動（ここでは宿題の支援）との関連づけがかなり密接に行われていることがわかる。また、宿題の内容はドイツ語にかかわるものが多いことからもわかるように、ドイツ語を母語として話すことができない子どもの学力保証への取り組みにもかなり力がいれられている。ドイツ語の学校内テスト[37]の内容をみると、宿題として取り上げられている内容がテストに出題されていることもわかる。一つの学級における「ドイツ語」と「宿題」との関係からのみではあるが、学校の終日制化が目指そうとしている多様な共同や関連づけのかたちが実践されていると評価することができると思われる。実際にこうした取り組みが意図した目標に沿った成果が上がっているのかどうかの検証およびそのフィードバックに基づく目標そのものの検証が、今後の課題であろう。

## 3　「学力」保証のための教育政策の行方

　ドイツにおける学校の終日制化は、歴史的・社会的・教育的背景ともかかわって、各州ごとに多様な展開がなされてきているが、とりわけPISAの読解リテラシーの成績向上という点では良好な評価がなされてきている。しかしながらここで重要なことは、「学力」保証のための教育政策がもたらす帰結を、具体的な教育実践のレベルでどのように意味づけるかである。

　ドイツの終日制学校で最も重点的に取り組まれた課題は、ドイツ語を母語としない子どもたちへのドイツ語習得支援であった。PISA問題や他のテス

ト問題をみればわかるとおり、教科内容を習得していても、ドイツ語で文章問題を読解することができなければ、一定の点数を獲得することはできない。もちろん、そうした子どもたちがその後ドイツにとどまって社会生活を営むのであれば、ドイツ語の習得は社会参加のための重要な鍵となることは明白である[38]。ただしここで着目すべき点は、グローバル化も含めた人々の地域間移動の意義と課題そのものの議論と並行して、国家として教育を施していくさい、社会参加に必要な「学力」のもつ意味を、学校でどのように教育していくかが問題とされていない点にある。

政策的にみれば、ドイツにおける学校の終日制化は、単なる「学校時間の延長」を意味するのではない。「支援」・「福祉」の充実の名の下に、就学前から大学入学までの広い範囲の学校教育において、ある特定の「学力」保証に向けた標準化・スタンダード化を「正当化」することを意味している。すなわち、ドイツ語による読解中心の「学力」を習得させることが、正当な学校教育のあり方だとされるのである。この「学力」こそが、格差是正・PISAへの対応・コンピテンシーおよび中等学校修了資格の獲得の3つを連動的に可能にする鍵となってきている。終日制学校は、この「学力」保証を行う学校制度として正当化されてきているのである。

しかしながら、教育的にみれば、先にみたシュテルンベルク基礎学校の例のように、表向きは「学力」保証に取り組みながらも、実際には時間・空間・人間という3つの「間」のなかで、子どもたちは多様な経験をしてきている。たとえば、宿題の学級掲示の例一つをみても、この掲示は単に「ドイツ語習得に関して、こういう学習をしましょう」という意味だけで掲示されているのではない。教師の目からみて、誰の宿題を、いつ、どこに、どのように掲示するのか、という多方面の配慮の下に行われている実践である。こうした意味で、教師と教育者・学童支援員との「連携」や、学校間の「連携」、学校と他の機関との「連携」といった、「連携」重視の政策以上に、どの子どもの、どの側面を、だれがどのようにみとるのか、またそのみとった結果がどのような人々の間で「共有」されるのかに重点を置いた学校改革が求められる。たとえば、小中連携に取り組むある中学校の階段の掲示板に、

小学生のノートが掲示されていたことがある。「共有」したい部分にさりげなく取り組んでいる連携のあり方の一つである。

　保幼小連携や、小中連携、学社連携や、地域・家庭との連携が声高に叫ばれる今日の日本の学校教育においても、「連携」そのものに重点を置いた政策ではなく、「教育と福祉」の観点から、どの子どものどの部分を「共有」しながら、大人と子どもがかかわる時間と場を学校が構想できるのかにかかわって、各種連携のあり方を議論する必要性を指摘したい。

（吉田成章）

■注
1）Ganztagsschule は「終日制学校」「終日学校」「全日制学校」「全日学校」など、さまざまな訳語があてられている。ここでは、Halbtagsschule を「半日制学校」とし、東ドイツ時代の Tagesschule が「全日学校」とされている関係から、Ganztagsschule は「終日制学校」として考察を進める。
2）ドイツにおける学校の終日制化については、すでにわが国においてもいくつかの先行研究がなされてきた（百々康治「子どもの生活現実に取り組むドイツの教育動向—ベルリンにおける『全日制』への改革を中心に—」日本教育方法学会編『教育方法39　子どもの生活現実にとりくむ教育方法』図書文化社、2010年、布川あゆみ「ドイツにおける学校の役割変容—『全員参加義務づけ型』の終日学校の展開に着目して—」日本比較教育学会編『比較教育学研究』第47号、2013年、安井友康・千賀愛・山本理人『障害児者の教育と余暇・スポーツ—ドイツの実践に学ぶインクルージョンと地域形成—』明石書店、2012年、柳澤良明「ドイツにおける全日制学校の拡充と学校の役割変容」大塚学校経営研究会編『学校経営研究』第34巻、2009年、吉田成章「子どもの育成環境としての学校の再編に関する一考察—ドイツにおける終日制学校をめぐる争点を手がかりとして—」中国四国教育学会編『教育学研究紀要』（CD-ROM版）第54巻、2009年などを参照のこと）。
3）たとえば、日本学童保育学会編『現代日本の学童保育』旬報社、2012年、池本美香編著『子どもの放課後を考える—諸外国との比較でみる学童保育問題—』勁草書房、2009年、明石要一ほか『児童の放課後活動の国際比較—ドイツ・イギリス・フランス・韓国・日本の最新事情—』福村出版、

2012年などを参照。

4）日本学術会議子どもの成育環境分科会『提言 我が国の子どもの成育環境の改善にむけて―成育空間の課題と提言―』（2008年8月28日）（http://www.scj.go.jp/ja/info/kohyo/pdf/kohyo-20-t62-15.pdf）、日本学術会議子どもの成育環境分科会『我が国の子どもの成育環境の改善にむけて―成育方法の課題と提言―』（2011年4月28日）（http://www.scj.go.jp/ja/info/kohyo/pdf/kohyo-21-t123-1.pdf）を参照。

5）この点についての実践・研究の蓄積は多いが、そのなかでもたとえば近年のものとして、竹内常一・佐藤洋作編著『教育と福祉の出会うところ―子ども・若者としあわせをひらく―』山吹書店、2012年などがある。

6）この点についてはたとえば、教育科学研究会編『子どもの生活世界と子ども理解』かもがわ出版、2013年などを参照。

7）この点についてはまさに議論と実践のまっただなかではあるが、「教育方法」の点で参考になるのは、日本教育方法学会編『教育方法41 東日本大震災からの復興と教育方法：防災教育と原発問題』図書文化社、2012年や、子安潤『リスク社会の授業づくり』白澤社、2013年などがある。

8）原田信之「ドイツの教育改革と学力モデル」原田信之編著『確かな学力と豊かな学力―各国教育改革の実態と学力モデル―』ミネルヴァ書房、2007年、86頁参照。

9）Vgl. KMK-Pressmitteilung: *296. Plenarsitzung der Kultusministerkonferenz am 05./06. Dezember 2001 in Bonn*, 2001.（http://www.kmk.org/presse-und-aktuelles/pm2001/296plenarsitzung.html）

10）藤田昌士「ドイツ民主共和国（東ドイツ）の全日学校（Tagesschule）」日本教育学会編『教育学研究』第33巻第1号、1966年参照。

11）吉田成章、前掲論文、2009年、20-21頁参照。

12）吉川裕美子「初等教育と子どもの学校生活」天野正治・結城忠・別府昭郎編『ドイツの教育』東信堂、1998年、97頁。

13）Betreuungは、「支援」「世話」「福祉」「福祉支援」「保育」など多様に訳されてきている。ここでは、「陶冶」や「訓育（Erziehung）」といった従来学校に求められてきた教育機能とは違う意味で「支援」という訳語を用いる。

14）BMBF: Verwaltungsvereinbarung. Investitionsprogramm „Zukunft Bildung und Betreuung" 2003-2007, 12.05.2003, S. 4.（http://www.

ganztagsschulen.org/_downloads/Verwaltungsvereinbarung_IZBB.pdf）なお、本ページはすでに削除されているが、プログラム名で検索をすると、いくつかのサイトで読むことができる。注24）のページも同様である。
15）Sekretariat der Ständigen Konferenz der Kultusminister der Länder in der Bundesrepublik Deutschland: Allgemein bildende Schulen in Ganztagsform in den Ländern in der Bundesrepublik Deutschland-Statistik 2005 bis 2009−, 2011, S. 4（http://www.kmk.org/fileadmin/pdf/Statistik/GTS_2009_Bericht_Text.pdf）.「義務型」は「統制型」「拘束型」、「自由型」は「開放型」「開かれた」など、多様な訳が当てられているが、ここでは学校を設置・運営する側の視点からみて、「義務型」「自由型」という訳語をあてた。
16）Vgl. BMBF: INVESTITIONSPROGRAMM „ZUKUNFT BILDUNG UND BETREUUNG" Ganztagsschulen. Zeit für mehr, 2007.（http://www.bmbf.de/pub/ganztagsschulen-zeit_fuer_mehr.pdf）
17）Sekretariat der Ständigen Konferenz der Kultusminister der Länder in der Bundesrepublik Deutschland: Bericht über die allgemein bildenden Schulen in Ganztagsform in den Ländern in der Bundesrepublik Deutschland-2002 bis 2004−, 2006.（http://www.kmk.org/fileadmin/pdf/Statistik/GTS_2004.pdf） および Sekretariat der Ständigen Konferenz der Kultusminister der Länder in der Bundesrepublik Deutschland: Allgemein bildende Schulen in Ganztagsform in den Ländern in der Bundesrepublik Deutschland-Statistik 2005 bis 2009−, 2011.（http://www.kmk.org/fileadmin/pdf/Statistik/GTS_2009_Bericht_Text.pdf） をもとに筆者が作成。なお、他の資料との関係上、ここでは2009年までの統計を挙げるにとどまっているが、KMKのHP上では、2013年7月5日現在で、2011年までの統計が資料として掲載されている（http://www.kmk.org/fileadmin/pdf/Statistik/GTS_2011_Bericht.pdf）。
18）Ebenda, S. 6.
19）Ebenda, S. 7.
20）連邦教育研究省の終日制学校に関するHPの中の、「プログラム」「IZBBコンパス」を参照のこと。
21）これはあくまで基礎学校に限定した数値であり、中等教育学校に目を向ければ、設置数・割合の関係が逆転している州も多い。

なお、本章で略記した州の名称は次のとおりである。

BW 州：バーデン・ヴュルテンベルク州、BY 州：バイエルン州、BE 州：ベルリン州、BB 州：ブランデンブルク州、HB 州：ブレーメン州、HH 州：ハンブルク州、HE 州：ヘッセン州、MV 州：メクレンブルク・フォアポンメルン州、NI 州：ニーダーザクセン州、NW 州：ノルトライン・ヴェストファーレン州、RP 州：ラインラント・プファルツ州、SL 州：ザールラント州、SN 州：ザクセン州、ST 州：ザクセン・アンハルト州、SH 州：シュレスヴィヒ・ホルシュタイン州、TH 州：テューリンゲン州。

22) Vgl. Karkow, C./Kühnel, B.: *Das Berliner Modell. Qualitätskriterien im Early-Excellence-Ansatz. PFH-Beiträge zur pädagogischen Arbeit 13,* Dohrmann Verlag, Berlin, 2008.

23) Wegner, B./Bellin, N./Tamke, F.: Ganztagsschule in Deutschland, In: Merkens, H./S.-Lenzen, A./Kuper, H.（Hrsg.）: *Ganztagsorganisation im Grundschulbereich,* WaxmannVerlang, Münster, 2009, S. 24-27. を参考にしながら、Sekretariat der Ständigen Konferenz…, 2006, 2011. および連邦教育研究省 HP（http://www.ganztagsschulen.org/112.php）をもとに筆者が作成。

24) Vgl. Böger, K.: *Ganztagsschule - Schule als Lern- und Lebensort,* Berlin macht ganztags Schule, Präsentation zur Pressekonferenz am 02.04.2004.（http://www.ganztagsschulen.org/_downloads/Berlinmachtganztagsschule.pdf）

25) Vgl. Bellin, N./Tamke, F.: Ganztagsschule in Berlin, In: Merkens, H./ S.-Lenzen, A./Kuper, H.（Hrsg.）: *Ganztagsorganisation im Grundschulbereich,* Waxmann Verlag, Münster, 2009, S. 101.

26) Senatsverwaltung für Bildung, Wissenschaft und Forschung (Hrsg.): Schulgesetz für Berlin, ²2010, 2004, S. 26-28.（http://www.berlin.de/imperia/md/content/sen-bildung/rechtsvorschriften/schulgesetz.pdf?start&ts=1303211502&file=schulgesetz.pdf）

27) ベルリン州文部省の終日制学校に関する HP を参照のこと（http://www.berlin.de/sen/bildung/berlin_macht_ganztags_schule/index.html）。そこでは、「リズム化」や「教育者」の役割に重点を置いた紹介がなされている。なお、教育者の役割については百々康治、前掲論文、2010 年に詳しい。

28) シュテルンベルク基礎学校の HP（http://www.sternberg-schule.de/）などを参照。

29）なお、ベルリン州の学習指導要領と同校の学校カリキュラムおよび授業との関連については、吉田成章「コンピテンシーモデルに基づくカリキュラム改革と授業実践―ドイツにおける諸州共同版学習指導要領を中心に―」『広島大学大学院教育学研究科紀要　第三部（教育人間科学関連領域）』第59号、2010年を参照のこと。
30）Vgl. Brode, J. u.a.: *Schulprogramm der Sternberg-Grundschule*, 2009, S. 11. (http://www. sternberg-schule.de/IMG/pdf/Sternberg-Schule_Schulprogramm_ 2009.pdf)
31）この取り組みについては、Karkow, C./ Kühnel, B., a.a.O. に詳しい。
32）Vgl. Das Konsortium der Studie zur Entwicklung von Ganztagsschulen (Hrsg.): *Ganztagsschule. Entwicklung und Wirkungen. Ergebnisse der Studie zur Entwicklung von Ganztagsschulen 2005－2010－*, 2010, S. 14. (http://www.ganztagsschulen.org/_downloads/Ergebnisbroschuere_StEG_2010-11-11.pdf)
33）Ebenda, S. 9.
34）たとえば、Bettmer, F./Maykus, S./Prüß, F./Richter, A. (Hrsg.): *Ganztagsschule als Forschungsfeld. Theoretische Klärungen, Forschungsdesigns und Konsequenzen für die Praxisentwicklung*, VS Verlag, Wiesbaden, 2007. などを参照。
35）Menke, S.: Qualitätsstandards für Ganztagsschulen -ein Bundesländervergleich, In: Kamski, I./ Holtappels, H. G./ Schnetzer, T. (Hrsg.): *Qualität von Ganztagsschule. Konzepte und Orientierungen für die Praxis*, Waxmann Verlag, Münster, 2009, S. 42－52.
36）Wegner, B. u.a., a.a.O., S. 21.　なお、傍点部分は原文斜体。
37）学級担任から懇意に見せていただいたものであるため、公表は控えたい。
38）移民背景のある子どもを滞在している国の文化・経済にどれだけ同化させるか自体の是非は議論されるべきであり、この点ではドイツも日本も事情は異なるにせよ、同じ構図の問題をはらんでいる。

# 第 5 章

## 「PISA ショック」後の芸術教育の行方

　PISA と芸術教育[1] と聞いて首を傾げる人は少なくないだろう。PISA 後の先進工業国における教育政策の動向を考えるとき、その間にどのような具体的なつながりがあるのかを把握するのは、必ずしも容易ではないかもしれない。しかし、ドイツではいわゆる「PISA ショック」を受けて、意外にも芸術教育・美術教育の分野における議論がかつてなく活性化してきた。しかも、それは単に教育改革をめぐる一連の過程で取り沙汰されるようになってきた各教科のスタンダード化というテーマを超え、教科としての存続をかけてその存在理由を問い直すような包括的な議論の様相を呈している[2]。だからこそ、それはおそらく単にドイツの特殊事情であることを越えて、現代の芸術教育が抱える本質的かつ普遍的な問題に触れている可能性があると考えられる。そこで、本論では、その論争の展開を追いかけつつ、そこに現代の芸術教育が直面している状況を再認識し、かつ、そこでの課題を整理することをとおして新たな可能性への糸口をみいだすことを試みる。なお、ここで扱われるテーマは、当然のことながらドイツにおける教授学の歴史的伝統、芸術教育についての歴史的ディスクールに始まり、現代ドイツの社会的問題、教育政策の現状から芸術の展開の理解に至るまで、きわめて広範な領域を背後にして成り立っている。それゆえどの領域にも十分な目配りをし、漏れのない描写をすることは、もとより筆者の力の及ぶところではない。したがって、ここでの報告と分析は、あくまで限られた視野のなかでのものにとどまらざるをえないことをあらかじめお断りしておきたい。

## 1　PISA に対する当初の反応

　周知のように2000年の第1回PISAで調査対象となったのは、「読解」「数学」「科学」の3つであって、芸術分野と直接的にかかわるものはない。しかも、そのさいのドイツ語版の報告書をみる限り、芸術教育に関する言及はほとんどない[3]。それにもかかわらず、当初はある期待感をもって受け止められていた向きがある。PISAをきっかけに世間の関心があらためて教育に向けられることで「子どもたちや若者たちが、彼らの、そしてわれわれの将来と現在を、生産的な仕方でこなし、つくりあげていく上で本当に必要とされる能力についての社会全体におよぶディスクール」[4]がいよいよ本格的に形成されてくるのではないか、という期待である。しかし、その後の議論は、そうした一部の関係者の想いとは裏腹に、ある種の短絡に終始する。政界やマスコミを中心に展開された国や州の教育政策をめぐるヒステリックで横滑りな論争がそれである。その結果、《生》の全体性を視野に入れた新しい教育理念と「よりよい教育によって若者たちの生存の可能性を高める」努力の代わりに、もっぱら次のテストでいかによい結果を残すかということばかりに議論が集中し、ひいては学校教育の課題そのものを歪曲する方向に話が流れていってしまう[5]。こうした展開は、わが国にとっても決して無縁ではないはずだ[6]。こうしたなか、2002年以降、芸術教育・美術教育の分野では、次第に反発の姿勢が明確になってくる。その直接の要因になったのは、教育行政の議論のなかで次第に明確になってきたスタンダード化を推進しようとする動向であった。

## 2　スタンダード化をめぐって

　教育科目のスタンダード化については、2002年5月の各州文部大臣会議[7]の議決によって新たな教育改革の鍵となることが明確になる。翌年12月の同会議の議決では、2004年・2005年度の教育課程において、ドイツ語、数

学ならびに第一外国語の領域において適用することとされ、2004年の議決では、さらに生物、化学、物理にも及ぶものとされた。そのさいのワーキング・ペーパーでは、それを越えてその他の教科でも導入されるべきかどうかは不問のままにされていたものの、諸委員会においてはすでにそれ以外の教科に対してもスタンダードを開発することが検討されている[8]。こうした中で、2005年、雑誌『芸術と授業』第295号でのフーベルト・ゾーヴァとマーティン・チュルヒらの論争を皮切りに、芸術教育・美術教育の領域においてもスタンダードの賛否両論をめぐって、本格的な議論が展開されるようになる[9]。それは、さらに同年3月にライプチッヒで開催された美術教育学者による会議「人間・芸術・教育」でもなかば話題を独占する。そして、そこで深められた議論の成果は、2006年700頁余にもなる浩瀚な論文集『一般教育のプロジェクトとしての芸術教育』となって結実する[10]。では、論争の焦点はどこにあったのだろうか。まず、導入にあたってそのポイントを整理してみよう。

### （1）教育の経済主義化に抗して

今日流の教育スタンダードは、80年代末のイギリスで時のサッチャー政権とその後に続いた新労働者党政権による教育改革の一貫として導入された、《アウトプット》を中心に考えた教育方法がその始まりであるとされる。学習終了時までに獲得されるべき基本的な知識と能力をあらかじめ規定し明記することで、教育の実質を保証していこうという意図が何よりもまずその根底にある。加えて、教育成果・卒業資格の比較可能性、教育チャンスの公平さ、さらには学校サイドに教育内容について釈明の責任を与えることや、個々の学ぶ者の自主責任の強化などといった要素も盛り込まれている[11]。

それ自体比較的好感をもって受け止められている教育内容のスタンダード化ではあるが、そのあからさまな指向性のゆえに、経済的・政治的イデオロギー批判の矢面に立たされることは避けがたい。今となっては旧聞に属し、いささか退屈な紋切り型の感も否めないではないが、教育活動の経済主義化に対する批判はそれでもなお重要性を失ってはいない。たとえばチュルヒ、

ヨッヘン・クラウツ、マーティン・プファイファーは、スタンダード化をめぐる議論とPISAとの間に直接的な因果関係を指摘し、そこに「効率」と「質」の同一化の論理を梃子にした経済主義、わけてもネオ・リベラリズムによる教育活動の侵食をみて取っている。こうして、人間像の「ホモ・エコノミクス」への歪曲が指弾される[12]。教育という営みが、そもそもそれぞれの時代における人間像にかかわるものだとするならば、この議論は、その最も根本的な問題に抵触するものとしてみなされなければならない。それだけではない。スタンダード化をめぐる議論は、たびたびその弊害が取り沙汰されている現行の三線型の教育システムに手をつけることなく温存することを前提になされており、それゆえ、むしろ抜本的な教育改革を妨げることに結びつく[13]。これはドイツの教育改革の文脈ではとりわけ大きな問題である。スタンダード化をベースになされる教育改革の議論は、だから目下焦燥の課題である教育の機会均等の改善にはつながらない。そればかりか、逆に《勝者―敗者》という図式を一層先鋭化させることにすらなる[14]。余談だが、パリにあるOECD本部でPISA・プログラムのコーディネイターを務め、その事実上の《生みの親》とみなされている人物にアンドレアス・シュライヒャー（Schleicher, A.）がいる。《ミスター・ピサ》の異名を持つシュライヒャーだが、ドイツに関していえば、PISAが上記のようなドイツにおける閉塞した教育制度の構造的な問題に働きかける契機となることを切に望んでいた[15]。そのことにも顕著なように、ドイツにおける教育制度の社会的不平等という現実を前にするとき、この成り行きに対する教育関係者の落胆は想像するに難くない。しかし、的を射た批判ではあっても、形式的なイデオロギー批判に終始している限りにおいては、教育学の立場からの実質的な抗議にはなりえない。ここに教育理念の内からの批判が要請されることになる。

## （2）スタンダード化の彼岸としての《美的なもの》とその可能性

カール・ヨーゼフ・パッツィーニが指摘してもいるように、教育活動全般のスタンダード化という発想はたしかに《一元化＝一義化》の思考の顕現であろう[16]。パッツィーニによれば、それは、現代の社会のなかで止めどなく

進展する個人化[17]の傾向に対する「緊急措置」のようなものである。つまり、補償行為というわけだ。しかし《共同のもの》をつくり出そうと焦るあまり、かえっていかなる過剰も逸脱も許さないきわめてリゴリスティックな状況が産み出されようとしているようにみえる[18]。そうした潮流のなかで、プロセス重視で、多義性を積極的に容認し、必ずしもアウトプット自体に重点をおかないことを標榜する教科が苦しい立場を強いられることになったとしても不思議はない。実際、チュルヒラの批判も、スタンダード化が個々の教科の特殊性を考慮することなく押し通されてしまうのではないかという危惧にもとをたどる[19]。もしそうなれば、規範を満たすことよりも、むしろ個々の生徒の自律的な活動の促進に重点を置く芸術教科にとって、スタンダード化はかえって致命的な障害となりかねない[20]。とりわけ、「芸術の授業が持つ創造的な行動の余地と実験的な［試みを許容する要素の］取り分」[21]［補：筆者］が著しく制限されるおそれがある。こうした動向のなかで、芸術教育のあり方とその存在理由があらためて根底から問い直されることになる。では、どのような論理ならこのような時代にあってなお芸術教育を擁護しうるのであろうか。そのさいの議論の典型的なあり方として、今いちど「ビルドゥンク（Bildung）」という概念に立ち返り、それを梃子にあらためて現状を批判するというものがある。ここで2つの論考を取り上げてみたい。

　ドイツ語の「ビルドゥンク」という言葉は教育学の最重要概念の一つだが、非常に日本語に訳しづらいことで知られる。これまでしばしば「教養」であるとか「陶冶」という言葉でもって訳されてきた。カーリン・ゾフィー・リヒター＝ライヒェンバッハにとって、それは自分で考え、判断し、自らの行動を決定できるような能力を備えた自律的な主体の形成のことにほかならない。そのさい、その前提となるのは、自己意識であり自己認識である。その十全な発展と育成のためには、しかし多様な能力がトータルに養われていなくてはならない。つまり本来の意味での「全人」教育が必要になる。それをとおして自己のアイデンティティー、わけても自己の価値に対する自覚的な意識が強化されていくのでなければならない。こうした観点からリヒター＝ライヒェンバッハは、PISAの問題や、2002年4月にエアフルトのギムナジ

ウムで起こった元生徒による通り魔事件[22]をも射程に含めつつ、近年の動向の包括的な批判を試みる[23]。とりわけ PISA に関して、まずそこでは「社会的・倫理的・美的な能力」という本来の教育の営みにとって切実な課題であるテーマがまったく取り上げられていないことが指摘される。人間の諸能力トータルな育成を指向した解放的な陶冶・教育の理念は、はじめから省みられていない。この点に関してリヒター゠ライヒェンバッハの論旨はチュルヒらのものと根本的に変わるものではない。ここで、リヒター゠ライヒェンバッハは、現代社会の状況分析をもとに文化批判へと移っていく。社会や生活環境の変容の帰結として生じてきた問題として、とりわけ感覚的な知覚能力の不十分な発達や日々の生活におけるクオリティーの喪失、信憑性のあるオリジナルな経験の欠如などが引き合いに出されるが、リヒター゠ライヒェンバッハはそれらをさらに現在の若者の他律的な生き方、無力感、諦観、将来への不安などの傾向と結びつけてとらえようとする。こうして、人間の生活環境の近代化に伴う《負の遺産》を指摘した上で、その弊害を和らげるべく、より包括的な人間性を射程に入れた教育活動としての芸術教育を擁護しようとする議論が展開されていく。いささかペシミスティックで《本来性の神話》が透けてみえる疎外論だが、根本的にはシラーの『美的教育論』以来、ことあるごとに反復されてきたオーソドックスな論展開の一つだといえる[24]。そこでは「美的な行為、経験、反省」がアイデンティティーの形成を促進し、自己決定に基づいて《生》を作り上げていける能力を養いうる場・機会としてクローズアップされる。

　さて、リヒター゠ライヒェンバッハの論の特徴は、こうした「美的な生産プロセスの助けによる（時代の負の遺産に対する）拮抗作用」としての芸術教育を「教育学的芸術療法（Pädagogische Kunsttherapie）」[25]としてみなそうとするところにある。この観点からすれば、子どもたちを「自己へと導くこと」[26]が芸術教育の課題であって、決して芸術それ自体ではありえない。つまり「芸術への教育」ではない。当然それは芸術によって根拠づけられるものではなく、あくまで主体の「美的経験」から考えられていかなければならない。このように、リヒター゠ライヒェンバッハは、美的なものと取り組むことが

持つ「自己形成」作用を、あくまで主観的な規定性のなかにみて取る一方、いわば現代社会からの《癒し》としての芸術教育の側面を強調する。ここでリヒター゠ライヒェンバッハが自らのポジションを際立たせるべく批判対象として念頭においているのが、かつて1970年代以降ドイツの芸術教育をめぐるディスクールに大きな影響力を及ぼしてきたグンター・オットーである。その同時代芸術への指向ばかりでなく、芸術の教授・学習可能性の確信に根ざした教授理論は、決してスタンダード化しえず、はかることも教えることもできない主観的な要素を美的なものから奪う傾向を助長したと論難される[27]。しかし、逆にそうした批判とは裏腹にリヒター゠ライヒェンバッハのような議論の難点も明白になってくるように思われる。それは文化伝達の場・機会としての芸術教育の側面を無視するもので、むしろその矮小化につながる可能性が否めない。

　芸術教育の特殊性を擁護すべくスタンダード化に反対する議論として、今ひとつヴォルフガング・レーグラーの論考に触れておきたい。リヒター゠ライヒェンバッハ同様、レーグラーも歴史を振り返るところから議論を立ち上げている。啓蒙主義以来、教育学の営みは「個人」の発達ということにとりわけ重点を置いてきた。19世紀末以降展開されていく芸術教育運動をはじめとする一連の改革教育運動は、子どもを教育プロセスの主体として明記することでこうしたポジションをさらに先鋭化させていった。スタンダード化をめぐる議論は、まさにこの伝統に対峙するものとして理解される。さて、芸術を対象として扱う教科がその教育的意義を主張するにあたってその論拠の一つとなるものに芸術表現の多様性があるが、それと並んでレーグラーは芸術がその内に本質的なものとしてもっているとされる、「これまでかつてそうはみられてこなかった、いわれてはこなかったものに、常に新しい表現方法をみつけ出す能力（Fähigkeit）」[28]を挙げる。ここでレーグラーもまた芸術教育のそもそもの意義を確認するべくシラーの『美的教育論』に立ち返る。そして、美的な教育プロセスがあくまで「主体としての人間」を真剣に受け止めることから始まるものであることに念を押した上で、あらためてそのロジックに注意を喚起する。感性と悟性のバランス、すなわち感性的な諸力と

知性的な諸力のバランスが保たれている状態は「反省」を可能にするが、まさにそのことによって「われわれにとってとっくに知られているように思われるものすら、新しくみる」[29]ことが可能になる。「われわれになじみのものを再三新しい文脈においてみせてくれる芸術は、だから美的経験の訓練の場」[30]なのである。ところで、シラーにしたがうなら、美とは、ある種の「無規定性（Bestimmungslosigkeit）」[31]の状態であり、それ自体ではいかなる真理をもたらすものではなく、また何らかの義務を果たすことを手助けしてくれるものでもないが、そうであるゆえにそれは「自由の前提」なのである。というのも、このいかなる目的にもつながれていない無規定性状態こそが、物事を新たに規定することを可能にし、われわれを新しいものに対してオープンにしてくれるからである。こういうわけで、芸術の「無目的性」と「あらかじめ明記された学習目的に制限されることのない美的諸経験の開放性」は、美的教育の成立条件であるのみならず、それが教育の主要な用件であることを説明するものなのである[32]。この立場に立つとき、アウトプット型の教育スタンダードは単に芸術教育を教育の副次的な問題に貶めるのみならず、教育活動のそもそもの根本的な意味を危うくする発想だということになる。こうした視点からレーグラーは、芸術教育の既存の内容の一定度のスタンダード化の可能性を考慮に入れた上で、むしろ *Opportunity-to-learn-standards*、つまりインプットとプロセスに重点を置いたスタンダードへの道を示唆する[33]。そうすることで、リヒター゠ライヒェンバッハの場合のように芸術教育が主観主義的な矮小化に陥る危険性をも回避できているように思われる。

　ここで、リヒター゠ライヒェンバッハとレーグラーをことさら論じたのはほかでもない。彼らの議論が、PISA以降の教育改革の論争において伝統的な陶冶概念からの逸脱を批判し、美的なものとかかわる活動がもつスタンダード化しえない力の育成に立脚することで芸術教育を擁護し、その存在意義を正当化する議論の典型であるように思われるからだ。そのさい、リヒター゠ライヒェンバッハが計測可能性といった皮相な合理主義的な思考に対するアンチ・テーゼないしカウンター・バランスとして芸術教育を提示し続けるのに対し、レーグラーの場合、いかなるスタンダード化も認めない硬直したス

タンスは取らず、なお結果に対する規定をオープンなままにした教育活動としての芸術教育のあり方を可能な限り保持しようとしている。

## (3) スタンダード化肯定論

しかし、実はスタンダード化をめぐる議論を十把一絡げに目の敵にしようとするような態度の方が逆にイデオロギーに駆られた過剰反応なのではないだろうか。そんな批判もある。たとえば、前出のゾーヴァは、2005年の論考のなかでそうしたポジションを明確にする。たしかに昨今、社会のあらゆる領域に及んできている「経済化」の悪弊には目に余るものがある。効率性や評価可能性といった発想が社会のさまざまな制度に浸透し、教育の領域においても、もっぱらその社会的な利用価値が強調されるあまり、軒並み精神科学的な分野、わけても芸術教科が苦しい立場に立たされることになる。ゾーヴァはそうした現状には遺憾の念を禁じえないとしながらも、だからといって現代のそうした支配的な動向に対して、理性や人文主義を掲げ、反体制的なイデオロギー批判で臨むというのは、あまりに無力であり、実質的に得るところがないとみている。こうした時代にあって芸術教育が意味ある仕方で生き残るためには、むしろ逆にこれまでこの分野を支配してきた疑わしいイデオロギーに対して、「自己批判」こそまずもってなされるべきことだというのである。そのさい、ここで挙げられているイデオロギーとはとりわけ、1)「想像力」や「創造性」の過大評価、2) 手堅い内実を犠牲にして促進される過剰な「主観主義」、わけても「美的な経験」に対する買いかぶり、3) 社会的・技術的・機能的な要素に対する「ミューズ」的なものの偏重、4) 結果や成果をないがしろにした活動プロセスの過度の強調、5) 歴史的・社会的な責任を無視した現代芸術の動向に対する無批判な追随の傾向などである。芸術教科にもそれぞれ独自の内容というものがあり、美術教育についても、欠かすことのできない、かつ客観的にも確かめうる「造形的コンピテンシー（Gestalterische Kompetenzen）」や「画像やメディアに関するコンピテンシー（Bild- und Medienkompetenzen）」はあるはずである。したがって芸術教育が一般教育を構成する不可欠な分野であるというならば、上記の内容をもとに

したスタンダード化は、むしろ必要である[34]。

　上述の2006年の論文集のなかでも、ゾーヴァはディートリッヒ・グリューネヴァルトとともに、ライプチッヒ会議での討議に総括的な批判を加えながら、さらにこのポジションを先鋭化させている。同会議でも「実行可能なもの」[35]についてはいささかも議論されることがなかったと指摘されているが、それはゾーヴァらにとってみれば、実践に根ざした教科内容に対するコンセンサス、合意の基盤がないことの証左にほかならない。何かあるものを描いたり、造ったりするにも、ある一定の能力は必要で、そうしたテクニックないし手工芸的な予備知識や基礎なしには成り立たない。したがってそのための方法論的な対応もおのずと必要になる。たしかに、問題とされる能力がより高度になればなるほど、それらを方法論的に学習するのが困難になるということはあるにしても、基礎的な造形能力、手工芸的な能力は方法的に伝達可能である。それゆえ芸術教育においても段階的に設定されたスタンダードについては語りうるのでなくてはならない。また、それに付随して、学習内容の評価も可能である[36]。つまり、ゾーヴァらにとってみれば、現行の芸術教育は、教科としての実際的な内実を確保する努力を忘れ、ポストモダン的な恣意性のなか、収拾のつかないある種のアナーキズムに陥っている。だからこそ、実践で得られた範例をもとに内実を伴ったスタンダード化の議論を導入するように努められなければならない。それ自体もっともな議論である。たしかに、もっぱら「育む」立場に立って芸術教育を考えるにせよ、それが学校教育の一貫として行われる以上、すなわち法的な実行力を背景に、制度のなかで営まれる以上[37]、システムや方法論なしに行うことはできない。もしそれでもなされるとすれば、それは無責任である。また、「画像（Bild）」を産み出す能力や受容する能力を育むといった場合にも、留意されていなければならないことがそのつどある。ゾーヴァらの論考のなかで正当にも指摘されているとおり、人間社会において画像というものがもつ機能はきわめて複雑なものであり、単に人間に備わっている自然的な能力を越えていくものである。したがって、そういうものとして学ばれなければならない側面が必ずある[38]。つまり、それらは文化的・歴史的な産物なのであり、それゆえ、

学ぶことをとおして習得されなければならない部分がどうしても出てくる。こうした認識に立ってゾーヴァらは、まず「ベーシック・コンピテンシー (Basiskompetenzen)」について質的にも量的にも評価・判断が可能な領域や内容とそうでないものを明確に区分することから始めることを提案する[39]。「芸術教育が美的体験や芸術的自己感情のとりとめもない単なるインスピレーションの儀礼以上のものでありたいのなら」、芸術教育はこうでしかないというようなホーリスティックな議論を避け、より構築的な理解がはかられなければならない[40]。

たしかに、ゾーヴァらが主張するような教科固有の能力を規定するという議論は現実的であり傾聴に値する話であろう。しかし、芸術教育が果たすべき課題をどう規定するかは、もっぱら解釈学的な視点から、これまでの教科としての歴史の厚みと伝統を信頼しつつ語るか、あるいはむしろ同時代の文化や芸術の動向を配慮して、よりアクチュアルな内実を実現しようと考えるかによってかなり違ってくるように思われる。それゆえ、この論争と半ば平行するような仕方で、新たなパラダイムを唱える議論が浮上してきたとしても決して不思議はない。

## 3 パラダイムの転換に向けて
### ―「美的教育」か「芸術的陶冶」か―

当然のことながら、同時代の芸術や文化の動向、それらについての理解が時代によって変容してくるものである以上、それはおのずと芸術教育の自己理解にも影響を及ぼすことになる。かつて1960年代の後半にアドルノは「芸術にかんすることで自明なことは、もはや何一つないことが自明になった。芸術のうちにおいても、芸術と全体との関係においても、もはや何一つ自明でないばかりか、芸術の存在権すら自明ではないことが」[41]と書いたが、それから約40年後の現在、その状況ははるかに混迷を極めたものになっているように思われる。そんななかで、芸術教育がいわんとする「芸術」の内容がそもそも何であるかという問いに答えることは、関係者の間ですらはなはだ困難であるばかりでなく、むしろわずかなコンセンサスを得るにも苦労

しかねないのが現状であろう。あてどなく多様化・多元化していくようにみえる現代美術の動向一つをとっても、それは容易に俯瞰し、議論できるようなものではなくなってしまっている。たとえば、今日、現代美術の最も名高い祭典としてあり、飛躍的な観客動員数の伸びを記録している「ドクメンタ（documenta）」、わけても2002年や2007年のものだけをみても、そのことはうなずける。その表現内容および表現手段や方法の限りなく多様なあり方のなかに、何か共通の芸術言語や造形的基礎を探すのは、どこかむなしい試みといわざるをえない。その意味で上述のゾーヴァらの議論は、そうした同時代の芸術のアクチュアルな展開に意識的に若干距離を置き、むしろ文化的・社会的蓄積としての芸術を強調しようとするものであり、当然異論のある立場だといわなければならない。さらに、隈無くデザイン化されたメディアの世界はいうまでもなく、日常生活の隅々にいたるまで美的な意匠がほどこされた製品が入り込み、もはやどんな些細なものも美的な要素なしには存在しえなくなっている、いわゆる生活環境の「審美化（Ästhetisierung）」[42]という現象が指摘されるようになって久しいが、そんななかで芸術と表象・視覚文化、造形文化の関係をどうとらえるのか、相互にどう位置づけて把握するのかという問いとなると、事は一層複雑を極めることになるであろう。しかし、この問題とかかわることを芸術教育は避けてとおれない。

　話を少しもとに戻すことにしよう。周知のように、連邦制をとるドイツでは、教育政策はそれぞれの州の管轄となっており、したがって指導要領も州ごとに異なる。美術教育に関する科目の名称もさまざまで、「芸術教育」「芸術」「造形芸術」などと呼ばれていることが多い。もちろん時間数もまちまちである[43]。そればかりではない。ドイツの文脈では、そもそも教育学の一領域内としてそれらにどういう名称を与えるかということ自体、それだけですでに一つの立場表明になってしまう。たとえば、「芸術教育（Kunsterziehung）」なのか「美的教育（Ästhetische Erziehung）」[44]なのか、はたまた「美的陶冶（Ästhetische Bildung）」[45]なのか、といった具合にである。先にもふれたように、かつてオットーは「美的教育」という名称の下、同時代の芸術を大幅に授業内容に取り込み、「合理的な授業としての芸術教育」と

いうキーワードの下、芸術の教授可能性・授業の計画可能性という理念・確信をベースに独自の教授理論を築き、1970年代以降芸術教育の実践とディスクールに大きな影響力を与えてきた。1980年代半ば以降になると、オットーはさらに哲学者ヴォルフガング・ヴェルシュ（Welsch, W.）の美学理論やマーティン・ゼールの《美的合理性（Ästhetische Rationalität）》の理論に依拠しつつ、「美的経験」をテーマに、もはや狭義での「芸術」に拘泥しない「美的教育」論を標榜するようになる。こうして、オットーの美的教育論は、旧来の美術教育、造形教育の枠組みを大きく越え出る展開をみせる[46]。ヴェルシュは、芸術哲学に関する議論をもっぱらとしてきた旧来の美学に対し、時代のアクチュアルな美的現象に対応すべく、《感性論》、すなわち感性的認識の学としての美学という原点に立ち返ることで美学の刷新をはかることに努めてきた現代ドイツの著名な哲学者の一人である[47]。その意味で、オットーの取り組みは、変わりゆく時代の要請に応えようとする芸術教育サイドの努力として受け止めることができる。ここで立ち入って論じる余裕はないが、ことに1990年代以降のオットーの理論的成果は今なおそのアクチュアリティーを失っていないように思われる。しかし、1999年のオットーの死後、それでも次第にそのパラダイムの限界が語られるようになってきた。とりわけ、一連のPISA後の論争のなかで、そうした議論は一挙に表面化してくる。もちろん、旧来のパラダイムに対する批判は、先にふれたリヒター＝ライヒェンバッハやゾーヴァにもみられるように決して一方向からだけではない。とはいえ、そうしたなかで動向としてある程度まとまったものに、次に挙げる「芸術的陶冶（Künstlerische Bildung）」[48]という立場がある。

　このポジションについては、2001年に出版された論集『芸術的陶冶のパースペクティブ』[49]に続き、2003年のカールスルーエにおけるシンポジウムを契機に、その成果が大部のカタログ論文集『ピサ以降の芸術的陶冶』として上梓されている[50]。ヨアヒム・ケッテルによる同名の巻頭論文は、カール・ペーター・ブッシュキューレやギュンター・レーゲルらをはじめとする主要な論者の主張を要約するものとなっているので、ここではひとまずそれを手がかりに論を進めていきたい。レーゲルを別とすれば、担い手の多くが

いずれも若手の研究者であることがまず目につく。カタログのタイトルにも明らかなように、そして上記の論文のなかでケッテル自身が認めてもいるように、この動向の背後にはPISAによって喚起された社会的問題の広がりがある[51]。

しかし、それにしてもなぜ「《芸術的》陶冶」なのだろうか。つまり、なぜ《美的なもの》ではいけないのだろうか。以下においてそのことを明らかにしていきたい。

刷新運動の常として、ここでもまずこれまでの支配的な潮流と一線を画すことがはかられる。その一つは先のオットーの「美的教育」であり、もう一つは、かつてそのオットーと激しい論争を繰り広げたこともあるゲルト・ゼレ（Selle, G.）の「美的陶冶」というコンセプトである[52]。ケッテルによれば、それらの問題はとりわけ以下の点にある。オットーのポジションが芸術教育の知的な側面を強調し、解釈過程に重きを置くあまり、実際の芸術的行為のプロセスにおいて十分な経験を積むような配慮ができていないのに対し、ゼレの場合には、逆に芸術の主観的な経験に重きを置き過ぎてしまい、その知的な側面が削られてしまうことになるという[53]。オットーが《美的なもの》を強調することで「芸術」という言葉から距離を取っていったのに対し、その論敵だったゼレはむしろ「より芸術に近い」教育を訴えた。にもかかわらず、そのゼレも《美的なもの》に力点を置いて「芸術」を語っており、その点で両者には選ぶところがない[54]。ケッテルによれば、PISAでのドイツの不振を機にこうした旧来の芸術教育のパラダイムの行き詰まりも露呈することになったという[55]。こうした1990年代の潮流にいち早く表立って異を唱えたのはレーゲルだった。1999年に発表された論難書「美的教育、そして／あるいは芸術的陶冶」[56]がその嚆矢となる。そこでの論点をかいつまんでいえば、およそ次のとおりである。レーゲルが念頭に置いていたのはとりわけオットーの理論である。「現実の経験と意味の知覚を授業をとおして促していくにはどうすればいいのか」[57]という問いにかつてオットーは美的教育の課題を要約してみせたが、その際オットーは、ゼーレの理論に依拠しつつ、芸術をさまざまな美的な現象の一部として位置づけ[58]、現代の視覚・造形文

化をより包括的にとらえることによって教科内容の拡大とアクチュアル化をはかろうとした。しかし、レーゲルは、むしろこのことのなかにいくつかの致命的な問題をみて取る。レーゲルによれば、何よりそれは芸術概念の矮小化にほかならない。レーゲルにとって、芸術的活動は、制作的側面だけでなく、同時に受容的・美的側面をもその内に含んでおり、その意味で《芸術的なもの》は《美的なもの》以上に包括的なものであると主張される[59]。行為は、それ自体ですでに認識を内に宿しているという洞察がこのスタンスの根底にはあるように思われる。こうした視点からの制作的活動の強調は、同様にブッシュキューレの論考のなかにもみられる。そこでは、「芸術的思考」という概念がヴェルシュの唱える「感性的思考」に対置され、美的現象の単なる批判的認識に満足することなく、作品をとおしてそうした認識を表現するパフォーマティブなあり方の教育的意義が説かれている[60]。レーゲルによれば、オットーの理論では、さらに芸術に対する既存の価値評価への拠り掛かりの強さから、近年の現代芸術ばかりか、西洋以外の芸術原理への配慮が抜け落ちているとされる。わけても芸術的なものと美的なものを同一視することから来る帰結として「教科特有の芸術的なもの」と「教科を越えてあるプロセス」との消しがたい「差異」が安易に払拭されていることが指摘される。こうしてレーゲルは、オットーの「美的教育」のパラダイムでは総じて《芸術固有のもの》、芸術経験独特のロジックが十分に考慮されていないと指弾するに至る[61]。

　こうしたなか、レーゲルの批判に賛同するかたちで「芸術の立場からとらえた芸術教授学」[62]を標榜する者たちが出てくる。それは、オットーがあくまで「教育科学からみた芸術の授業」[63]という立場を堅持しようとしたのと対照的である。ケッテルらは、むしろ同時代の芸術の可能性を汲み尽くす方向で、すなわちその考え方や指向性、方法を積極的に芸術教育に取り込むことで教科の刷新をはかろうと試みる。そこでは、近年における芸術活動やその自己理解の変化を考慮に入れるばかりでなく、芸術を、政治や経済、教育などのアクチュアルな問題やそのディスクールと意識的にミックスさせていく「同時代の諸芸術のストラテジー」を活用することが要請される[64]。ケッ

テルによれば、従来の芸術教育のコンセプトは、総じて形式美学的なもの、歴史的な対象に偏っており、そこでは「理解」や「経験」といったキーワードに顕著なように、主体と授業対象が分離されてあることを前提に成り立っていることが多かった。それに対しケッテルらは、むしろ「造形（Gestaltung）」を中心に置き、制作活動を中心に上記のような区別の乗り越えをはかろうとする[65]。芸術的陶冶は、子どもたちを「それぞれが、自立し、実験したり模索しながら自らを言い表すように動機づける」ものでなければならない。すなわち、学習主体は造形する主体として自らに固有のポジションを表現できるようにならなければならないというのである。ここで、こうしたあり方を集約するキーワードとして、ヨーゼフ・ボイスの「拡大された芸術概念（Erweiterter Kunstbegriff）」が引き合いに出される。個々の市民が自覚的かつ創造的に既存の経済や社会システムの変革に参加することを求めた理念である[66]。芸術的活動のプロセスを経るなかで、経験主体たる子どもは《芸術家》になっていかなければならない。とはいえ、そのことでいわゆる芸術家の養成が意図されているわけではない。ここでいわれている《芸術家》とは、「複雑な社会とヘテロな文化にあって、自律した方向感覚を得、自己の人生に対する展望を獲得していけるような能力」[67]を有した人間を示すメタファーである。一言でいうならば、不確定で定まりのない現代社会にあってもなお自己決定能力を持った自律的主体として生き抜いていけるような個人[68]のことである。ケッテルをはじめ、この立場を標榜する論者たちは、いずれも、現代芸術にそうした生き方の体現をみて取っているという点で一致している。専門主義を越えたところで、個々人が（現代）芸術を通して教育されることで、上記のような人間像が実現されていかなければならない。そのためにも、いわば「芸術としての芸術教授」[69]という観点において教科の刷新がはかられなければならないとされる[70]。もちろん、ここには、現代芸術の精神を梃子に、PISAに代表されるネオ・リベラリズムに矮小化された教育イデオロギーを超克しようという意図も含味されている[71]。

　しかし、野心的な議論ではあるものの、ここでの「芸術的陶冶」というポジションが、目下芸術教育が直面している現代の問題や課題に対するトータ

ルな解決を提供するものとはあまり思えない。というのも、オットーらの理論と違い、彼らの議論からは教育現場における実践での具体的な教授方法がみえてこないからである。ブッシュキュールは、現行の芸術教育が依然として 19 世紀の陶冶理念をよりどころとし、また内容や方法に関しては 20 世紀中葉のものに拠り掛かっていることを指摘し、もはや現代の子どもたちの生活の現実にそぐわなくなっていると批判する[72]。それゆえ、教科のあり方について早急かつ根本的な見直しが必要になっているというのは事実であろう。そのさい、現代の時代と社会の変化を見据えたアクチュアルで確かな議論が不可欠であることも言を待たない。しかし、どんなに時代を反映したヴィヴィッドな思想であっても、それを体現する具体的な方法論をもたない限り、やはりゾーヴァが揶揄したようにアナーキズムをもたらすだけではないだろうか。早急なパラダイム・チェンジにこだわり、これまでの教科としての営みとあっさり断絶してしまうようなコンセプトは、教育活動をより大局的に考えるとき、やはり軽はずみのそしりを免れないであろう[73]。

こうして振り返ってみると、PISA を発端にして起こったドイツでの芸術教育をめぐる論争は、はからずも教科としての自己認識と現代の教育制度における存在理由を今いちど根本的に問い直す契機となっていったことがわかる。そして、それは教育理念、教育内容、教育方法それぞれの領域において、この分野の抱える問題の困難さをあらためて浮き彫りにしていくことになる。そこでの個々の議論は、決してそれぞれに完結したものではなく、いずれも課題を開かれたまま残しながら、さらなる議論へと結びついていっているようにみえる。しかし、それは決して否定的にとらえるべきではなく、むしろ容易には見極めがたい時代のなかで、その変化と取り組みながら、それでも何とか自己の存在意義と目標、方法を確立しようとする懸命な知的営みの痕跡としてみるべきではないだろうか。それは同時に、現代の動向に対する芸術教育のサイドからの積極的な応答としても評価されなければならない。芸術教科をとおしてなされる教育が、《近代》のなかで、わけても近代化が社会や文化にもたらすさまざまな問題と取り組みながら発展してきたものであ

る以上、教育理念・教育内容・教育方法を含めて、時代の変容のなかで絶えず自問自答を繰り返しながら、そのつど新たに自己規定をはかるという課題は避けては通れないであろう。むしろ、教科としてのアイデンティティーに対する不安こそ、新たなエネルギーの源となり、創造的なプロセスへとわれわれを導いてきたのではなかっただろうか。その意味で、ドイツでの議論の展開からは、今後も目が離せない。そして、それは決してドイツでだけの問題ではないのである。

（清永修全）

■注
1) 「芸術教育」という概念をここではさしあたり美術教育や造形教育をも含めた包括的な概念として使っていくこととする。
2) Zacharias, W.: Kunst- und Kulturpädagogische Pluralisierungstendenzen. Kulturelle Bildung und Kunstpädagogik: Erweiterte politische Verhältnisse, In: Kirschenmann, J./Schulz, F./Sowa, F. (Hrsg.): *Kunstpädagogik im Projekt der allgemeinen Bildung*, München, 2006, S. 190.
3) Zacharias, W., a.a.O., S. 190.
4) Fuchs, M.: Konzeption kultureller Bildung nach PISA. Einführungsvortrag beim Jugendkunstschultag NRW 2003 am 27.06.2003 in Unna, Remschied (als download auf der website http://www.akademieremscheid.de, Publikation), 2008, S. 3. 同様な発言は以下の論考においてもみられる。Glas, A.: PISA und die kunstpädagogische Legitimations-Praxis, In: *Kunst + Unterricht,* Heft 278, 2003, S. 42.
5) Fuchs, M.: PISA und die Künste. Vortrag zur Eröffnung des Sekundarstufentages der Fachtagung zur ästhetischen Bildung. „Die Nebensache zur Hauptsache machen" der Behörde für Bildung und Sport, Institut für Lehrerbildung, der Hansestadt Hamburg am 12.9.2002, S. 2. (http://www.li-hamburg.de/fix/files/doc/Fuchs.doc　現在閲覧不可)
6) たとえば岩川直樹「学力調査の本質　誤読／誤用されるPISA報告。人生をつくり、社会に参加する力が問われている」『世界』2005年5月号、121-128頁参照。

7) Die Ständige Konferenz der Kultusminister der Länder in der Bundesrepublik Deutschland. 略称 Kultusministerkonferenz. 通称 KMK。
8) Wenrich, R.: Die Bildungsstandards als Instrumente eines Bildungsplanes, In: Universität Leipzig, Institut für Kunstpädagogik (Hrsg.): *Material der Vorkonferenz zur Tagung „MenschKunstBildung"*, Leipzig, 2005, S. 9–10.
9) Zülch, M./Pfeiffer, M.: Qualitätssiegel für ein sperriges Fach? Über institutionalisierte Standards und ihre möglichen Auswirkungen auf den Kunstunterricht, In: Kirschenmann, J./Schulz, F./Sowa, F. (Hrsg.): *Kunstpädagogik im Projekt der allgemeinen Bildung*. München, 2006, S. 314.
10) Kirschenmann, J./Schulz, F./Sowa, H.: Vorwort. In: Kirschenmann, J./Schulz, F./Sowa, F. (Hrsg.): *Kunstpädagogik im Projekt der allgemeinen Bildung*, München, 2006, S. 11–13.
11) Klieme, E.: Bildungsqualität und Standards. Anmerkungen zu einem umstrittenen Begriffspaar, In: *Standards. Unterrichten zwischen Kompetenzen, zentralen Prüfungen und Vergleichsarbeiten*, Friedrich Jahresheft XXII, 2005, S. 6–7. ならびに Wenrich, R.: »Standards« in der Bildung. Problemlage und Begriffsdiskussion, In: Kirschenmann, J./Schulz, F./Sowa, F. (Hrsg.): *Kunstpädagogik im Projekt der allgemeinen Bildung*, München, 2006, S. 278–285.
12) Krautz, J./Pfeiffer, M./Zülch, M.: In Systemfallen verwickelt?, In: *Kunst + Unterricht,* Heft 295, 2005, S. 47.
13) この問題については、わが国でもすでに以下の論考においても指摘されている。久田敏彦「ドイツにおける学力問題と教育改革」大桃敏行／上杉孝實／井ノ口淳三／植田健男編『教育改革の国際比較』ミネルヴァ書房、2007年、35頁参照。
14) Zülch, M./ Pfeiffer, M., a.a.O., S. 316, S. 322–323.
15) その意味で、たとえば2005年2月17日付けのドイツの全国紙『ディ・ツァイト（*DIE ZEIT*）』に載ったシュライヒャーと、各州文部大臣会議でドイツ・サイドのPISAのコーディネイターを務めるマンフレート・プレンツェル（Prenzel, M.）とのディスカッションは興味深い。議論がシステム論に及ぶことを回避しようとするプレンツェルの対応には、各州文部大臣会議に絡む各州の政治的利害を守ろうとするイデオロギー的姿勢が顕著だ。

ちなみにシュライヒャー自身はハンブルクの出身で、幼少の時代ドイツの学校制度が肌に合わず、教育学者だった親の計らいでヴァルドルフ・シューレに通っていたという経歴がある。それゆえ、そこをステップに異例の出世を遂げたシュライヒャーの存在自体がいわば現行の教育制度の反証となっているともとられうる。よりによってそのシュライヒャーがドイツの伝統的な教育制度を批判するということで、ドイツの教育行政にかかわる保守的な政治家や教育関係者の間にはシュライヒャーを心よく思っていない者が少なくない。Gesamtschule: Pisa gegen Pisa, In: *DIE ZEIT,* 17.02.2005 Nr. 8.（http://www.zeit.de/2005/08/C-Interview）

16）Pazzini, K. J.: Medien, Väter, Lehrer – Vom Verschwinden und Rücksicht auf Darstellbarkeit, In: Kirschenmann, J./Schulz, F./Sowa, F. (Hrsg.): *Kunstpädagogik im Projekt der allgemeinen Bildung,* München, 2006, S. 171.

17）このテーマに関しては社会学者ウルリッヒ・ベックの以下の論文が参考になる。Beck, U.: Tragische Individualisierung, In: *Blätter für deutsche und internationale Politik,* Heft 5, 2007, S. 577-584.

18）Pazzini, K. J., a.a.O., S. 168.

19）Krautz, J./Pfeiffer, M./Zülch, M., a.a.O., S. 47.

20）Zülch, M./ Pfeiffer, M., a.a.O., S. 318-319.

21）Zülch, M.: Argumente gegen eine vorbehaltlose Orientierung an Bildungsstandards, In: Universität Leipzig, Institut für Kunstpädagogik (Hrsg.): *Material der Vorkonferenz zur Tagung „MenschKunstBildung",* Leipzig, 2005, S. 14.

22）2002年4月26日にエアフルトのグーテンベルク・ギムナジウムで起きたドイツで最初の学校内での通り魔殺人事件で、教師12人、生徒2人を含む計16人が犠牲となった。事件を引き起こした当時19歳の元生徒も直後に自殺している。

23）Richter-Reichenbach, K. S.: Kunstpädagogik nach PISA und Erfurt, In: Peez, G./Richter. H. (Hrsg.): *Kind-Kunst-Kunstpädagogik Beiträge zur ästhetischen Erziehung. Festschrift für Adelheid Sievert,* Frankfurt am Main/ Erfurt, 2004, S. 59-80.

24）Schiller, F.: *Über die ästhetische Erziehung des Menschen in einer Reihe von Briefen,* Stuttgart, 2000. またその解釈としては以下のものを参照。Legler,

W.: »...weil es die Schönheit ist, durch welche man zu der Freiheit wandert«, In: *BDK-Mitteilungen,* Teil Ⅰ, Heft 2, 1995, S. 10−14, Teil Ⅱ, Heft 3, 1995, S. 18−20, S. 25−26, Teil Ⅲ, Heft 3, 1995, S. 3−8.
25）Richter-Reichenbach, K. S., a.a.O., S. 70.
26）Ebenda, S. 69.
27）Ebenda, S. 71.
28）Legler, W.: Kunstpädagogik zwischen Bildung und Standards. Vortrag auf dem Kunstpädagogischen Tag des BDK LV Niedersachsen am 13.6.2006 im Sprengelmuseum Hannover（Unveröffentlicht）, 2006, S. 1.
29）Ebenda, S. 5.
30）Ebenda, S. 5−6.
31）Schiller, F., a.a.O., S. 83.
32）Legler, W., 2006, S. 6.
33）Ebenda, S. 19. なお、教育スタンダードのさまざまなタイプとそれぞれの特徴をまとめたものとして次のものを挙げておきたい。Merki, K. M.: Welche Bildungsstandards sollen's denn sein? Zwischen komplexem Bildungsauftrag und dem Wunsch nach Fokussierung, In: *Standards. Unterrichten zwischen Kompetenzen, zentralen Prüfungen und Vergleichsarbeiten,* Friedrich Jahresheft ⅩⅩⅡ, 2005, S. 74−75.
34）Sowa, H.: Kunstpädagogische Standards. Inventur, Rebalancierung, Konsolidierung, In: *Kunst + Unterricht,* Heft 295, 2005, S. 46−47.
35）Grünewald, D./Sowa, H.: Künstlerische Basiskompetenzen und ästhetische Surplus. Zum Problem der Standardisierung von künstlerisch-ästhetischer Bildung, In: Kirschenmann, J./Schulz, F./Sowa, F.（Hrsg.）: *Kunstpädagogik im Projekt der allgemeinen Bildung,* 2006, München, S. 289.
36）Grünewald, D./Sowa, H., a.a.O., S. 295−299.
37）この文脈でフランツ・ビルマーヤーは、芸術教科がなおも必修としてあることの制度的な意味に注意を喚起する。義務教育は、通常子どもたちの自由を組織的に奪うことによってなされるばかりでなく、場合によっては警察権力による強制すら認められうる制度である。そうした行為は、単にそこでさまざまな経験が提供されるということによってのみ正当化されうるようなものではない。この営みを経済的に支援している国家にも、生徒たち同様、当然そのアウトプット、すなわち成果に対して要求を課す権利

がある、とする。Billmayer, F.: Ob Bildungsstandards oder ob nicht – ist für den Pflichtunterricht entschieden, In: Universität Leipzig, Institut für Kunstpädagogik (Hrsg.): *Material der Vorkonferenz zur Tagung „MenschKunstBildung"*, Leipzig, 2005, S. 18.

38) Grünewald, D./Sowa, H., a.a.O., S. 300.

39) Ebenda, S. 302.

40) Ebenda, S. 311.

41) テオドール・W・アドルノ、大久保健治訳『美の理論』（原著1970年）河出書房新社、1995年、7頁参照。

42) Welsch, W.: Ästhetisierung – Schreckensbild oder Chance?, In: *Kunstforum*, Bd. 123, 1993, S. 228-235.

43) BDK (Hrsg.): *Redbook. Zur Situation des Unterrichts im Fach Bildende Kunst an den allgemeinbildenden Schulen in der Bundesrepublik Deutschland*, 1998, S. 16-27.

44) この ästhetisch という形容詞をあっさり「美的」と訳してしまうことには戸惑いを感じる。というのも、近年盛んになっている《感性の学としての美学》という場合がそうであるように、この語には広く《感性的なもの》というニュアンスが含まれているからである。つまり、必ずしも「美しいもの」ばかりにかかわるわけではない。したがって、筆者としては「美的・感性的」と併記したい気もするのだが、ここでは慣例によりひとまず「美的」としておくことにする。

45) おおむね「美的陶冶」が社会における個人の自己形成という不断のプロセスを念頭においているのに対し、「美的教育」は学校という具体的な場における組織的な教育実践を示すものと理解してよいように思われる。なお、この弁別に関してはとりわけ以下のものを参照のこと。Peez, G.: *Einführung in die Kunstpädagogik*, Stuttgart, 2005, S. 23. Legler, W.: Ästhetische Bildung zwischen Allgemeiner Erziehungswissenschaft und Fachdidaktik, In: Meyer, T./Pazzini, K. J./Sabisch, A. (Hrsg.): *Kunstpädagogische Zusammenhänge. Schriften zur Fachdidaktik und zur ästhetischen Bildung*, Oberhausen, 2009, S. 35. さらに立ち入った議論としては Staudte, A.: Ästhetische Bildung oder Ästhetische Erziehung?, In: Zacharias, W. (Hrsg.): *Schöne Aussichten? Ästhetische Bildung in einer technisch-medialen Welt*, Essen, 1991, S. 245-255.

46) 1990年代以降のオットーの理論的展開については以下の論考が手がかり

になるものと思われる。Otto, G.: Ästhetische Rationalität, In: Zacharias, W. (Hrsg.): *Schöne Aussichten? Ästhetische Bildung in einer technisch-medialen Welt*, Essen, 1991a, S. 145-161, ders.: Ästhetisches Denken und ästhetische Rationalität. Über Wolfgang Welschs Aufsatz «Zur Aktualität Ästhetischen Denkens» [Welsch 1989], In: *Kunst + Unterricht,* Heft 155, 1991b, S. 36-38, ders.: Perspektiven der künstlerisch-ästhetischen Erziehung aus erziehungswissenschaftlicher Sicht und aus Sicht der ästhetischen Rationalität, In: Schulz, F. (Hrsg.): *Perspektiven der künstlerisch-ästhetischen Erziehung. Texte zum Leipziger Kolloquium 1996 anläßlich des 70. Geburtstages von Günter Regel*, Seelze, 1996, S. 16-19. またオットーについての概観は以下のものを参照のこと。Legler, W.: Gunter Otto – Begründung und Ende einer Kunstdidaktik. Vorlesung in der Reihe „Kunstpädagogische Positionen" am 15.4.2002. (http://home.arcor.de/nneuss/legler.pdf) ならびに Legler, W.: Tendenz der 80er- und 90er- Jahre und die Aktualität der ästhetischen Bildung, Vorlesung zur Fachdidaktik und zum Lernbereich „Bildende Kunst": Kunstpädagogische Positionen (05.07.2009) (Unveröffentlicht).

47) ヴェルシュに関しては小林信之訳『感性の思考　美的リアリティの変容』勁草書房、1998年や論文集 *Grenzgänge der Ästhetik,* Stuttgart, 1996. における議論等を参照。

48) 上記の「美的陶冶」同様、日本語としてはきわめて据わりの悪い不自然な訳語であることは十二分に承知の上ではあるが、なおも言葉を原語に則して弁別する必要からあえてそのままにしておきたい。

49) Buschkühle, C. P. (Hrsg.): *Perspektiven künstlerischer Bildung. Texte zum Symposium Künstlerische Bildung und die Schule der Zukunft,* Köln, 2003. ケッテルはこの年を「パラダイム転換」の年と位置づけている。Kettel, J.: Künstlerische Bildung nach PISA, In: Kettel, J. (Hrsg.): *Künstlerische Bildung nach PISA. Beiträge zum internationalen Symposium Mapping Blind Spaces – Neue Wege zwischen Kunst und Bildung. Museum für Neue Kunst des ZKM/Zentrum für Kunst und Medientechnologie Karlsruhe und Landesakademie Schloss Rotenfels 8.-10.10.2003,* Oberhausen, 2004, S. 26.

50) Kettel, J. (Hrsg.): *Künstlerische Bildung nach PISA. Beiträge zum internationalen Symposium Mapping Blind Spaces – Neue Wege zwischen Kunst*

*und Bildung. Museum für Neue Kunst des ZKM/Zentrum für Kunst und Medientechnologie Karlsruhe und Landesakademie Schloss Rotenfels 8.-10.10.2003*, Oberhausen, 2004.

51) Kettel, J., a.a.O., S. 28. この文脈でブッシュキューレは、上述のリヒター・ライヒェンバッハらとは違い、PISAテストのさいに掲げられたテーマをむしろ芸術教育にとってのチャンスとしてみて取っている。たしかに芸術的能力はピサテストでは直接取り上げられはしなかったものの、知識の再生産に代わって創造性が問われ、また自律して問題をとらえ、コンテキストをつくり出していくような問題解決能力、読解能力やコミュニケーション能力など、そこで問われることになった諸能力の育成はむしろ芸術教育にとって本質的な課題としてあるというのである。Buschkühle, C. P.: Konturen künstlerischer Bildung, In: *Perspektiven künstlerischer Bildung. Texte zum Symposium Künstlerische Bildung und die Schule der Zukunft*, Köln, 2003, S. 26ff. ここではとりわけ S. 28.

52) この論争を俯瞰するにあたっては、両者のテキストがおさめられた次のアンソロジーが有益である。Grünewald, D. (Hrsg.): *Kunstdidaktiker Diskurs. Texte zur Ästhetischen Erziehung von 1984 bis 1995. Ein Sonderprodukt der Zeitschrift «Kunst+Unterricht»*, Velber, 1996. また両者のポジションと、この論争についてのコンパクトではあるが手際のよいまとめとして次のものが参考になる。Peez, G., a.a.O., S. 23-30.

53) Kettel, J., a.a.O., S. 26-27.

54) 加えてゼレの場合、芸術と教育の折り合いの悪さを強調する傾向が強く、そのキーワードでもある「美的陶冶」という言い方にもみて取れるように必ずしも子どもや学校における一般教育活動としての芸術教育を念頭においてない点が指摘される。Peez, G., a.a.O., S. 26-30.

55) Kettel, J., a.a.O., S. 50.

56) Regel, G.: Ästhetische Erziehung und/oder künstlerische Bildung? Eine Streitschrift, In: ders.: Schulz, F. (Hrsg.): *Das Künstlerische vermitteln .... Aufsätze, Vorträge, Statements und Gespräche zur Kunst, Kunstlehre und Kunstpädagogik*, München, 2008, S. 609-627.

57) Otto, G., 1991b, S. 36.

58) ゼールのポジションについては、以下の論考においてもその一端をうかがい知ることができる。Seel, M.: Über die Reichweite ästhetischer

Erfahrung, In: *Die Macht des Erscheinens. Texte zur Ästhetik,* Frankfurt am Main, 2007, S. 56-66. ならびに ders.: Intensivierung und Distanzierung. Stichworte zur ästhetischen Bildung, In: *Die Macht des Erscheinens. Texte zur Ästhetik,* Frankfurt am Main, 2007, S. 123-127.

59) Kettel, J., a.a.O., S. 46-47. ならびに Regel, G., a.a.O., S. 612. なお、オットーらの「美的教育」というパラダイムに対するさらなる批判として、それが《美的なもの》をあまりに広く一般的に取ってしまう傾向を持っているがために、結果として芸術とのかかわりが希薄なものになってしまうというものもある。Pazzini, K. J.: Ästhetische Bildung in der Nähe zu den Künsten. Prof. Dr. Karl-Josef Pazzini im Gespräch, In: *Kulturpolitische Mitteilungen,* Nr. 94. Heft 3, 2001, S. 52-53.

60) Buschkühle, C. P.: Auf der Suche nach der Kunst – Kompetenzerwerb in künstlerischer Bildung, In: Kettel, J. (Hrsg.): *Künstlerische Bildung nach PISA. Beiträge zum internationalen Symposium Mapping Blind Spaces – Neue Wege zwischen Kunst und Bildung. Museum für Neue Kunst des ZKM/Zentrum für Kunst und Medientechnologie Karlsruhe und Landesakademie Schloss Rotenfels 8.–10.10.2003,* Oberhausen, 2004, S. 390-391.

61) Kettel, J., a.a.O., S. 46-47.

62) Buschkühle, C. P., 2003, S. 19.

63) Otto, G., 1996, S. 17.

64) Kettel, J., a.a.O., S. 27.

65) Ebenda, S. 26-27.

66) ボイスのこの概念については以下のものを参照。Heidt, W.: Die Umstülpung des demiurgischen Prinzips – Joseph Beuys, die Aufgabe der Deutschen und der 23. Mai 1989, In: FIU-Kassel (Hrsg.): *Die unsichtbare Skulptur. Zum erweiterten Kunstbegriff von Joseph Beuys.* Stuttgart, 1989, S. 36-42. および Lange B.: Artikel „Soziale Plastik", In: Butin, H. (Hrsg.): *DuMonts. Begriffslexikon zur zeitgenössischen Kunst,* Köln, 2002, S. 276-279.

67) Kettel, J., a.a.O., S. 27.

68) Buschkühle, C. P., 2003, S. 35-36.

69) このような考え方について詳しくはピエランジェロ・マセの以下の論考を参照のこと。今やむしろ現代芸術の方が芸術教授学的なものになってきたと説く。Maset P.: Kunstpädagogik als Praxisform von Kunst?, In:

Buschkühle, C. P. (Hrsg.): *Perspektiven künstlerischer Bildung. Texte zum Symposium „Künstlerische Bildung und die Schule der Zukunft*, Köln, 2003, S. 205–212.

70) Kettel, J., a.a.O., S. 26–27.
71) Ebenda, S. 37.
72) Buschkühle, C. P., 2003, S. 29.
73) Legler, W., 2009, S. 19–20.

# 第6章

## インクルーシブ教育からみたスタンダード化の課題

　下の図6-1の風刺画は、"*Erziehung und Wissenschaft*"誌の2001年2月号の表紙に「チャンス―かつての不平等―新たな冷遇」というタイトルで掲載された、ドイツで著名な風刺画家トラクスラー（Traxler, H.）によるものである。風刺画中の文面は、「公正な選抜のために、誰にとっても課題は同じなんだ。その木に登りなさい！」である。この風刺画をひき合いに出すシュタ

図6-1

出典：*Erziehung und Wissenschaft*, 2/2001.

ットフェルトは、「描写された生徒たちは、設定された課題の解決へ向けてまったく異なった前提条件の持ち主である」[1]と指摘する。子どもたちのなかには、ロープを持ち準備万端な服装の子どもやはしごを用意している子どももまでいる。他方、車いすの子どもなど木に登ることに困難を伴う子どもも存在している。木に登るという課題は同じだが、そのプロセスは個別の課題である。そこには、みんなで共同する場面は構想されていないのである。つまり、生徒たちは、異質であるにもかかわらず、何の配慮もされず、異質性を互いに補い合ったりすることもなく、異質なまま個別に同じ木に登らなければならないのである。

この風刺画は、ドイツ版「PISAショック」以前に書かれたものではあるが、子どもの異質性を前提とした学習グループのあり方をめぐる議論とともに、「PISAショック」後の一般教授学をめぐる議論のひとつのメルクマールとしてあげられる[2]。すなわち、異質な学習グループにもかかわらず、何の配慮もないままに課題が提示され、個別に取り組む授業ではなく、それぞれの子どもの課題にあわせた授業の必要性が強調されている。

「PISAショック」の問題について、ドイツでは、教育の機会均等や同質性と異質性というテーマをもとに議論するなかで、特別教育（Sonderpädagogik）やインクルーシブ教育と「PISAショック」後の教育のスタンダード化との関連が問われている。これに対して、日本では、「PISAショック」後、特別支援教育とPISAや授業づくりとの関係を直接問うことはあまり試みられていない。

本章では、まず、日本版「PISAショック」後の特別支援教育における授業づくりの特徴と課題を整理する。次に、ドイツの特別教育の研究動向、とくにインテグレーションからインクルージョンへのパラダイムシフトの動向を整理する。そうすることで、最後に、ドイツのインクルーシブ教育と日本の特別支援教育の授業との関連のなかでスタンダード化の課題を提起したい。

# 1　日本の特別支援教育における授業づくりの特徴

## (1) 日本の特別支援教育とインクルーシブ教育

　日本では、2007年の「特殊教育」から「特別支援教育」への転換によって、通常学級に在籍するLD、ADHD、高機能自閉症などのいわゆる発達障害の子どもにまで特別支援教育の対象が拡大されることとなった。発達障害をもつ子ども一人ひとりの障害を把握するため、個別の教育支援計画の必要性が提起され、個別のニーズへの対応が強調された。その後、特別支援教育の対象は、発達障害に限定されるだけではなく、広がりつつある。他方、欧米では、当初から発達障害の子どもに限定するのではなく、被虐待児、不登校の子ども、外国籍の子どもなど特別な教育的ニーズをもつ子どもも対象とするインクルーシブ教育が展開している。

　こうしたインクルーシブ教育の展開のきっかけとなるインクルージョンの考え方が広まったのは、1994年のサラマンカ声明以降である。それまで主流であったインテグレーションという概念は、はじめに子どもを障害児と健常児に二分した上で、障害児を健常児に「統合」させようとする二元論に基づくものであった。これに対して、「インクルーシブ教育は、『分離か統合か』という枠組みで何か決まった形態を論じるものではなく、特定の個人・集団を排除せず学習活動への参加を平等に保障することをめざす、学校教育全体の改革のプロセス」とされている[3]。いわば、インテグレーションが分離か統合かという「場」の枠組みとして考えられたことに対して、インクルージョンは、すべての子どもの学習活動を「参加」の視点から問い直そうとしているのである。

　インクルージョンの思想には、特別な教育的ニーズをもつ子どもに対する教育である特別ニーズ教育の理念がある。こうした特別ニーズ教育では、「障害」などの子ども自身の要因ではなく、子どもがどのような学習環境に置かれているかが重要である[4]。とくに「『特別な教育的ニーズ』をもつ子どもの支援方法を考える際に、困難を抱える『個人』ばかりを見つめるので

はなく、困難を抱える子どもを取り巻く『集団』についても同時に見ていくことが必要である」[5]といわれている。すなわち、特別な教育的ニーズをもつ子どもだけにとらわれるのではなく、あらゆる子どもの教育の可能性を肯定的にみながら、異質な子どもたちで編成される集団への指導方法を構想しなければならないのである。

### (2) 授業スタイルの標準化がもたらす排除の論理

インクルーシブ教育の知見から、子どもの参加の視点に立てば、通常教育へ子どもたちを「同化」「適応」させる（＝「統合」）のではなく、また単なる「場」の問題に矮小化するのではない「わかる」授業づくりが求められる。したがって「多様なニーズのある子どもたちが共同で学習する形態、すなわち、同一単元・教材を共有しつつ個々の課題や活動を個人差に即して個別化・多様化できるような授業形態がどこまで可能であるのかということ」[6]が強調されるのである。その背景には、授業を一つの指標へ標準化することで、見落とされる子どもの存在がある。この点にかかわってユニバーサルデザインの授業づくり[7]に関する評価の検討は不可欠である。

2000年以降の学力向上政策の方向性と合致するとして、新井英靖は、「個に応じた指導」にみられるように、多様な指導方法を用いて授業を展開することで、とくに、学力的に低位の子どもたちが「わかる」という点で、ユニバーサルデザインの授業の有効性を一面では肯定し、「通常の学級の教育実践を大きく変革する可能性を秘めているものである」が、しかし「このままでは、従来の通常の学級の授業スタイルである『一斉教授』をより効果的に提供するための単なるテクニック集として位置づくにとどまってしまう危険性もあるのではないだろうか」と指摘している[8]。

また、荒川智は、「授業のわかりやすさへの配慮・工夫は、その他の子どもにとっても学習のつまずきを防ぐ、あるいは困難を最小限にするという点で有効であろう」[9]とユニバーサルデザインの授業づくりについて評価しつつも、次のように問題点を指摘している。「授業のユニバーサルデザインの教育方法学的・教授学的な検討が必要である。ましてや、板書や教材の提示

の仕方などのスキルだけが着目され、機械的に応用されると、インクルーシブ教育とは逆の方向に向かうことになりかねない。ユニバーサルデザインには、発達障害の子が混乱しないようにという理由で、挙手の仕方や教科書の持ち方まで統一させるなど、学習上の規律を非常に重視する考え方もある。しかし、特定の学習スタイルを子どもたちに強いることになると、そうしたスタイルになじまない子の排除にもつながってしまう」[10]。

このように、ユニバーサルデザインの授業のテクニック集的な意義は認めつつも、授業において子どもたちどうしがかかわり合うような共同の欠如や特定の授業スタイルへの標準化がもたらす適応と排除といった点が指摘されている。それゆえ、授業を標準化していく方向へ進むことでなじまない子どもを排除するのではなく、子どもたち一人ひとりにみられる差異＝異質性をいかした共同の学び合いを構想し、どの子どもも参加できる多様な授業スタイルが、PISA 以降の学力向上政策のなかでとりわけ重要となってきている。

## 2　PISA 後のドイツにおける特別教育の動向

ドイツでは、PISA 調査以降、子どもの異質性に関する議論が盛んに行われるようになっている。ドイツの特別教育の研究動向においては、1994 年以降、「特別ニーズ教育」のドイツ語訳である「特別教育的促進 (Sonderpädagogische Förderung)」の概念が広がり、今日ではインクルーシブ教育の議論は避けて通れなくなった[11]。こうしたなか学習困難 (Lernschwierigkeit) の生徒たちは、PISA などの国際学力調査や文教政策において、ただついでにしか考慮されていないという点、また、普通教育の学校での異質な学習グループにおける学習 (das Lernen in heterogenen Lerngruppen) を特別教育研究が視野に入れてこなかったという点を、近年のインテグレーション研究やインクルージョン研究が批判している[12]。

こうしてドイツでは、教育スタンダードの文脈において学習困難の生徒などの特別な教育的ニーズをもつ子どもへの研究が、従来の特別教育からでなく、インテグレーション教育やインクルーシブ教育の視座からなされてきて

いる。

## (1) ドイツにおけるインテグレーション

ドイツにおけるインテグレーションについては、日本においても、1973年に発表された西ドイツ教育審議会による『障害児および障害の恐れのある児童と生徒の教育的促進について』[13]が紹介されている。その第5章では、「授業の個別化」「共同授業」「授業の内的多様化」など今日でも議論される内容が述べられている[14]。ちなみに、それ以降もドイツのインテグレーションについては、日本においてすでに研究がなされている[15]。とりわけ、ヨーロッパのなかで遅く始まったドイツのインテグレーションにおける障害児と健常児の共同授業（gemeinsamer Unterricht）は、日本において「教授学的な理論的探求という面では群を抜いている」[16]と評価されている。

1994年の「ドイツ連邦共和国の学校における特別な教育的促進に関する勧告」（Empfehlungen zur sonderpädagogischen Förderung in den Schulen in der Bundesrepublik Deutschland）[17]においては、特別学校（Sonderschule）は根本的には維持しつつ、一般学校におけるインテグレーションを全般的に拡充することに到達した。しかし、多くの地方の教育庁は、依然としてこの改革を妨害する阻害要因になったことも指摘されている[18]。その後、「1990年代半ば以降、インクルージョンの構想は、インテグレーションの発展の継続として、ますます討論され、練り上げられるのに対して、公式のドイツの文教政策では、インクルージョンの概念は、今日までのところ適切に受け入れられていない」[19]といわれている。これまでドイツの教育では「選別対インテグレーション（Selektion versus Integration）」または「同質性対異質性（Homogenität versus Heterogenität）」といった問題意識の下、ドイツの早期選別の問題から、意図的に能力主義社会のシステムがつくり出されていることや、特別学校において制限された教育の問題が指摘され、インテグレーションの必要性が主張されてきた[20]。

このように、ドイツでは、インクルージョンの議論が継続してなされている一方、文教政策上ではインテグレーションという用語が用いられる現実も

存在する。

## (2) インテグレーション教授学と実践的課題

こうしたインテグレーションの授業レベルでの具体的な形態として、障害のある子どもとない子どもの共同授業が実践されている。共同授業は、「学級における作業の内的分化（Binnendifferenzierung）への動機を与え、また障害のない生徒たちにも特別なニーズや才能に視線を向けさせる」[21]として評価されている。

このような内的分化[22]については、インテグレーションの文脈において論じているフォイザーの論[23]を冨永光昭や窪島務が紹介している[24]。グラウマンも、授業の原則として内的分化をとらえ、フォイザーの論を援用しな

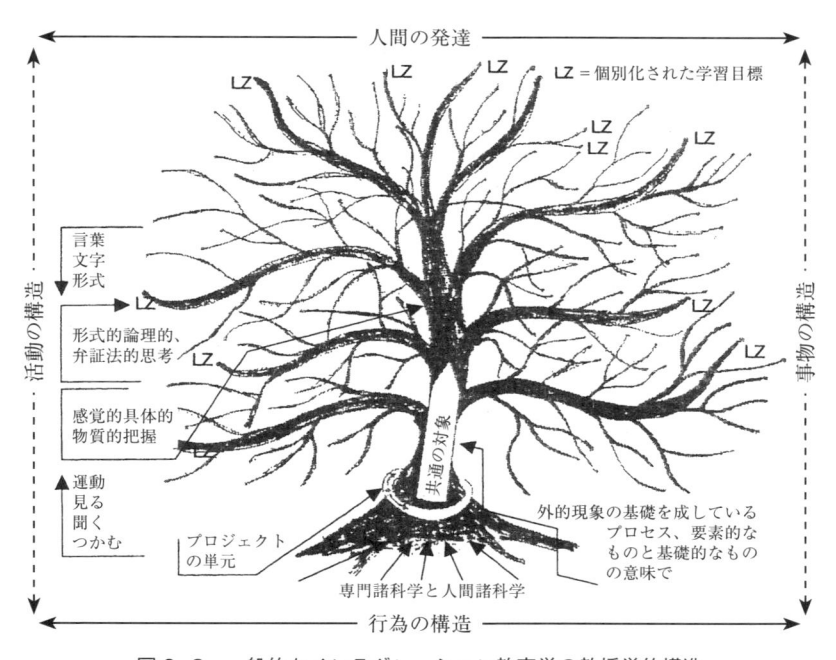

図6-2　一般的なインテグレーション教育学の教授学的構造

出典：Feuser, G.: *Behinderte Kinder und Jugendliche. Zwischen Integration und Aussonderung*, Wissenschaftliche Buchgesellschaft Verlag, Darmstadt, ²2005, 1995, S. 179. を基に筆者が作成。

がら言及し、フォイザーの木のモデル（図6-2 一般的なインテグレーション教育学の教授学的構造）は、「異質なグループにおける学習」に非常に近づくような考え方であると述べている[25]。フォイザーの木のモデルとは、「1つの木は、どの部分、根、幹もどんなに小さな枝でも、どの葉でも、全体として丈夫な木になるために、意味を持っているように、よい機能志向的なシステムである。どの枝も切り取られると、全体像が変化する。不適切な切断は、それどころか、木の枯死を結果としてもたらしうる。この木のモデルの像に応じて、あらゆる者のために同じ目標を与える原則は、（まさに、木の根から吸い上げられたものが、木の幹を通って個々の目標である枝に分化していく、そのさい、幹は必ずすべての子どもたちに同じ内容が学習されるような）『共通の対象』にそって分化された作業の効果を目指して課される。木の像は、さまざまな生徒たちが、さまざまな学習目標をも達成することを示し、またわれわれの行きづまった序列の思考を、この学習目標と同じ価値として認めることへ導く」[26]ものである。すなわち、共通の対象の下での学びであるとともに、個別化された学習目標の達成に向けた学びのモデルである。たしかに、ドイツの能率主義社会において、きわめて才能に恵まれた者（Hochbegabten）の「学力」（Leistung）[27]と知的障害（geistige Behinderung）を伴った子どもの「学力」は、同じ価値があると認められえないという異論もある[28]。

　しかしながら、一つには、競争や比較されることからわかる「学力」ではなく、個人がどれだけ成長したかをさす場所、「学力」が将来の所得を表すことのない場所として学校は理解されるべきである、もう一つには、ある特定の評価の考え方がないことから、さまざまな学習目標を達成することが可能になる、と考えられている。ただし、後者は、きわめて才能に恵まれた子どもも同様であり、特定の「学力」に固定化されることにより、他の子どもたちとは異なるコースや時間での学習をつくり出す方向に進んでしまう危険性もある[29]。しかし、その上で、グラウマンは、木のモデルに応じた内的分化を一つのプロジェクト学習と関連づけることで、子どもたちの学習共同体をバラバラにすることを防ぎ、同時に社会的学習や民主的学習を促進することを提起している[30]。

また、ハイムリッヒは、共同授業を考える理論的根拠においてインテグレーション教授学の3つのモデルを提示している[31]。第1に、唯物論モデル（Materialistisches Modell）は、自己決定、共同決定、連帯能力から適切なコンピテンシーの形成を目標とするモデルである。第2に、相互作用モデル（Interaktionistisches Modell）は、共同の学習場面とともに個別化の学習場面をつくり出すことを目標とするモデルである。第3に、エコロジーモデル（Ökologisches Modell）は、子どもを取り巻く適切な学習環境の形成を目標とするモデルである。ハイムリッヒ自身も、分化について言及し、単なる個別化ではなく、共同学習の場面を意識している点は、フォイザーの「共通の対象」と同様に学習の共同性に注目している。

　ただし、これまでドイツでは、障害児と健常児の統合の教育の場であるインテグレーション学級の場合、障害のある子どもの指導に焦点化されていたことが指摘されている。また、障害というカテゴリーを用いて、教育対象を障害児に限定するのではなく、個別のニーズを取り入れた共同授業と個別化をとおしてすべての子どもたちのニーズに合わせることが提起されている[32]。

## （3）インクルージョンへのパラダイムシフト

　1994年の「ドイツ連邦共和国の学校における特別教育的促進に関する勧告」以降、特別教育的促進に関する法制の整備がなされた。その結果、「特別ニーズ教育」のドイツ語訳である「特別教育的促進」の概念が広がった。2009年の障害者権利条約の批准後、「インテグレーション」の考え方が定着しているドイツにおいても、本格的にインクルーシブ教育への転換を迎えることになる。ただし、荒川は「条約にあるインクルージョンやインクルーシブ教育のドイツ語訳に『インテグレーション』『統合教育』が当てられたことに対する批判も大きい」[33]と述べている。他方、「興味深いことに、ドイツ特別教育連盟の機関誌『治療教育』の論文や記事を見ると、条約批准前は公的な文章では『統合』が用いられていたが、批准後は『インクルージョン』『インクルーシブ教育』が圧倒的に使われるようになっている。『統合』を採用したドイツ語訳が逆に、インクルーシブ教育へのパラダイムシフトを

促したかのようである」[34]。このように、ドイツではインクルーシブ教育の議論が避けて通れなくなっているのである。

　また、荒川は、「2009年3月の障害者権利条約批准後は、インクルーシブ教育は明確に各州の教育政策に位置づけられ」たことを述べ、「ドイツの中でも保守的とされてきたバイエルン州でも例外」ではないことを指摘している[35]。

　そうした動向のなか、TIMSS、PISAとIGLUなどの国際学力調査の結果から、学校政策による子どもたちの早期選抜や学級における誤解された同質化は、よい「学力」を導くために有利な条件にならないという理解が広がる。この理解は、しだいに、インクルーシブ学校の構想に近似するような推論を導く[36]。こうとらえるザンダーは、「学校のインテグレーションとは違って、インクルージョンは原則的に学級全体にあてられる。インクルージョンの授業は、インテグレーションされた子ども（Integrationskind）を考慮するだけではなく、一人ひとりの同級生も同じように、特別なニーズや才能を考慮する」[37]という。このように、インクルージョンへのパラダイムシフトは、障害者権利条約批准後のドイツ語訳に対する批判や、国際学力調査の結果に起因している。また、実践レベルでも障害のある子どもを対象とする教育ではなく、日本でも確認されているように、（ドイツでは移民の子どもなどを含めた）すべての子どもを対象とする教育への転換であった。

## 3 「PISAショック」後のドイツにおけるインクルーシブ教育

### (1) インクルーシブ教育から見た教育スタンダード

　「PISAショック」以降、各学校種・教科の到達目標が教育スタンダードによって定められた。その結果、これまでの学習内容の「インプット」から、「アウトプット」である「学力」を高めることが求められるようになった。こうして求められるコンピテンシーによって、「教科特有の最低要求の水準の固定化が進められる」ことを危惧するのが、ザイツである[38]。ザイツは、教育スタンダードの方針について連邦教育研究省の専門家委員会が示したの

は、すべての生徒たちに保障しなければならないミニマムスタンダードという理解であり、それに対して、彼女は、結局のところ、ミニマムスタンダード化は「標準の生徒たち（Regelschüler/innen）」を対象にしたものであって、促進領域の学習（Förderbereiches Lernen）を必要とする生徒たちや知的障害の生徒たちは対象になっていないのではないかと指摘する[39]。さらに、各州文部大臣会議の指示は、実践的な手ほどきにより、統一のとれた「標準スタンダード」への方向づけを強化し、より学校種の選別のメカニズムを正当化するものになると危惧している[40]。

こうした各学校種別でのスタンダードの導入によって、「底辺の子どもたち」といった「スタンダードへの到達が可能でない子どもたちのグループ化が構成される」[41]。このように、スタンダードは、水準までの到達が困難な「『特別な子どもたち』による『学力不振』（„Leistungsversagen" durch „Sonderkinder")」を前提にしているため、「ノーマルな」学習と「逸脱している」学習との区別をあらかじめおり込んでいる[42]。したがって、これらの背景にある「経済的弱者、社会的周縁層、教育を受けられない者と、『学力不振』および『特別教育的促進のニーズ』をもつ子どものラベリングという、よく知られている関係は、国際学力調査がドイツの教育システムの社会的不公平を新たに明確に指し示しているにもかかわらず、スタンダードの文脈においてほとんど議論されていない」[43]のである。

このように、ザイツは、教育スタンダードが「標準の生徒たち」を対象にしたものであって、問題は、学校種別において特別学校や促進学校の「特別な子どもたち」や、「標準スタンダード」に届かない「底辺の子どもたち」が教育スタンダードの対象に入っていないことを批判するのである。

## （2）教育スタンダードとインクルーシブ授業

学校種別にスタンダードが作成されると、学校が保障しなければならない「学力」と、その「学力」水準維持のための教師の指導が求められる。こうした教育スタンダードの導入による授業への影響やコンピテンシーモデルとの関係はまだ解明されていない。けれども、第1に、たとえば、美的な

(ästhetische）次元がなおざりにされている間に、学習領域の認知的、実用的な次元が授業の中心に据えられる[44]。すなわち、各学校で求められる「学力」に応じて、指導が求められ、とくに学習領域の内容については、認知的、実用的な内容が学校教育において重視されるようになった。第2に、「teaching to the test（テストのために教えること）」の危険性への注意も喚起される[45]。すなわち、テスト対策の教育へと陥ってしまうのである。

　第3に、教育スタンダードの導入によって、コンピテンシー段階に応じた「学力」階層→「学力」階層に応じた学習目標→学習目標に応じた学習の個別化がひきおこされる[46]。各州文部大臣会議は、2002年5月に、基礎学校修了（第4学年）、オリエンテーション段階修了（第6学年）、中級学校修了（第10学年）の各段階の到達目標を示した全国共通の「ナショナル教育スタンダード」を定める決議をし、基礎学校第4学年（ドイツ語、数学）、基幹学校第9学年（ドイツ語、数学、第一外国語）、中級学校第10学年（ドイツ語、数学、第一外国語、生物、化学、物理）の教育スタンダードを示している[47]。こうして示した学年以外にも、各学校において示された教育スタンダードへ向けて学習目標を計画して授業を実践しなければならない。それゆえ、教育スタンダードは、「目標別に分化した学習」を各学校があらかじめ計画し、それへ向けて授業実践するという機能を与えたのである。

　そのさい、生徒たちは「スタンダード化された」授業において、「上へ」向かって努力するが、学習困難な生徒たちは「下へ」向かって接続される[48]。つまり、生徒たちは、垂直に構造化したコンピテンシーモデルの段階に、「標準の生徒たち」は「上」に、また「底辺の子どもたち」は「下」に、それぞれ接続されるのである。それゆえ、スタンダード化することは、「標準化された生徒」を対象とするものであって、そうした生徒たちは、垂直に構造化されたコンピテンシーモデルの上層部へ向かっていくが、そうでない生徒は、下層部へ行くことになり、学力の構造も二極化してしまうのである。こうしたコンピテンシーモデルが垂直に構造化した段階になると、ザイツは、インクルーシブ教授学の成立が困難になることを指摘している。そもそも、「潜在的な才能の教授学（Didaktik der Potentialität）」として理解されているイ

ンクルーシブ教授学は、現在発揮されている才能に対してだけ有効なのではなく、「すべての子どもたちに、その個々人のまだ十分に発揮されていない才能（Begabungsreserve）を発揮」させるものだからである[49]。すなわち、インクルーシブ教授学の観点からいえば、学習の階層や個別化をつくり出す機能の下では、子どもどうしの多様な学びの機会や共同で学ぶことが抜け落ちてしまい、とにかく、定められた「学力」へ向けて到達させることが重視され、プロセスのなかで共同で学ぶ機会が排除されてしまうのである。

この点で、インクルーシブ授業は、「規格化した」コンピテンシー段階としてではなく、異質な学習グループにおけるオープン授業（offener Unterricht）が適切であると評価されている[50]。ザイツによると、特別教育は、学校での「学力」に関する理解に課題がある。特別な子どもたちが別の場所である「保護空間（Schonraum）」で学んでいるため、「特別教育的な」独自の「学力」が求められ、そのために、インクルーシブ授業における学力評価が重要になる[51]。こうした「学力」についてザイツは、ヴィンター（Winter, F.）の論に依拠しながら、「新しい学習文化」は、学力評価の新しい形態を伴って得られることを指摘し、「インクルーシブな学習文化には、インクルーシブな学力文化が必要だ」と主張している[52]。ここで重要なのは、この学力評価がオープン授業などのようなオープンに構造化された授業でも実施可能な、子どもたち一人ひとりの学習経路や学習の履歴を表す評価であることだ。

## 4　ドイツから示唆される課題

インクルーシブ教育の視点からドイツの「PISAショック」後の教育スタンダードについて検討することで、日本にも示唆的な課題が示される。それは、第1に、PISAのスタンダード化による試験対策・指導方法の固定化の課題、第2に、矮小化された個別化の課題である。

第1に、PISAによりスタンダードが示されたことで、学力の到達度が明確になった。その結果、到達できない子どもたちが排除される。このことはドイツだけの問題ではない。日本では、秋田喜代美が、PISA型の問題を指

摘し、次のように述べている。「PISA 型は新たな課題を自分の意見を構築したり探求、熟考するものとしてではなく、PISA 型テスト対応問題解決能力の育成へと転換している。……学習をより試験対策という特定の成果のみへ急ぐポイントのみの学習、シンプルな暗記主義やスキル主義、楽わかり、早わかりへの道を助長している。それと同様の動きを PISA でも懸念する必要はあるだろう」[53]。さらに、「スキルが主張されるほどに、低学力の子どもたちには必要な指導法だけが、単純化されパッケージ化されて教えられがちである。しかし彼らは自分達の生きる複雑な世界と関連した内容を読みたい、学びたいと求めている事実が捨象されがちである」[54]と述べる。PISA の学力を目指し、試験対策が強調される。そのさい、低学力の子どもたちは格差が助長される「型」に対応した指導法でしか教えられないことになるのである。この点は、先述した荒川のユニバーサルデザインの授業づくりで指摘していた「特定の学習スタイルを子どもたちに強いることになると、そうしたスタイルになじまない子の排除にもつながってしまう」ことと通底する課題である。

　第2に、トラクスラーの風刺画をはじめ、「スタンダード化された」授業にもみられたように、個別化が重視される。そこでの個別化は、他者とのかかわりや共同を排除した個の学びを保障する装置が根底にある。個別の対応は当然必要である。けれども、トラクスラーの風刺画にもあったように、第1に、同じ課題であってもまったく共同がないこと、第2に、異質性はあっても補完し合わない関係であること、第3に、到達する目標は同じでも個々の学習経路に接点がないことが考えられる。「個別化は必ずしも一対一指導や似たものどうしでの集団編成を意味しない。むしろ、子どもたちが、集団のなかで競い励ましあい、多様な仲間と協力・共同する機会をもつことは、子どもの社会化のために重要なことであり、学校教育は集団的な教育指導を原則としていると考えるべきである」[55]という視点に学びながら、授業過程における他者とのかかわりの回復、個別化であっても集団に「つなぐ」指導といった個別化の指導方法も構想する必要がある。たとえば、日本においては個々のニーズに対応するだけではなく、多様なニーズのある子どもに開か

れた「重層的な指導構想」が挙げられる。それは、「個別支援と共同」という重層的な指導構想による生活の創造、学級の子どもたちの多様な層が交わる「場」の創造、通常の学習内容や学習課題との関連を常に意識しながら特別なニーズに対応したカリキュラムの重層化の創造などである[56]。

（吉田茂孝）

■注
1) Stadtfeld, P.: Heterogenität als Chance – Einsatzmöglichkeiten Neuer Medien in heterogenen Lerngruppen, In: Stadtfeld, P./Dieckmann, B. (Hrsg.): *Allgemeine Didaktik im Wandel,* Julius Klinkhardt Verlag, Bad Heilbrunn, 2005, S. 253.
2) Vgl. ebenda, S. 252-253.
3) 荒川智「インクルーシブ教育の基本的考え方」荒川智編著『インクルーシブ教育入門―すべての子どもの学習参加を保障する学校・地域づくり―』クリエイツかもがわ、2008年、15-16頁参照。
4) 真城知己『図説 特別な教育的ニーズ論』文理閣、2003年、50-54頁参照。
5) 新井英靖「特別な教育的ニーズを持つ子どもへの支援方法～ADHD児と被虐待児に焦点をあてて～」日本特別ニーズ教育学会『SNEブックレットNo.1「特別ニーズ教育と学校づくり」』2007年、70頁。
6) 荒川智「特別支援教育とインクルージョン」日本特別ニーズ教育学会編『SNEジャーナル』第12巻第1号、2006年、5-6頁。
7) ユニバーサルデザインの授業づくりは、近年広がりをみせている。特徴として、発達障害児の視点から指導方法を工夫し、子どもたちの学習への参加を構想している。たとえば、次のような内容である。「視界によけいな情報（刺激）を入れないように、黒板の周りの掲示物を取る」「学習内容や教師の指導内容がわかりにくいときには、イラストを用いて視覚的に理解できるように支援する」「板書の仕方や問いかけの方法を統一し、何が重要事項で、何が問われているかがわかりやすいようにする」（新井英靖「授業の中の構造化」渡邉健治／湯浅恭正／清水貞夫編著『キーワードブック・特別支援教育の授業づくり』クリエイツかもがわ、2012年、65頁）。
8) 新井英靖「インクルーシブ教育とユニバーサル・デザインの授業づくり」

渡邉健治編著『特別支援教育からインクルーシブ教育への展望』クリエイツかもがわ、2012年、184頁参照。

9）荒川智「障害者権利条約とインクルーシブ教育、そして特別支援教育」『季刊　人間と教育』第78巻、2013年、57頁。

10）同上。

11）荒川智「ドイツの特別教育的促進とインクルーシブ教育」『発達障害研究』第32巻第2号、2010年参照。

12）Vgl. Seitz, S.: Inklusive Didaktik nach PISA, In: *Vierteiljahresschrift für Heilpädagogik und ihre Nachbargebiete 75(3)*, 2006, S. 192.

13）Deutscher Bildungsrat/Empfehlungen der Bildungskommission（Hrsg.）: *Zur pädagogischen Förderung behinderter und von Behinderung bedrohter Kinder und Jungendlicher,* Ernst Klett Verlag, Stuttgart, 1973.

14）西ドイツ教育審議会著、井谷善則訳『西ドイツの障害児教育』明治図書出版、1980年参照。なお、この邦訳書では、第10章の内容は紙幅の関係で割愛されている。第10章の内容については、次の文献において井谷が詳述している。井谷善則「西ドイツの障害児教育改革のための経費査定について―西ドイツ教育審議会勧告書の紹介（第1報）―」『大阪教育大学紀要』第Ⅳ部門第28巻第1号、1979年、105-116頁参照。

15）たとえば、野口明子「西ドイツの統合教育の現状」『明治學院論叢』第410号、1987年、冨永光昭「西ドイツにおける障害児のインテグレーションの動向―ブレーメンの学校実験とフォイザーのインテグレーション理論を中心に―」『広島大学教育学部紀要』第1部第39号、1991年、藤井聰尚『「特殊学校就学義務」政策の研究―ドイツ連邦共和国における問題構造とその性格―』多賀出版、1993年、窪島務『ドイツにおける障害児の統合教育の展開』文理閣、1998年などを参照。

16）窪島務、前掲書、2頁。

17）なお、日本においてもすでに訳とともに解説も述べられている（窪島務／野口明子訳「資料『ドイツ連邦共和国の学校における特別な教育的促進に関する勧告』」特別なニーズ教育とインテグレーション学会編『SNEジャーナル』第1巻、1996年、126-147頁参照。

18）Vgl. Sander, A.: Bildungspolitik und Individuum, In: Kaiser, A./Schmetz, D./Wachtel, P./Werner, B.（Hrsg.）: *Bildung und Erziehung,* Kohlhammer Verlag, Stuttgart, 2010, S. 74.

19) Ebenda, S. 75.
20) Vgl. Graumann, O.:*Gemeinsamer Unterricht in heterogenen Gruppen. Von lernbehindert bis hochbegabt,* Julius Klinkhardt Verlag, Bad Heilbrunn, 2002, S. 83-118.
21) Sander, A., a.a.O., S. 74.
22) 内的分化の原語には、innere Differenzierung と Binnendiffernzierung があるが、ドイツの教育学事典でも同意として使われていることから、ここでは同じ意味として考える（Vgl. Schaub, H./Zenke, K. G.: *Wörterbuch Pädagogik,* Deutscher Taschenbuch Verlag, München, $^{4}$2000, 1995, S. 273-274, Köck, P./Ott, H.: *Wörterbuch für Erziehung und Unterricht,* Auer Verlag, Donauwörth, 2001, S. 140-143.)。ただし、この2つの原語があるように、概念について検討の余地はあると考える。なお、すでに日本においても紹介されているように、内的分化とは、授業のなかの問題として考えられ、「同一年齢、同一カリキュラムという学級編成原理を前提にして、授業の中ですべての子どもが基本的に同じことを学ぶという統一の側面と、子どもの個性的な多様さに応じた分化的処置の両立が問われる」が、後者の側面だけを強調したものをいう（小林一久「統一と分化の原理」恒吉宏典／深澤広明編集『授業研究重要用語300の基礎知識』明治図書出版、1999年、170頁参照）。なお、すでに日本の障害児教育でも言及されている（湯浅恭正『障害児授業実践の教授学的研究』大学教育出版、2006年、115-118頁参照）。
23) Vgl. Feuser, G.: *Behinderte Kinder und Jugendliche. Zwischen Integration und Aussonderung,* Wissenschaftliche Buchgesellschaft Verlag, Darmstadt, $^{2}$2005, 1995.
24) 冨永光昭、前掲書および窪島務、前掲書参照。
25) Vgl. Graumann, a.a.O., S. 179.
26) Ebenda. なお、括弧のなか（まさに、〜ような）は筆者が補足した。
27) なお、"Leistung"の訳については、これまでにも言及されてきた。「わが国でいう『学力』にあたる言葉を、西ドイツにおいて発見することはできない。しかし、西ドイツでは、しばしば、Begabung（才能・能力）とBildsamkeit（陶冶性）とLeistung（達成・業績）とが並べて使用されるが、その場合、Leistungの意味するものが、ほぼ、われわれのいう『学力』に相当すると考えてよいと思われる」（吉本均『訓育的教授の理論』明治図書

出版、1974 年、184-185 頁)。こうした点からも、Leistung を「達成」と訳しているが、「学力」に比較的近い意味合いと考えている。

28) Vgl. Graumann, a.a.O., S. 179.
29) Vgl. ebenda.
30) Vgl. ebenda.
31) Vgl. Heimlich, U.: Didaktik des gemeinsamen Unterrichts, In: Walter, J./Wember, F. B.（Hrsg.）: *Handbuch Sonderpädagogik: Sonderpädagogik des Lernens,* Bd. 2, Hogrefe Verlag, Göttingen, 2007, S. 368ff.
32) Vgl. Heimlich, U.: Gemeinsamer Unterricht im Rahmen inklusiver Didaktik, In: Heimlich, U./Wember, F. B.（Hrsg.）: *Didaktik des Unterrichts im Förderschwerpunkt Lernen,* Kohlhammer Verlag, Stuttgart, 2007, S. 69, S. 77.
33) 荒川智「ドイツにおけるインクルーシブ教育の動向」『障害者問題研究』第 39 巻第 1 号、2011 年、37 頁。
34) 同上。なお、荒川氏の別の論考では、次のように述べられている。「ドイツは、障害種別程度別の特別学校制度をいち早く確立し、それは 1990 年代半ばまで、総称として『治療教育』(Heilpädagogik)や『特殊教育』(Sonderpädagogik)などと呼ばれてきた。それらの概念を大きく変えることになったのが、サラマンカ声明と同年の 1994 年に出された『ドイツ連邦共和国各州における特別教育的促進のための文部大臣会議勧告』である。そこでは、医学的・心理学的診断に基づく障害のある子どもを、『特別教育的促進ニーズのある子ども』ととらえ直し、通常の学校におけるそうした子どもの支援も含めた『特別教育的促進』(Sonderpädagogische Förderung)の推進が打ち出された。端的に言えば、特別な教育的ニーズや特別ニーズ教育のドイツ語訳である」(荒川智、前掲論文、2010 年、42 頁)。
35) 荒川智「インクルーシブ教育の本質を探る―【第 5 回】ドイツのある知的障害学校での試み―」『みんなのねがい』第 549 号、2012 年、40 頁参照。
36) Vgl. Sander, a.a.O., S. 75.
37) Ebenda.
38) Vgl. Seitz, a.a.O., S. 193.
39) Vgl. ebenda.
40) Vgl. ebenda, S. 194.

41）Vgl. ebenda.
42）Vgl. ebenda.
43）Ebenda.
44）Vgl. ebenda, S. 195.
45）Vgl. Seitz, S./Platte, A.: Unterricht zwischen Vielfalt und Standardisierung, In: Platte, A./Seitz, S./Terfloth, K.（Hrsg.）: *Inklusive Bildungsprozesse,* Julius Klinkhard Verlag, Bad Heilbrunn, 2006, S. 126.
46）Vgl. Seitz, a.a.O., S. 195.
47）原田信之「ドイツの教育改革と学力モデル」原田信之編著『確かな学力と豊かな学力―各国教育改革の実態と学力モデル―』ミネルヴァ書房、2007年、93-94頁参照。
48）Vgl. Seitz, a.a.O., S. 195.
49）Vgl. ebenda, S. 195-196.
50）Vgl. ebenda, S. 196.
51）Vgl. ebenda.
52）Vgl. ebenda, S. 196-198.
53）秋田喜代美「質の時代における学力形成」東京大学学校教育高度化センター編『基礎学力を問う―21世紀日本の教育への展望』東京大学出版会、2009年、208頁。
54）同上。
55）清水貞夫「個別化」茂木俊彦編集代表『特別支援教育大事典』旬報社、2010年、278頁。
56）湯浅恭正「インクルージョン教育の教育方法学的検討」日本教育方法学会編『[教育方法34]現代の教育課程改革と授業論の探究』図書文化社、2005年、113-119頁参照。

# 第7章

# PISA 以降のドイツの移民と学力向上政策

## 1 PISA がもたらしたもの

「すべての子どもは、最初から教育を受ける権利がある。すべての子どもができるだけ早い時期から支援を受けることにより、教育の平等な機会を確保し、そのためにすべての資源を用いることを望む。早期に投資する方が、後から修繕するよりよいからだ」とベルリンの文部大臣クラウス・ベーガー(Böger, K.) は2004年に開かれた各州文部大臣会議で語った[1]。2000年のPISAテストに始まり、TIMSSやPIRLS/IGLU等の国際的な学力テストの結果から、ドイツでは到達度レベルの低い生徒の割合が高く、到達度レベルの高い生徒との成績の格差が他国よりも顕著であることがわかった。ベルリンの文部大臣の言葉には、このような生徒間格差の早期の是正の必要性が表れている。さらに、これらの学力調査の結果、ドイツでは学力と親の社会的・経済的階層の相関が強いことが明らかになり、なかでも「リスクグループ」といわれる低学力層の子どもたちの存在が注目されるようになった。そのなかに移民の背景をもつ子どもたちがいる。PISAにおいて移民の背景をもつ生徒と、移民ではない生徒の成績の差がとりわけ大きかったのもドイツである。PISA 2000において、読解リテラシー、数学リテラシー、科学リテラシーのどの分野においてもOECD諸国の平均点に達しなかったドイツは、さまざまな学力向上政策を打ち出していくが、そうした教育改革のなかで、

移民を含めた低学力層の子どもの教育支援が重要な課題となっていく。

　ドイツがトルコ人を最大のグループとする外国人労働者を受け入れてから半世紀が過ぎたが、1970年代以降に外国人労働者が定住化し、その後も東欧や旧ソビエト連邦からのドイツ系の引揚者（Aussiedler）や難民の流入などにより、ドイツの移民の数は増加していった。日本と同様に血統主義をとっていたドイツが、2000年に国籍法を改正し、二世に対して一部出生地主義を導入し、帰化の条件を緩和したことは、定住化した外国人を受け入れようとするドイツの姿勢を表すものであった。今日のドイツでは5人に1人が移民の家庭的背景をもつといわれている。移民の教育については、言葉や文化、受け入れ制度をめぐってさまざまに議論され、学業や職業チャンスにおける不利な状況は以前から指摘されていたが、教育政策上の行動領域となることはなかった。2001年以前は、移民の背景をもつ生徒の学力がどのように発達し、それに影響を与える要因についてはほとんど知られることはなかった[2]。その意味で、国際的な学力調査においてドイツの移民の低い学力が脚光を浴びることになり、学力向上政策の行動領域のなかに移民の子どもの教育支援が含まれるようになったことは意義深い。

　本章では、PISA以降のドイツの学力向上政策と移民の教育に焦点をあわせ、そこで移民の学力がどのように議論され、保証されようとしているのか、近年の学力向上政策やその実践を考察するとともに、これらの政策をとおして、ドイツで行われている移民の教育の実態と課題を検討する。

## 2　ドイツの移民と学力

　ドイツは16州それぞれに教育の権限があり、州独自の学習指導要領を作成しているが、16州の調整機関として、各州文部大臣会議が機能している。移民の教育に関しては、外国人の子どもにも就学の義務があることが1964年の各州文部大臣会議の勧告に記されている。移民の人口分布は州によって異なり、ノルトライン・ヴェストファーレン州などのように移民の多い州では、以前からドイツ語力が不十分な子どもに関しては、ドイツ語の促進授業

が設けられ、ドイツ語を重点的に教える準備クラス等がつくられている。また、出身地の言語を学ぶ「母語補完授業」が設けられ、州によってはイスラム教を学ぶチャンスも提供されている[3]。

しかしながら、中等教育において移民の子どもが大学進学に結びつくギムナジウムへ進学する率は低く、職業教育へと続く基幹学校へ行く比率は高い。図7-1は、両親ともドイツ生まれの生徒と、少なくとも親の一人が外国生まれの生徒の社会的・経済的階層と学校選択を表している。どちらにおいても高い階層ほどギムナジウムに進学し、低い階層ほど基幹学校に進んでおり、ドイツにおける階層と学校選択の相関が明確に表れている。しかしながら、両親ともドイツ生まれの生徒の37％がギムナジウムに行くのに対して、少なくとも親の一人が外国生まれの場合は22％に止まり、他方で基幹学校に行く割合は両親ともドイツ生まれの生徒の2倍近くの36％となっている。また、移民の場合、基幹学校の修了証書を得ることなく学校を後にする、職業訓練の研修先が見つからないなど、両親ともドイツ生まれの生徒より不利な状況に置かれている。

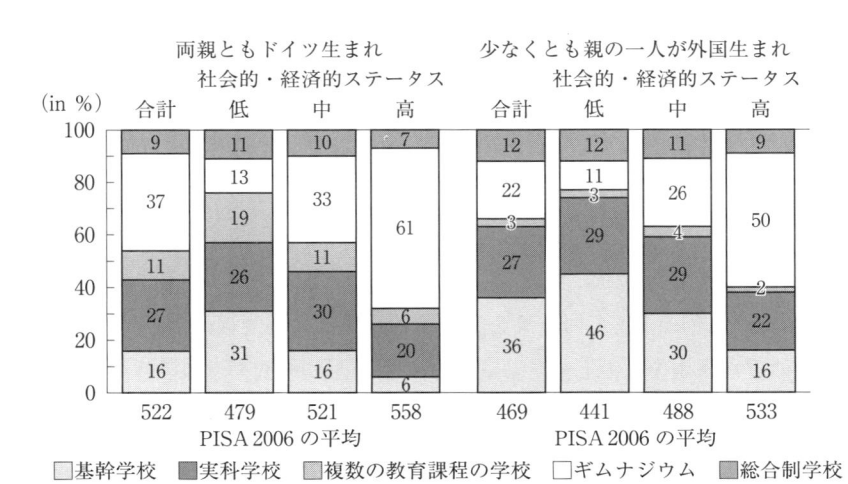

図7-1　PISA 2006における15歳の生徒の移民背景および社会経済的ステータスと学校種および読解コンピテンシーとの関係

出典：Autorengruppe Bildungsberichtstattung（Hrsg.）: *Bildung in Deutschland 2010*, W. Bertelsmann Verlag, Bielefeld, 2010, S. 65. から筆者作成。

こうした移民の状況のなかでも、とくに学業不振が国際的な学力調査によって誰の目にも明らかになった。ドイツでは、上述したように全体において親の社会的・経済的背景と教育水準との相関が強いが、移民の場合、さらに家庭言語がドイツ語か否かも大きくかかわってくる[4]。OECDの分析でも、移民の学力が低い場合には、移民の言語と受け入れ国の言語が違うことや、受け入れ国において体系的な言語教育がないことが指摘されている[5]。PISA 2000以降、ドイツにおいても就学前からのドイツ語の支援が強化され、移民の教育改善に力が注がれるようになるが、それは、いわゆるPISAショックのなかで打ち出された教育政策の一貫として展開している。次に、このようなドイツの学力向上政策のなかでも、移民との関係について焦点を合わせて論じたい。

## 3　PISA 2000以降の教育政策と移民の子ども

### (1) 各州文部大臣会議の教育政策と移民の子どもの教育

　2001年に各州文部大臣会議は、7つの行動領域（sieben Handlungsfelder）を発表した。そのうち、①就学前段階からの言語能力改善に関する措置、④教育的に不利な条件を負う子ども、とくに移民の家庭の子どもたちへの効果的な支援に関する措置、⑦とくに教育の不足や、才能のある生徒のための教育や支援の拡大を目指した学校および学校外での終日教育への拡充に関する措置は、生徒間の学力格差の是正とともに、いずれも移民の子どもの学力向上にかかわる政策であった。

　さらに2003年のPISAの結果を受けて各州文部大臣会議は2004年に以下の4つの重点課題を確認している。すなわち、①幼稚園や学校教育の最初から行う早期の支援、②とくに移民の背景をもつ子どもを顧慮した言語支援、③教育スタンダード、④学校における終日教育である[6]。ここでも移民の子どもにかかわる言語能力改善と終日教育の重要性が指摘されているため、以下それらの教育政策がどのように実施されているのか検討する。

### 1) 就学前段階からの言語能力の改善政策

　PISA を始めとする学力調査において、移民の背景のある生徒の学力不振は、家庭の社会的・経済的背景および両親の教育水準に関連していることが明らかになったが、さらに家庭でのドイツ語の使用頻度との相関性が指摘されている[7]。移民家庭の子どもは幼稚園入園時にすでに移民家庭ではない子どもよりもドイツ語の語彙や文法において低い能力しかないことが指摘されており[8]、学力格差の背景として就学前からのドイツ語能力の差が注目された。各州文部大臣会議の勧告を受けて各州では就学前の子どものドイツ語能力を測定し、能力不足の子どもにドイツ語の促進プログラムを受けさせるなどの支援を行っている。2012 年においては、16 州中 14 州で就学前の子どものドイツ語能力の測定が行われ、12 州で支援プログラムが実施されている[9]。たとえば、ノルトライン・ヴェストファーレン州では、就学 2 年前の 4 歳児に対して幼稚園教諭と小学校教諭の協働により子どもの聴解力と音声認識能力、文法能力等が確認される。このテストは 2007 年から開始され、ドイツ語能力が不十分であると判断された子どもに対しては年間 340 ユーロの援助資金が、子どもの通う幼稚園に対して支払われた。ヘッセン州ではドイツ語が不十分と認定された子どもは、無料のドイツ語支援コースを受けることになっている。

　2009 年にドイツ語能力を測定された 3 歳から 7 歳の子どものなかで、ドイツ語の促進が必要な子どもは 23％に上り、そのなかでも移民一世および両親ともドイツ以外で生まれた二世の場合は 31％に達する（図 7-2）。また、家庭で主にドイツ語を使用している子どもで支援が必要なものは 21％なのに対し、ドイツ語以外の言語を使用している場合は約 2 倍の 39％に及ぶ。また、両親の社会的階層の低い子どもの 38％がドイツ語の促進が必要であることがわかった。

　「すべての子どもが学校に入る初日に互いに話が出来ることを望む」とヘッセン州文部大臣カーリン・ヴォルフ（Wolff, K.）が述べているように[10]、就学前の子どものドイツ語力の不足を補うことで教育機会の均等が目指されている。

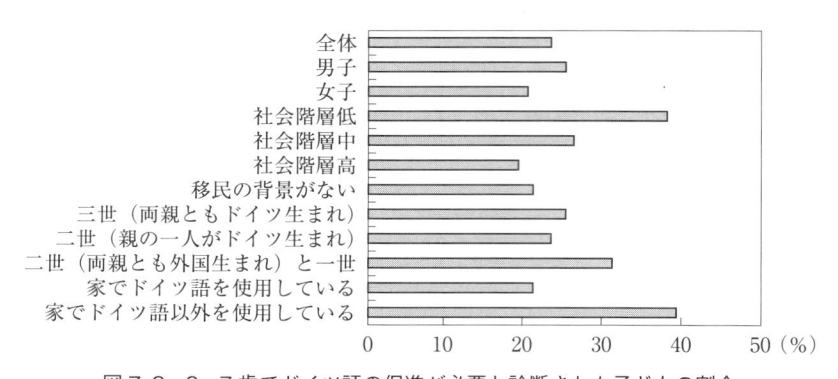

```
                全体 ▓▓▓▓▓▓▓▓
                男子 ▓▓▓▓▓▓▓▓▓
                女子 ▓▓▓▓▓▓▓
            社会階層低 ▓▓▓▓▓▓▓▓▓▓▓▓▓
            社会階層中 ▓▓▓▓▓▓▓▓▓
            社会階層高 ▓▓▓▓▓▓
          移民の背景がない ▓▓▓▓▓▓▓
    三世（両親ともドイツ生まれ）▓▓▓▓▓▓▓▓
    二世（親の一人がドイツ生まれ）▓▓▓▓▓▓▓▓
二世（両親とも外国生まれ）と一世 ▓▓▓▓▓▓▓▓▓▓
      家でドイツ語を使用している ▓▓▓▓▓▓▓
    家でドイツ語以外を使用している ▓▓▓▓▓▓▓▓▓▓▓▓▓
                   0  10  20  30  40  50（％）
```

図7-2　3〜7歳でドイツ語の促進が必要と診断された子どもの割合
出典：Autorengruppe Bildungsberichterstattung（Hrsg.）: *Bildung in Deutschland 2012*, W. Bertelsmann Verlag, Bielefeld, 2012, S. 249. を基に筆者作成。

　また、入学後にドイツ語を支援するプログラムも開発されている。たとえば連邦・諸州教育計画研究助成委員会のドイツ語促進プログラム FörMig（Förderung von Kindern und Jugendlichen mit Migrationshintergrund）は、移民の背景のある生徒のドイツ語能力を測定し、幼稚園や学校、学校外の機関とネットワークをつくりながら、終日学校においてドイツ語の促進を行うプログラムとして開発され、10州に導入されている[11]。

### 2）終日教育の拡充

　ドイツの学校は朝早くに始まり、午後には授業のない半日学校が一般的であったが、低学力層、とくに移民の子どもは、親が働いている、あるいはドイツ語能力が不十分なため学習支援を家で受けることができないことが多く、そうした不利を改善するために、午後も授業や宿題の手助けや補習授業、クラブ活動を行う終日学校（Ganztagsschule）が増加している。2003年に各州が合意した投資プログラム「学校と保育の未来」において、終日学校の設置のために連邦政府から2007年度までに40億ユーロが投資されることが決まった[12]。終日教育を提供する学校は2002年には4951校であったが、2012年には1万4474校の約3倍に上り、学校全体の51％に及んでいる。学校別でみると、基礎学校の44％、ギムナジウムの49％に終日教育の提供があり、総合制学校においては77％に及ぶ。しかしながら、終日教育の提供を受け

ている生徒は州によってその普及が異なり、バイエルン州では10％にすぎないが、ザクセン州では73％の生徒に及んでいる[13]。

こうした終日学校の普及と連動して、午後の補習や活動のために、学校外の機関やボランティアとの連携が進んでいる。移民の背景をもつ生徒に関しては、ドイツ語の促進授業や宿題の手助けなどの活動が学力向上のために有意義である。たとえば、最近の研究では、終日教育が提供する宿題の手助けなどの支援がうまく組織化され、時間が効率よく用いられれば、5歳から9歳の移民の背景をもつ生徒において、ドイツ語、英語、算数の成績が改善することができると報告されている[14]。

### (2) 重点化する移民の子どもの教育課題

2006年のPISAおよびPIRLS/IGLUの国際学力調査の結果を受け、2008年に各州文部大臣会議は、2001年に打ち出された7つの行動領域が妥当であること、さらに、①低学力の生徒に重点をおいた支援活動、②授業のさらなる発展、これら2つを重点課題として確認している[15]。PISA 2000に比べると、読解リテラシー、数学リテラシー、科学リテラシーの3分野において改善がみられたものの、他のOECD諸国よりもドイツの学力格差は依然として大きく、低学力の生徒の支援が引き続き重要な課題となったからである。①についてさらに、以下のように詳しく述べられている。

・低学力の生徒のコンピテンシーを育成する適切な方法の開発や、補完的な学習や世話を提供する。
・移民の背景のある生徒に対して、今まで以上にエスニックな背景に配慮しながら、一貫した支援を行う。
・中等教育段階Ⅰにおいて社会的に不利な生徒の言語支援をさらに拡大し、能力診断によって補足する。
・社会的に不利な生徒が多い地域において、終日学校の提供をさらに拡大する。

低学力の生徒の支援は、2009年のPISAの結果を受けて行った2010年の各州文部大臣会議と連邦教育研究省の会議でも引き続き強調されている[16]。

各州文部大臣会議長ルードヴィッヒ・シュペンレ（Spaenle, L.）はPISA 2009 の結果を肯定的にとらえ、「PISA 2000年以降、各州文部大臣会議が勧告した7つの優先分野における教育政策、なかでも早期教育や終日学校、教育の質保障のための政策は明らかに信用できるものであり、確かな成功を示した」と2000年以降の教育政策の成果を褒め称えた。また、PISA 2000から改善したものとして学校の雰囲気を挙げ、授業妨害や素行不良が減少し、それに伴い学級運営が効果的になったと分析している。さらに各州文部大臣会議は生徒の社会的背景と読解力との関係について、以下のように分析している。

- 読解力と社会的背景との相関は、PISA 2000よりも減少している。
- 親が社会的に高い地位の職業の生徒と、職業訓練を受けていない、あるいは職業訓練を受けた労働者家庭の生徒の差は、PISA 2000の106点からPISA 2009の75点まで減少した。

このようにPISA 2009ではPISA 2000からの改善がみられた。さらに移民家庭の生徒に関して各州文部大臣会議は以下のようにまとめている。

- ドイツの15歳の生徒の約4分の1は移民家庭の出身である。これはPISA 2000より4％増加しており、中央および北ヨーロッパにおいて中程度である。
- 移民の背景をもつ生徒はPISA 2000よりも読解で26点改善されている。これにより、移民家庭ではない生徒との差も明らかに減少している。中央および北ヨーロッパにおいてはスイス、ベルギー、ルクセンブルクのみが同様の改善がみられた。
- PISA 2000において家庭でドイツ語以外の言語を使用している生徒は、読解において60点下回っていたが、PISA 2009においては約20点の差だけになっている。
- 読解において、トルコ出身の生徒はわずかに、旧ソビエト連邦出身の親をもつ生徒は明らかに改善している。
- PISA 2009の改善にもかかわらず、移民家庭に結びついた格差は依然として大きい。読解において、移民の親をもつドイツ生まれの生徒（二世）

と、移民家庭ではない生徒の差は57点あり、学年にして1年遅れている。

このように、PISA 2009においてはPISA 2000よりは移民の背景をもつ生徒の学力が改善されている一方で、移民家庭ではない生徒との差は依然として大きいことがわかる。そして「家庭でドイツ語以外の言語を使用している生徒の支援のために、どの学校種においてもドイツ語の促進授業（Förderunterricht）が提供されるが、15歳の移民の背景のある生徒の3分の1しか促進授業のある学校を訪れていない」と指摘されている。そのため「低学力および移民の背景をもつ生徒に対して、早期からの体系的な読解と言語能力の促進をとおして集中的な支援を行い、さらに進学先の学校においても継続して行わなければならない」と各州文部大臣会議長は述べている。また、連邦文部大臣のアンネッテ・シャーヴァン（Schavan, A.）も「リスクグループの生徒数はPISA 2000より減少している。しかしだからといって何もしないでいる理由にはならない。不利な子どもにもっと何かしなければならない」と述べている。そして、2010年には各州文部大臣会議により「学力の低い生徒のための促進戦略」という勧告が出された。

以上みてきた移民の教育政策では、移民の出身や、一世か二世かなどの世代の違いについては言及されていないため、次にPISA 2009およびドイツで行われている学力調査における移民の調査結果において、移民の背景についてふれながら検討したい。

## 4　2009年のPISA調査における移民

2009年のPISAを分析したStanatら（2010）によると2009年のテストにおいて、移民の背景をもつ15歳の生徒の割合は25.6％であり、2000年の21.6％から増加している（表7-1）。また2000年は移民の背景のある生徒の半数が一世だったが、2009年には半減する一方で、二世が倍増し全体の半数を占めている。また、親の一人が外国生まれも増加しており、ドイツ生まれの移民の親が増えているだけではなく、ドイツ人と移民の婚姻数も含まれ

表7-1 移民の背景をもつ15歳の生徒の割合（%）

| 移民の種類 | 2000 | 2009 |
|---|---|---|
| 移民の背景のない生徒 | 78.4 | 74.4 |
| 移民の背景のある生徒 | 21.6 | 25.6 |
| 　世代別 | | |
| 　　親の一人は外国生まれ | 6.4 | 8.1 |
| 　　二世 | 5.1 | 11.7 |
| 　　一世 | 10.1 | 5.8 |
| 　出身別 | | |
| 　　旧ソ連 | 5.1 | 5.3 |
| 　　トルコ | 3.1 | 5.8 |
| 　　ポーランド | 2.5 | 2.8 |
| 　　その他 | 10.9 | 11.7 |

出典：Stanat, P./Rauch, D./Segeritz, M.: Schülerinnen und Schüler mit Migrationshintergrund, In: Klieme, E./Artelt, C./Hartig, J./Jude, N./Köller, O./ Prenzel, M./ Schneider, W./Stanat, P.（Hrsg.）: *PISA 2009 Bilanz nach einem Jahrzehnt*, Waxmann, Münster, 2010, S. 214. を基に筆者作成。

るため、ある程度、統合が進んでいるとも考えられる。

　出身別にみてみると、トルコ出身者の72%がすでに二世になっており、旧ソ連出身者も、2000年には約90%が一世であったのに対し、2009年には54.6%に減少し、二世が39%に及んでいる（表7-2）。ポーランド出身者もすでに57.9%が二世であり、全体的に二世の割合が増加している。

　また、家でドイツ語を話す割合は、一世より二世が高く、特に旧ソ連出身者の二世に顕著である。一方、トルコ出身の移民においては、家でドイツ語を話す二世は2000年の18.4%から2009年には36.8%に倍増している。

　ここでPISA 2009の読解リテラシーに注目してみると、親の一人が外国生まれの場合は、移民の背景のない生徒とほとんど差がみられないのに対し、二世、一世では点差が目立つ（図7-3）。移民を背景としない生徒との差は一世で57点、二世で51点であり、学年では1年遅れに相当する。しかしながらPISA 2000では、移民の背景のない生徒と一世の差は91点あったことを考えると、改善の方向にあるといえる。移民のなかでも特にトルコ出身者は2009年においても二世で94点、一世で109点も低く、学年にして2年遅れ

表7-2　出身地別移民の背景をもつ15歳の生徒の割合（%）

| 出身地 | 2000 | | 2009 | |
|---|---|---|---|---|
| 旧ソ連 | | | | |
| 　親の一人は外国生まれ | 5.3 | (79.0) | 6.4 | (95.3) |
| 　二世 | 4.3 | (83.8) | 39.0 | (76.1) |
| 　一世 | 89.7 | (39.5) | 54.6 | (36.3) |
| トルコ | | | | |
| 　親の一人は外国生まれ | 10.1 | (92.7) | 16.6 | (71.0) |
| 　二世 | 61.2 | (18.4) | 72.7 | (36.8) |
| 　一世 | 27.3 | (0.0) | 10.4 | (16.0) |
| ポーランド | | | | |
| 　親の一人は外国生まれ | 26.9 | (100.0) | 29.6 | (87.0) |
| 　二世 | 10.4 | (88.5) | 57.9 | (55.4) |
| 　一世 | 62.7 | (58.6) | 12.5 | (18.1) |
| その他 | | | | |
| 　親の一人は外国生まれ | 47.3 | (93.1) | 50.7 | (91.8) |
| 　二世 | 24.0 | (43.6) | 32.5 | (43.7) |
| 　一世 | 28.7 | (18.1) | 16.9 | (13.2) |

注：（　）内はドイツ語を家で話す割合。
出典：Stanat, P./Rauch, D./Segeritz, M., a.a.O., S. 215-216. を基に筆者作成。

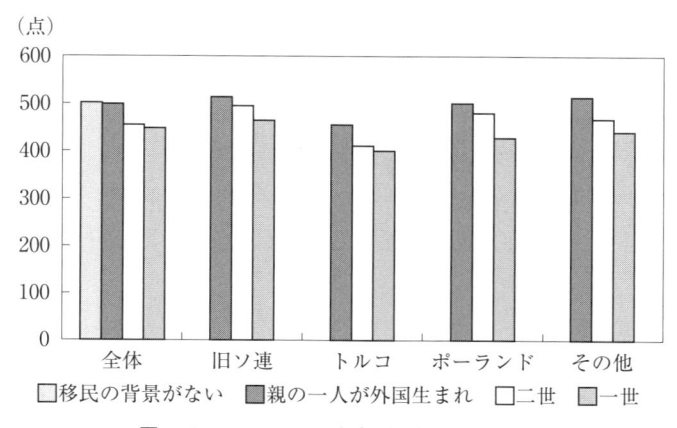

図7-3　PISA 2009 出身別読解リテラシー

出典：Stanat, P./Rauch, D./Segeritz, M., a.a.O., S. 225. を基に筆者作成。

表7-3 読解コンピテンシーにおける移民家庭を背景とする生徒と背景としない生徒の回帰分析モデル

|  | モデルⅠ b (標準誤差) | | モデルⅡ b (標準誤差) | | モデルⅢ b (標準誤差) | |
|---|---|---|---|---|---|---|
| 移民を背景としない | 519[a] | (2.7) | 515[a] | (2.2) | 515[a] | (2.2) |
| 旧ソ連 | | | | | | |
| 　親の一人は外国生まれ | 20 | (20.2) | 10 | (23.1) | 10 | (23.2) |
| 　二世 | −9 | (9.8) | 9 | (10.0) | 12 | (9.9) |
| 　一世 | −40[a] | (7.7) | −23[a] | (8.2) | −13 | (9.1) |
| トルコ | | | | | | |
| 　親の一人は外国生まれ | −51[a] | (18.4) | −37[a] | (15.6) | −33[a] | (15.3) |
| 　二世 | −94[a] | (9.3) | −57[a] | (9.9) | −47[a] | (9.8) |
| 　一世 | −109[a] | (18.3) | −71[a] | (18.9) | −58[a] | (19.3) |
| ポーランド | | | | | | |
| 　親の一人は外国生まれ | −6 | (18.9) | 1 | (18.2) | 3 | (17.5) |
| 　二世 | −27[a] | (7.7) | −13 | (8.0) | −6 | (8.3) |
| 　一世 | −82[a] | (22.8) | −75[a] | (19.1) | −62[a] | (19.0) |
| HISE*[1] | | | 16[a] | (1.7) | 16[a] | (1.7) |
| 文化資本[1] | | | 15[a] | (1.7) | 15[a] | (1.7) |
| 親の教育水準[1] | | | 13[a] | (1.7) | 13[a] | (1.7) |
| 家で話す言語[2] | | | | | −16[a] | (6.3) |
| N | 4183 | | 4183 | | 4183 | |
| 決定係数 | .08 | | .21 | | .21 | |

注：特別学校を除く。
　＊　親の職業の社会的経済的国際指標の高さ（Highest International Socio-Economic Index of Occupational Status）
　1　z標準化されている
　2　対照グループは家庭言語がドイツ語
　b　回帰係数
　a　有意な偏回帰係数（$p<0.5$）
出典：Stanat, P./Rauch, D./Segeritz, M., a.a.O., S. 222. を基に筆者作成。

になる。

　しかしながら、移民の社会的・経済的背景と親の教育水準を顧慮して重回帰分析をすると（モデルⅡ）、点差は縮まる（表7-3）。さらに家庭での使用言語を顧慮すると（モデルⅢ）、点差は少なくなり、旧ソ連出身およびポーランド出身の二世においては、移民を背景にしない生徒との差はほとんどなくなる。

　一方、トルコ出身者に注目すると、社会的・経済的背景や親の教育水準、

家庭での使用言語を顧慮しても、移民を背景としない生徒との差は依然として大きい。

以上のPISA 2009の調査結果から、移民の学力向上政策において、移民を全体として扱うのではなく、出身を配慮しながら、とくにトルコ出身の移民の生徒の低学力の要因をさらに調査し、それに応じた対応を考えていく必要があると思われる。

## 5 近年の動向

### (1) 第4学年の州間比較テスト

各州文部大臣会議の7つの行動領域の一つに、「教育スタンダードと結果を重視した評価に基づく授業と学校の質の向上」があり、教育の質を保障するために、各州文部大臣会議は基礎学校の修了時（第4学年）にドイツ語と算数、基幹学校の修了時（第9学年）にドイツ語、数学、外国語、そして中級修了資格（第10学年）において、ドイツ語、数学、外国語、生物、科学、物理の教育スタンダードを作成した。その到達度を測るために「教育の質開発研究所」が設置され、第4学年と第9学年において全国規模の州間比較テスト（抽出テスト）が行われるようになった。この学力調査はPISAやPIRLS/IGLU等の国際学力調査と連動するかたちで実施され、2009年にはPISAに連動して第9学年、2011年にPIRLS/IGLUに連動して第4学年の学力調査が行われた。教育の質開発研究所による基礎学校での州間比較テストは初めてであり、16州の1300の学校において、2万7000人の4年生を対象に行われ、その調査結果が2011年にまとめられた[17]。

それによると、第4学年においても15歳の生徒と同様の傾向にあることがわかった。すなわち、移民ではない生徒と移民を背景にする生徒の間の差が大きいこと、しかしながら旧ソ連とポーランド出身の移民の場合、社会的・経済的背景や親の教育水準、家庭の使用言語を顧慮するとその差はわずかになること、それでもやはりトルコ出身の移民の場合、移民を背景にしない生徒との差が依然として大きいことが判明した。つまり、ドイツにおいて

は、移民と移民を背景としない生徒の学力差は、親の社会的・経済的背景と教育水準に帰するところが大きいが、トルコ出身の移民の場合は、それ以外の要素があるということである。また、この調査では16州のうちでも、ベルリン、ブレーメン、ハンブルクの都市州において、移民と移民ではない生徒の格差が大きいことが判明した。

　こうした国内や国際的なさまざまな学力調査を続けてきたドイツでは、上述したようにPISA 2000以降の教育政策が効果的であったことを確認しながら、2010年には各州文部大臣会議により「学力の低い生徒のための促進戦略」という勧告が出された。移民の生徒の学力は改善されながらも、依然として移民ではない生徒と開きがあり、社会的・経済的背景や親の教育水準、家庭でドイツ語以外の言語を使用しているなど、不利な状況にあるからである。特にトルコ出身の移民においては大きな改善はみられない。以下、各州文部大臣会議の勧告「学力の低い生徒のための促進戦略」について概観し、移民の生徒の教育がどのように改善されようとしているのか検討したい。

## (2) 各州文部大臣会議の勧告「学力の低い生徒のための促進戦略」

　この勧告には、「以下の促進戦略は今後何年にもわたり、学校を修了するときに必要なコンピテンシーの最低レベルにも及ばない生徒の数を減らすために、低学力の生徒の支援を改善することを目標とする。そのようにして、すべての生徒において修了証書と職業や社会生活への参加の機会が高められなければならない」と記され、修了証書を取得できない生徒の数を半分にすることが具体的に目指されている[18]。また、「移民の背景をもつ青少年は特別に顧慮する必要がある」と述べられている。そして、以下の9つの指針を掲げている。そのなかでも移民の子どもに関連するものについて詳しくみてみよう。

　①授業において個々の生徒を支援し、教育スタンダードを確実にすること
　②学習時間の増大と目標を定めた支援
　　　授業におけるティームティーチングなど支援スタッフによる支援や、授業以外の学習支援、言語学習、読解や数学コンピテンシーなどの促進

授業、終日学校や休暇等における学習時間の増加、学外の専門家や芸術家、大学生などの支援人員の補充
③実践的な授業開発

　　学校外の学習環境に授業を開き、生徒が自分で責任をもって参加したり、自分自身に当てはめたり、適用できるような体験、学習動機や専門的あるいは社会的コンピテンシーを高めるプロジェクトなど
④移民の背景のある生徒への支援を強め、多様性をチャンスとして利用する

　　移民の背景をもつ生徒への特別な支援は資格のある教職員によって行われる。移民背景のある教師は、生徒にとってモデルとなり、文化理解の助けとなる。

　　生徒の出身や言語、宗教、文化の多様性をチャンスとしてとらえ、全員に異文化間コンピテンシーを得させる。
⑤特別なニーズのある生徒にも基幹学校の修了証書を
⑥終日教育の拡充と教育パートナーの教科

　　公教育の目的は、教育的に不利な立場を減らすことであり、家で不足している支援を補うことである。そのために学校における終日教育を質的に拡充しなければならない。とくに低学力の生徒には、学校と学校外の青少年支援、地域や経済、市民社会の諸機関との連携が必要である。
⑦職業オリエンテーションを専門的に行い、職業への移行を確実にする
⑧教師教育を質的に拡充する
⑨成果を評価し成功モデルを広める

　また、勧告には５つの相互に関連し合う分野における支援措置が挙げられている。すなわち、①個別支援の強化、②新しい学習をつくる：コンピテンシーに方向づけられた授業開発、コンピテンシー獲得のための新しい形態、③修了証書や職業への移行を可能にすること、④パートナーと連携し、行動を調整し、ネットワークを構築する、⑤質保障、発展、強化、そのための集中的な教育研究を行うことである。

　ここで、移民の教育と関連の強い、①の個別支援の強化についてさらに詳

しくみてみると、個人の学習状況や発達の診断と記録（ポートフォリオなどに記録する）、低学力の生徒への相談活動、能力別の授業や補習、そのための人員の補充、対象生徒に特別な支援等が挙げられている。さらに特別な支援には、ドイツ語促進、読解の促進、移民の背景をもつ生徒の統合、特別支援教育などがある。

　そして、これらの個別支援と個別診断を行うために、教職員の能力の向上が重視されており、教員養成や現職教育において、教育的診断、個々の生徒の支援と相談、多様性に向き合うことなどが重要性を増していると述べられている。現職教育においては、支援の診断、第二言語としてのドイツ語、読解と正書法などの特別な授業を受けられるようにすることとある。

　このように、各州文部大臣会議の勧告「学力の低い生徒のための促進戦略」では PISA 2000 以降の教育改革の流れをくみ、学力調査等による個々の生徒の学習状況の診断に基づいた支援に重点を置き、そのための時間と人員の拡充、地域との連携、教師教育のより専門的な質的拡充が目指されている。

## 6　今後の課題

　以上、PISA 2000 以降のドイツの教育改革の動きを、主に移民の子どもの教育との関連において述べてきたが、PISA などの学力調査は、ドイツの教育改革においても移民の子どもの教育改善においても重要な契機となったといえるだろう。教育政策のなかでも、学力格差の是正が重視され、いままで教育課題の主流になることはなかった移民が低学力層として、支援の対象として顧慮されるようになったことは、移民の教育を考える上で重要である。PISA 2009 の結果をみれば、現行のさまざまな政策や実践がある程度効果があったことは頷ける。とくに、移民を背景としない生徒と一世の間における読解コンピテンシーの差が減少したことは、2000 年以降に力点が置かれているドイツ語促進のためのさまざまな措置の成果としてとらえることもできよう。

しかしながら、移民の生徒の教育改善については、今後の動向をさらに見極める必要があるだろう。というのも、トルコ出身の移民とそれ以外の移民の学力格差については、まだ十分な分析や措置が取られているとは言いがたいからである。移民を背景としていない生徒と旧ソ連やポーランド出身の移民との学力差は、親の社会的・経済的階層や教育水準に帰すことができるのに対し、トルコ出身の移民においてはそれらを顧慮しても依然として開きがあるからである。PISA 2009の動機に関する調査においては、トルコ出身の移民の親も教育に対して高い期待を寄せており、低学力の要因にはならない。トルコ出身の移民の低学力に関しては、学力調査等の要因分析や診断では測ることのできない要因があるかもしれず、数値的分析に基づく学力調査の診断の限界があるのではないだろうか。

　それゆえ、トルコ出身の移民の低学力に関しては、さまざまな要因を調査研究していく必要がある。たとえば、トルコ出身の移民に対するドイツ社会の受け入れ方や低い評価が関係しているとも考えられる。社会心理学においては、社会的ステレオタイプが人に与える影響が強いことが繰り返し示されており[19]、トルコ出身の移民に対する否定的なステレオタイプが、トルコ出身の生徒に影響を与えているとしてもおかしくはない。実際、移民の「統合」については、ドイツでは外国人労働者を受け入れてから半世紀たっても論争が絶えず、トルコ出身の移民の統合の難しさという言説が注目されることも多々ある。こうした社会的に議論され、意図的、無意図的に作りだされるトルコ出身の移民に対するステレオタイプと学力の関係についても、今後の研究がさらに必要になるだろう。そこに相関性があるのであれば、ドイツ語の促進や宿題の手助けだけではなく、ステレオタイプを克服するための教育的支援や、さらには受け入れ側としての移民の背景のない生徒も対象にし、ステレオタイプについて自覚を促し、軽減するための教育の重要性が増すことであろう。

　一方、日本においても外国にルーツのある子どもの数は増加している。文部科学省によると、平成24年度には「日本語指導が必要な児童生徒」数は2万7013人に上る。日本国籍をもつ外国にルーツのある子どもはその数に

入っていないことを顧慮すると、日本語指導が必要な児童生徒の数はさらに増える。しかしながら、日本では学力調査においてこうした子どもたちが注目されたり議論されることはあまりない。外国にルーツのある子どもがドイツのように多くないことが大きな要因だと思われるが、今後さらに内なる国際化が進めば、日本においてもこのような子どもの学力や支援のあり方が今まで以上に問われるようになるだろう。ドイツのトルコ移民のように、学力の低さを社会・経済的な背景や言語能力だけに帰することができないとき、その問題はそのまま受け入れ社会の受け入れ方の問題として跳ね返ってくる。その意味で、ドイツの移民を対象とした学力向上政策や実践がどの程度効果があるのか、あるいはどこに限界があるのか、またマジョリティのもつ意図的、無意図的な社会的ステレオタイプが子どもの学力にどのような影響を与えるのかを明らかにすることは、今後の日本の教育課題を考える上でも重要であろう。

（中山あおい）

### ■注

1) KMK: Schulen auf Reformkurs, 2004.（http://www.kmk.org/presse-und-aktuelles/pm2004/schulen-auf-reformkurs.html）

2) Haag, N./Böhme, K./Stanat, P.: Zuwanderungsbezogene Disparitäten, In: Stanat, P./Pant, H. A./Böhme, K./Richter, D.（Hrsg.）: *Kompetenzen von Schülerinnen und Schülern am Ende der vierten Jahrgangsstufe in den Fächern Deutsch und Mathematik*, Waxmann, Münster/New York/München/Berlin, 2012.

3) 中山あおい「ドイツの公教育におけるイスラム教教授の導入―ディ・ツァイト紙の記事より―」筑波大学教育学研究科比較国際教育学研究室『比較・国際教育』7、1999年。

4) PISA-Konsortium Deutschland（Hrsg.）: *PISA '06 Die Ergebnisse der dritten internationalen Vergleichsstudie*, Waxmann, Münster/New York/München/Berlin, 2012.

5) OECD編著、斎藤里美監訳『移民の子どもと学力―社会的背景が学習にどんな影響を与えるのか―〈OECD-PISA 2003年調査 移民生徒の国際比較

報告書〉』明石書店、2007年。
6) KMK, a.a.O.
7) PISA-Konsortium Deutschland, a.a.O.
8) Haag, N./Böhme, K./Stanat, P., a.a.O.
9) Autorengruppe Bildungsberichterstattung (Hrsg.): *Bildung in Deutschland 2012*, W. Bertelsmann Verlag, Bielefeld, 2012.
10) KMK, a.a.O.
11) BLK- Modellprogramm Förderung von Kindern und Jugendlichen mit Migrationshintergrund FÖRMIG. (http://www.blk-foermig.uni-hamburg.de/cosmea/core/corebase/mediabase/foermig/pdf/FoerMig_Programmueberblick.pdf)
12) 原田信之「教育スタンダードによるカリキュラム政策の展開―ドイツにおけるPISAショックと教育改革―」九州情報大学研究論集、第8巻第1号、2006年、51-68頁。
13) Autorengruppe Bildungsberichterstattung, a.a.O.
14) Stanat, P./Rauch, D./Segeritz, M.: Schülerinnen und Schüler mit Migrationshintergrund. Klieme, E./Artelt, C./Hartig, J./Jude, N./Köller, O./Prenzel, M., Schneider, W./ Stanat, P. (Hrsg.): *PISA 2009 Bilanz nach einem Jahrzehnt,* Waxmann, Münster/New York/München/Berlin, 2010.
15) KMK: Stellungnahme der Kultusministerkonferenz zu den Ergebnissen des Ländervergleichs von PISA 2006: Länder auf gutem Weg: Positiver Trend stabilisiert sich, 2008. (http://www.kmk.org/presse-und-aktuelles/meldung/stellungnahme-der-kultusministerkonferenz-zu-den-ergebnissen-des-laendervergleichs-von-pisa-2006-l.html)
16) KMK/BMBF: Pressemitteilung vom KMK und BMBF PISA 2009: Deutschland holt auf, 2010.
17) Haag, N./Böhme, K./Stanat, P., a.a.O.
18) KMK: Förderstrategie für leistungsschwächere Schülerinnen und Schüler, 2010 (Beschluss der Kultusministerkonferenz vom 04.03.2010).
19) Stanat, P./Rauch, D./Segeritz, M., a.a.O.

■参考文献

KMK：Gesamtstrategie der Kultusministerkonferenz zum Bildungsmonitoring（Beschluss der Kultusministerkonferenz vom 02.06.2006）

ISQ（Hrsg.）: Vergleichsarbeiten in der Jahrgangstufe 8, Berlin, 2009.

近藤孝弘「移民受け入れに揺れる社会と教育と教育学の変容」佐藤学／澤野由紀子／北村友人編著『揺れる世界の学力マップ』明石書店、2009年、50-70頁。

久田敏彦（2007）「ドイツにおける学力問題と教育改革」大桃敏行／井ノ口淳三／植田健男／上杉孝實編『教育改革の国際比較』ミネルヴァ書房、2007年、36-37頁。

（追記）本章は、平成23～25年度科学研究費補助金・基盤研究（C）「学力向上政策における移民の教育に関する比較研究―ドイツとスイスの事例から―」（課題番号23531122）による研究成果の一部である。

## あとがき

　本書『PISA後の教育をどうとらえるか―ドイツをとおしてみる―』には、ドイツの紹介に終始するのでもなく、歴史・制度の比較で終わるのでもなく、ドイツをとおして日本の教育をとらえなおし、逆に日本をとおしてドイツの教育をとらえなおしてこそ、PISA後の教育の展開や今後の展望がみえてくる、という意図が込められている。この意図が果たして成功しているのかは、もとより読者のご批正を待つしかないが、ここでは、研究会で議論されつつも、本書には収めることのできなかった論点＝今後の研究・実践課題についてふれることで、本書の「あとがき」としたい。

　まず第一に、「ドイツ教授学」とはそもそもどのような性格の学問領域かという点である。一般的には「授業の理論（Theorie des Unterrichts）」であるともとらえられるが、本書の構成をみてもわかるとおり、本質的には「授業」という学校教育の一側面のみには限定されえない。1960年代以降、さまざまな教授学モデルが登場し、発展してきている。ポストモダン議論との接点、学び論との接点、PISAショックとの接点、さまざまな教育上のニーズとの接点など、実は、ドイツ教授学とは何かという議論はそのまま、日本の教育の足跡と展望と重なるのである。こうした意識の下、具体的な教育実践や大人・子どもの姿と重ね合わせつつ、ドイツ教授学とは何か＝ドイツをとおして「教える－学ぶ」の関係性を考えることの意味は何かを議論していくつもりである。

　第二に、Bildungという用語・概念についてである。一般的には、教育、教養、陶冶、人間形成などと訳されてきている。本書のなかでも、この用語が使われていない章はないという位置をしめているものの、実のところ、その意味するもののとらえ方は多様である。本研究会で議論となったのは、何もいまさら、Bildungとは何かをあらためて哲学的・歴史的にのみ議論しようというのではない。むしろ、学力形成とコンピテンシー志向との関係、教科の学習と教科外の学びとの関係、「主要教科」における学習と周辺教科における学習との関係、学校における学びと学校外における学びとの関係、学

校期における学びと学校期外における育ちとの関係など、具体的な教育実践・構想の文脈のなかで、Bildung という用語のとらえ方から目を背けずに議論をしていきたい。

　第三に、本書には収めることができなかった多様な教育実践領域についてである。たとえば、各学校・各教科の授業実践、教科授業外の教育実践、高等教育も含めた教師教育実践、学校経営の視点からみた学校づくりの実践、子どもの貧困や格差に向き合う実践、就学前や社会教育も含めた学校外の教育実践、多様な教育メディアを用いた実践、歴史的展開からみた教育実践、ジェンダーやマイノリティーの問題からみた教育実践など、ドイツ教授学がカバーするべき領域は広範に及んできている。本書を執筆したメンバーやすでに本研究会に参加しているメンバーだけでカバーできる領域でもなく、ドイツと日本の教育実践、教授学に関心のある方々に広く関心をもっていただき、研究・実践の発展にお力添えいただければ幸いである。

　最後に、本書の刊行に当たって御礼を申し述べたい。まずは、厳しい出版情勢のなかで出版をお引き受けいただいただけではなく、丁寧な校正と対応を行っていただいた八千代出版の森口恵美子社長および同編集部の御堂真志氏に感謝申し上げたい。また、本書刊行への直接的・間接的な知的刺激を与えてくださった、ライプツィヒ大学の Barbara Drink 教授にも感謝申し上げたい。両者のお力添えがなければ、本書の刊行が現実のものとなることはありませんでした。

　本書の刊行後には、PISA 2012 の結果が出る予定である。示された結果をどう受け止めるのか、またどのような議論と実践を開始するのか、本書がそのための最初の一歩を踏み出す一助となることを祈りつつ、筆を置くこととしたい。

2013 年 9 月　ケルンにて<br>吉 田 成 章

**監修者略歴**

**久田敏彦**（ひさだ・としひこ）
1952年生まれ
広島大学大学院教育学研究科博士課程後期中退
大阪教育大学教授
主な著作
「言語行為論と学びの共同化―『言語活動の充実』の再定位を中心として―」
（大阪教育大学大学院学校教育専攻教育学コース『教育学研究論集』第10巻、2013年）
『教室で教えるということ』（共著、八千代出版、2010年）
『事例で学ぶ「気になる」子どもへの呼びかけ』（共編著、せせらぎ出版、2009年）
『日本の授業研究― Lesson Study in Japan ―授業研究の方法と形態（下巻）』（日本教育方法学会編、共著、学文社、2009年）
『行為する授業―授業のプロジェクト化をめざして―』（H. グードヨンス著、監訳、ミネルヴァ書房、2005年）など

---

| PISA後の教育をどうとらえるか |
| ―ドイツをとおしてみる― |

2013年11月29日第1版1刷発行

監　修――久 田 敏 彦
編　者――ドイツ教授学研究会
発行者――森口恵美子
印刷所――シナノ印刷
製本所――渡 邉 製 本
発行所――八千代出版株式会社

〒101-0061　東京都千代田区三崎町2-2-13
TEL　03-3262-0420
FAX　03-3237-0723
振替　00190-4-168060

＊定価はカバーに表示してあります。
＊落丁・乱丁本はお取替えいたします。

ISBN 978-4-8429-1618-7　　©2013 Printed in Japan